聖經研究叢書

Peter,
the Rock That Shines

彼得，從頑石到教會磐石

逆轉生命的36堂成長課

張永信　著

基道出版社

▼

聖經研究叢書

彼得，從頑石到教會磐石

逆轉生命的 36 堂成長課

Peter, the Rock That Shines

作者
張永信 Vincent Cheung

責任編輯
陳慧

裝幀設計
奇文雲海 · 設計顧問

■

出版 / 發行
基道出版社
香港沙田火炭坳背灣街 26 號富騰工業中心 10 樓 1011 室
LOGOS PUBLISHERS
Unit 1011, 10/F, Fo Tan Ind. Centre, 26 Au Pui Wan St., Shatin, Hong Kong
電話：(852) 2687-0331　傳真：(852) 2687-0281
網址：https://www.logos.com.hk

承印
陽光印刷製本廠

●

7/2025 初版
Cat. No. LP1114
ISBN: 978-962-457-662-7

Printed in Hong Kong

封面及部題頁取材至使徒彼得插畫（Luis Fraga/Shutterstock.com）。「靈思小品」背景圖像取材自美國肯塔基州路易維爾聖斐理伯內利教堂（Chapel of St. Philip Neri）彩繪玻璃（Dang Vo 3110/Shutterstock.com）。

刷次	10	9	8	7	6	5	4	3	2	1
年份	2034	2033	2032	2031	2030	2029	2028	2027	2026	2025

目錄

第三部　門徒路上，由高山到低谷：彼得小史（二）

第四部　他跌倒了，原是生命拐點：彼得小史（三）

第五部　認清本相，生命不再一樣：彼得小史（四）

第六部 領受異象，福音流向外邦：彼得小史（五）

第七部 大器晚成，終為教會奠基：彼得小史（六）

第八部 受苦的見證人之榮耀：彼得前書

第九部　在恩典和知識上長進：彼得後書

第十部　結語：投入彼得的世界，感知父神的作為

末了的話 | 目錄

靈思小品 | 目錄

簡寫表

一、一般作品

ABD | David Noel Freedman, ed., *The Anchor Bible Dictionary*, 6 vols. (New York: Doubleday, 1992)

EDNT | Horst Balz and Gerhard Schneider, eds., *The Exegetical Dictionary of the New Testament*, 3 vols (Grand Rapids: Eerdmans, 1990～1993)

ISBE | Geoffrey W. Bromiley et al., eds., *The International Standard Bible Encyclopedia*, 4 vols. (Grand Rapids: Eerdmans, 1979～1988)

LKGNT | Fritz Rienecker and Cleon L. Rogers, eds., *Linguistic Key to the Greek New Testament* (Grand Rapids: Zondervan, 1980)

NIDB | Katharine Doob Sakenfeld, ed., *The New Interpreter's Dictionary of the Bible*, 5 vols. (Nashville: Abingdon, 2006～2009)

TDNT | Gerhard Kittel and Gerhard Friedrich, eds., *Theological Dictionary of the New Testament*, 10 vols. (Grand Rapids: Eerdmans, 1964～1974)

二、學術期刊

ABR | *Australian Biblical Review*

BAR | *Biblical Archaeology Review*

BIB | *Biblica*

CBQ | *Catholic Biblical Quarterly*

ET | *The Expository Times*

HTR | *Harvard Theological Review*

JETS | *The Journal of the Evangelical Theological Society*

JSNT | *Journal for the Study of the New Testament*

NTS | *New Testament Studies*

RTR | *Reformed Theological Review*

WTJ | *The Westminster Theological Journal*

ZNW | *Zeitschrift für die neutestamentliche Wissenschaft*

自序

這世界硝煙四起，沒有硝煙的戰爭處處，能夠有空間作研究及寫作實屬萬幸，實乃神恩典所使然。這是筆者於基道出版的「聖經研究叢書」的第四本了。如是者，新約四位重量級人物，即耶穌、保羅、約翰和彼得，我藉著對有關資料作一定深廣度的研究，也期望藉著深入淺出的表達，勉力疊加以優雅的文字，希望熔鑄成一本既有學術成分，也有溫度的書。

本書主角門徒彼得，他曾被耶穌痛斥：……撒但，退我後邊去吧！因為你不體貼神的意思，只體貼人的意思（可八33）；就連他自己也向主說：……主啊，離開我，我是個罪人！（路五8）但他後來竟變成初期教會的屬靈巨人，更藉著馬可寫下福音書（即馬可福音），其後又寫下兩封致多處地方的書信。彼得可以說是由庸俗的漁夫，華麗變身成為初期教會舉足輕重的主持人。這可以說是另類版本的「青蛙變王子」故事吧。

彼得的巨變，不只是外在，內在生命也在同步改變。事實上，如果青蛙變王子只是外表在變，內在生命仍舊是青蛙的話，這王子便成了表裏不一的怪物了。易言之，彼得內在生命的變化，是出於聖靈，也即是復活主對他的忍耐、鼓勵和祝福所使然。於是，這就像是從只講求「柴米油鹽醬醋茶」的俗人，變成切慕「琴棋書畫歌舞詩」的屬靈高人——彼得從「頑石」變成「磐石」了。

事實上，彼得藉著馬可的手，寫下馬可福音，書中常將門徒形容為愚頑之輩（可六52，八17），其目的便是把十二門徒，包括他本人在內，作為「示範」，好叫讀者們不要因為跟從主而面對異教社會排擠時，活得困難苦澀，疲倦灰心，因為在父神的大能和恩慈下，他們只要緊靠著主，憑信前行，終必展翅高飛。

回想我們的信仰光景。生活本不容易，要活一個如彼得一樣的精采人生，實乃一大挑戰。然而，本是小格局的漁夫彼得，卻蒙耶穌帶來救恩及普世視野。作為讀者的我們，也蒙救主拯救，蒙祂大愛薰陶，蒙祂大能護蔭，更走在永生路上，能以靠主活出信、望、愛的美善人生；回想起來，苦甜交集的這一生，還是值得一來的。

末了，這本書是由團隊合作而成；我在寫，基道的同工在「指揮」，同時徹夜不寐地修整；疊加以背後為此書奉獻及代禱的多位主內友好，終糅合而成本書。至關重要的是，父神在背後主持大局。活在這「盛世」，實也是亂世的末世，誠邀閣下以敬虔的心細讀此書，並以「在戰」的心態活在當下。

榮耀的主，再來的王，臨世的好日子近了，我們必須整裝待發才好。

張永信

序於香港亞洲歸主協會

二〇二四年八月

前言

要研究初期教會的兩大使徒，即被譽稱為聖賢的保羅和彼得，此情況是猶如仰觀夜空，明月當頭照，疊加以星羅棋布的大觀般。試想想，若只有月亮沒有繁星，或只有星空沒有明月，是何等地黯然失色，因為星月雙輝的格局不見了。同樣，在初期教會的福音工作上，保羅和彼得猶如星月呈空，交相輝映，缺一不可。

當然，由於使徒保羅留下了十多封書信，再加上他的福音伙伴路加所寫下的初期教會的宣教史，詳細地描述了保羅的四次宣教旅程，故研究保羅的文章和著作是海量的。然而，有學者指出，在對初期教會的貢獻上，使徒彼得是被遠遠低估了的，是 underestimated apostle（被低估的使徒）。

說白了，彼得是意得志滿，成就非凡，逾於同儕的。

正因此故，在二〇二一年寫完保羅一書（《保羅，攪動世界的使徒——看懂保羅、淬煉生命的 34 堂課》）後，筆者於二〇二三年開始致力於撰寫彼得的其人其事。寫到這裏，我們近年經常聽到名人突然去世或猝死的消息，筆者便想起小說《三國演義》開篇詞的一句：「滾滾長江東逝水，浪花淘盡英雄……古今多少事，都付笑談中。」換言之，不論是小說中所描繪的眾英雄豪傑，抑或今天的政經巨擘，商賈名人，人類歷史中出現過的賢豪不管怎樣傑出，正是「人走茶涼」，都必一一成為歷史過客。想到這裏，不禁感慨萬千，唏嘘不已。

在此，我們不禁問：「我們大都並非甚麼英雄豪傑，或許都不會活得轟轟烈烈，那麼，我們應該如何活，才能活好此生呢？」

一、不配的，竟被選上

回到新約聖經，耶穌自然是福音書中的主角，彼得只算是配角——他是漁夫，是鄉野之輩。

主角耶穌，在當代可謂舉世無雙的絕世拉比。留意路加福音十章1節還指出，作主門徒者，除了那十二位外，還有其他的七十位。接下來，作者路加於十二章1節更表示這時，有幾萬人聚集，甚至彼此踐踏。耶穌開講，先對門徒說……。在此，作者指出成千上萬的人蜂擁而上，為要一睹耶穌的風采。換言之，眾人都在追星，所追的是主耶穌，這位神級拉比。耶穌乃一「萬人迷」。

按此了解，被這「萬人迷」的耶穌選上，成為祂的門徒，就有如今天受世界知名大學邀請，成為其研究學者，此實乃榮幸之至，這一點，一定使跟隨主的眾門徒感到驕傲。

然而，細看之下，被耶穌選上的，竟然大都是看來不配的人。這些人包括：

(1) 漁夫：如彼得、安得烈、雅各、約翰、多馬及拿但業等。[1]

(2) 稅吏：如馬太。

(3) 革命分子：如西門（這是另一西門；見太十 4），他屬奮銳黨，一個反羅馬政府統治的革命組織。

(4) 後來把耶穌當作貨品出賣的猶大（他是門徒中惟一不是加利利人的）。

總之，門徒等人，包括彼得在內，都是水平不高，有些更是背景複雜，只算是馬前小卒。說白了，就是不應被選上的小人物。情況是有點兒難於理解，甚至是不可思議，因為我們會問，不是那些地位顯赫的飽學之士，才蒙主青睞，被祂選上才對嗎？

也許，代表著人所不見的天父，那位被約翰福音稱為「道」（*logos*）而道成了肉身的當代著名拉比耶穌，儼然是恩典和真理的化身者（見約一 14、17～18），選上不配的人，是要展示「道」——真的是以恩典對待世人，甚至是那些不配的普通人。祂要藉此告訴普世人類，天父是滿有慈悲憐憫的，祂體恤世人，接納他們的不濟，就如福音書中的彼得，經常失言，行為失當，屢犯錯失，卻仍蒙主接納。換言之，雖然彼得表現不濟，仁愛為懷的神子耶穌，仍對他不離不棄。

總而言之，在世的主耶穌是神恩典的體現，真理的化身。祂活出了恩典，教導以真理。尤有甚者，祂所教的，祂一一做到了，成就了知行合一的佳景。

在對比之下，耶穌所揀選的，門徒彼得等人，都是不配的罪人。這亦解釋了，何以平凡的你和我，只可算是茫茫人海中渺小的世人，竟然被祂選上，既能享受今生之樂，也擁有永生之福。

留意馬丁·路德（Martin Luthur）有此懿言雋語："God writes the Gospel not in the Bible alone, but on trees, and flowers, and clouds, and stars."（神書寫福音，不僅在聖經之中，亦書寫在樹木、花朵、雲彩與星辰。）在此，我們不妨加上一句："God writes the Gospel in us."（神將福音寫在我們心裏。）

説白了，人生路上，能巧遇復活主，蒙祂選上，就好像迎來春日之風，沐浴風中，清朗颯爽，生氣勃勃，成長不輟。靠著祂，我們不再被一己之慾所擺佈，而是走出自己的小天地，成就主的大使命。祂活在我們心裏，叫我們身累心卻不累。我們還可以隨時休養生息，因祂是我們的避難所，是我們隨時的幫助（見詩四十六1～3）。如是者，歸心便是歸家。

有見及此，筆者對自己的餘生有此想法：「不論我有沒有出頭天，我仍必以命相酬祂的恩情」。在此，讓我告訴你，這也是門徒彼得何以在生命的重重打擊後，靈命仍日益豐盛，熱氣騰騰地活在當下，立志為主披肝瀝膽，自信而不自矜，甚至殉道以明其志。

在此，門徒彼得的故事，堪稱人間傳奇，不是因為他是英雄，而是因著他的人生，引起了各地各方讀者們的共鳴。讀他的故事之時，他就好像跨越了時空，從聖經裏躍然於紙上，來到我們面前，和我們相遇上。他要告訴我們的，是那趟跟救主耶穌邂逅的奇幻旅程。

要知道，馬可福音可算是門徒彼得的回憶錄（這一點可參本書附錄「軟弱者的回憶——重讀馬可福音」）。馬可福音其實也可以以「跟隨耶穌的那串日子」稱之。在「那串日子」，因著被主選上，這班跟隨偉大救主的門徒——以彼得為代表——也因而揚名立萬，成就了天國的曠世功業。

二、全備的聖經

有人說，聖經不單是一本書，其更是一所圖書館（not just a book but a library）。事實上，聖經是一本千古奇書，有人亦說它是一本「天書」，因其教導我們認識天上的神。筆者則以之為一本「天地之書」，即除了其是「天書」外，它還是「地書」，因其同時談及有血有肉的人間事。聖經不像一些史書，報喜不報悲，只談人間英雄如何蓋世，何等超然卓越，閃亮奪目；它倒把偉人的不堪事，甚至是破事，都如實相告。聖經指出了英雄也吃人間煙火，一如使徒彼得，雖然他是在世耶穌的大弟子，後更被尊為羅馬教會的主教，但他在跟隨耶穌的日子，經常失言和失誤，被福音書的作者形容為「愚頑」（見馬可福音）及「小信」（見馬太福音）。

請留意聖經這金句：「聖經都是神所默示的，於教訓、督責、使人歸正、教導人學義都是有益的」（提後三16）。

說到底，雖然人生路可說是一程山，一程水，跌宕起伏，風譎雲詭，變幻莫測，聖經卻有「打開迷津，指點江山」之能，這便是經中的一句聖言：「你的話是我腳前的燈，是我路上的光」的意涵（詩一一九105）。

回到彼得的人生，聖經記述他，目的是要使之成為讀者們的鏡鑑。換言之，他的人生，是我們的縮影，示範了如何突破自限，活出一個不一樣的人生。

三、彼得之於你

新約四卷福音書，在描寫耶穌的事上，各有重點，且看以下的簡述。

按馬太福音，以五篇耶穌的講章為焦點，包括登山寶訓（五至七章）、差遣門徒篇（十章）、比喻篇（十三章）、屬神羣體的紀律篇（十八章）及橄欖山論述（二十四至二十五章）。這五篇講章便是耶穌教導的精要所在，是作耶穌門徒的必修課程。

按馬可福音形容，耶穌總是馬不停蹄，服事不輟，祂為世人服務，任勞任怨，甚至為世人的罪，成為贖價，死在十字架上，盡顯作為僕人領袖的極致。

路加福音表示，耶穌實可媲美當代傑出的智者，因為祂的教導了得，「粉絲」無數，擁護祂的羣眾數以萬計。祂不單是猶太人的王者，更是普世的救主。

約翰福音表示，耶穌那神性的光芒萬丈，瑞氣千條，早已彰顯無遺，世人實應相信祂（見約二十 30 ~ 31）。其實，門徒早已相信祂（見約二 11），只是屬靈生命還需要多加磨礪，屬靈的感應力還需要在世的主及日後的聖靈的啟導，再加上人生的飽歷滄桑，事奉的百般磨煉，才能大器晚成，為主重用。

按此了解，福音書對於主角耶穌的塑造，重點是各有不同。不過，對於配角彼得的描寫，卻有一共同題旨，一如彼得藉著馬可那點睛之筆，寫下祂作主門徒，在跟隨耶穌的路上之起起落落（即是馬可福音）。書中所有的描寫，旨在讓讀者們能產生強烈的認同感，好知道自己的無知，人本質的有限性，從而先認識自己，後轉身投靠復活主，得以重拾信心，持續學習，囊括大典，網羅眾家，並與復活主同行，生命茁長。其他的三卷福音書亦有相同的題旨。

四、真相要發掘

要知道，福音書及有關彼得的其人其事，是發生於二千年前，作為讀者的我們，只能從一些古時的作品中，稍知其點滴。那麼，我們要問的是，研究這位早已不在世上的歷史人物，其意義何在？對活在當下的我們，到底有何實質的幫助？

在此，福音書的眾作者寫下其作品，雖然作品中的主角只有一位，便是耶穌基督，彼得充其量只屬第一配角，但究其目的，便是要以正視聽，好叫讀者們能參考多於一卷的福音書，從而得出同一結論：歷史中的耶穌真的是超乎常人，祂作為神的兒子，降世為人，是道成了肉身，滿有恩典和真理（即祂是恩典和真理的化身〔embodiment of grace and truth〕），可是，跟隨祂的眾門徒，以彼得為例，其實都是有血有肉的人，故屬靈景況時有起落，反覆不定，亦屬平常。

在此，如果讀者們能細讀福音書，在深思中投入當中的世界，與門徒彼得認同，自能體驗如何在跟隨主的過程中，深度認識主的慈愛誠實。儘管門徒的表現總是未如理想，但主卻總留有餘地。祂胸懷廣闊如海納百川，深恩厚愛如浩淼大海，這樣，讀者們便不會因環境的惡劣，自己的不濟而失望、灰心，甚至絕望。

換言之，福音書寫得猶如一台「戲」，我們若能投入其中，設身處地感悟門徒彼得的其人其事，深度感知跟隨主，作主門徒的心路歷程，看懂箇中的意義，心靈必被觸動，而心動則衍生行動，生命成長可期。

五、偉人也不過是人

在初期教會，當中最偉大的人物，除了救主耶穌外，相信便是保羅和彼得。然而，偉大的人物其實也是住在人間煙火中，吃的也是人間煙火的食物，在其閃耀奪目的人生背後，都背負著其不濟的往事。在此，保羅亦然，彼得更是如此。

福音書及使徒行傳都有記錄彼得的傳奇一生，如果要研究耶穌的十二門徒，視線惟一的落點，自然便是西門．彼得。

再者，如果要深度明白作主的門徒，有失敗，也有成功，二者是並存於門徒的生命裏，其著眼點，必然也是門徒彼得。憑以上的想法，已值得我們去仔細研讀，到底聖經是如何描述這一位耶穌的入室大弟子：西門．彼得了。

若看使徒行傳中的彼得，表現極其出眾，絕對是淩駕於其他的信眾。然而，福音書卻寫盡他之前在跟隨主時，那些極其不濟的往事。若單看這類不堪事，真的無法想像日後的彼得，竟會是如此出眾。

說白了，彼得是前後判若二人。

此時，讓我分享一件難忘的往事。

在加拿大溫哥華牧會的那些年，還記得有一位長執，邀請我和妻子一起到訪他的家。到了他的家，他二話不說，拿出一本書來，並且認真地對我說：「這本書很好，它指出了其實傳道人都只是人，他們是會流眼淚的。」

在此，他極其鄭重地說這一句：「他們是會流眼淚的。」

猶記得那時，筆者有點手足無措，並暗裏自忖：難道是我那天在辦公室裏禱告時，因心靈迫切，不禁熱淚盈眶的情境，被他看見了，他才會說得如此凝重嗎？

回想起來，我真的是想多了。

話說回來，這位屬靈長者其實為人謙和，默默地服事，兒女們也積極參與事奉，儼然是傳道人的左右手。我在那裏牧會六年，後離開重回香港，直到如今，相隔已多年（近二十年），我們的關係還是很要好。例如每一次他回港省親，或是我去溫哥華時，我們必然相約，地點要麼是在餐室，要麼是在他的家或他女兒的家，每次我們都高談闊論，無所不談，感情甚篤，情同手足。

在此，筆者要說的是，在事奉中能遇上這些弟兄姊妹——他們明白：傳道人也只不過是人，並非金身不壞，更非刀槍不入；同樣帶著人生的軟弱，恩賜有限，靈命仍有很多成長的空間，只是比較願意學習凡事倚靠神——能夠遇上這份體諒，是極為難能可貴的。

他們與傳道人並肩同行，一如新約的亞居拉和百基拉夫婦，實乃愛心的天使，作為傳道人的我，能在人生事奉的歷程中邂逅他們，實在可貴。

說到底，我們大可期望，在細讀西門．彼得的生平，並且與自己的生命作出對照後，就會像在人生路上和他碰個正著，然後感應他在向我們招手，由是我們便跟著他的腳步，向前邁進。如是者，我們會驀然發現，自己屬靈的心路歷程，竟然跟彼得的，是如此相似，如此有共鳴。

我們認同彼得的愚昧無知、鹵莽行事，甚至三次不認主的重大錯失。然而，他同時也是蒙主「特赦」的人。我們同樣深切需要救主的大赦；而他拐個彎來終能展翅高飛，我們或許亦可如此——至少心中是如此憧憬。

雖然我們和彼得身處不同的時空，但因著共同的信仰和聖靈的感通，彷彿跟他的心靈之間有一條無形的通道。當我們閱讀他的故事，投入他的世界，便如同跟他生命對話，互相激蕩。彼此砥礪，事後驀然回首，方才發現，他的生平與經歷猶如一股清流，洗滌我們的心靈，使我們心意更新，內在生命躍動，鬥志高昂，朝著前面的每一次征程一再啟航。

誠盼彼得的生平和當中的心路歷程，不但能映照出作主門徒的種種真相，更可成為我們作主門徒路上的鏡鑑。他的故事，實在值得我們再三琢磨，深思猛省，甚至成為在教會門訓事工上不可或缺的參考資料。

| 靈思小品 |

小人物，大擔當

耶穌順著加利利的海邊走，看見西門和西門的兄弟安得烈在海裏撒網；他們本是打魚的。（可一16）

彼得是漁夫，其他的六位門徒大有可能也是捕魚的（見約二十一2）。以社會地位計，漁夫只可算是小人物，耶穌卻偏偏選上他們，成為近身門徒，帶著他們四海為家，走南闖北，言教身教，培育他們成才。可見，人眼中的小人物，因著主也可成就大事，叫人生在主手中大有可為。

話說開了，筆者驀然想起二〇二二年一個叫人難忘的喪禮，當時是悼念一位故友的大歸。

想起故友，我們相識於七十年代加拿大的華人教會。那時我們都是留學生，由於活動圈子不同，接觸也不多，只知道他來自東南亞，母語是普通話，參與教會的詩班。時間的長河蜿蜒而前，在闊別數十年後，他經歷了生命中的萬水千山，人生大大改變了。

安息禮拜派發的紀念小冊子，將他形容為以生命影響生命的謙謙君子，帶給一切接觸他的人以歡樂、祝福和幸福。他人生拐點的出現，就在於他決心作傳道者，入讀神學院。那時，他妻子表示，生活是極其艱苦，甚至連為兒女們交學費的錢都沒有。但亦就在那時，他們經歷了父神的供應，走出困局。從此，他們便信心滿滿地走上事奉的征途。

在紀念冊子中，他妻子表示：「你是一個沉默寡言，從不多說一句的人，欣賞你決心突破自己，放下生意，踏上宣教之路……。」她再言："Thank God for allowing me to share my life with you and let me experience true happiness and unconditional love."（感謝神讓我們相伴一生，使我體會何謂真正的幸福，和那份無條件的愛。）

女兒如此說："My father was a man of few words but he was the most loving and caring father one could ever have..."（父親一生話不多，卻是世上最慈愛的父親……。）另一個女兒則如此表達："Dad was a man of few words, but his actions always said it all. He had a great sense of humor and would always try to make everyone smile. His love is unconditional and this is something I will take with me forever."（老爸平時不太愛說話，但他做的比說的多。最愛講笑話逗我們笑，他給的滿滿的愛，我會一輩子放在心裏暖著。）他的大妹如此形容：「感謝天父給我一位有愛心、隨和、辦事淡定的大哥……。」他的二弟如此表示：「大哥的人生可用四個字來形容：充實，豐盛。」他的三弟留下此言：「有他的地方就有歡聲、歡笑、喜樂與和睦，在他身上，我學習到仁愛、寬容、喜樂和信心。」

安息禮拜近尾聲時，播放了一小段故友生前引吭高歌的短片，他那響亮動人的嗓子，即時把我震撼了。猶記得，那時我的五臟六腑在翻騰。他所唱的歌名叫《祢扶持我》(*You Raise Me Up*)，其中的一句是："You raise me up, so I can stand on mountains...I am strong when I am on your shoulders."(你手托起我立於羣山之巔，倚你肩頭時，力量便湧流無限。)這是故友的一首心曲，表示他本微小，但活得強大，全在乎父神的加能賜力。他那引吭高歌的歌聲，好像天上的綸音。直到如今，他的歌聲，仍在我的耳邊低迴著。那刻，我怦然心動，心靈在舒卷，驚歎於他生命前後的大不同。

在安息禮結束時，詩歌中有這樣的一句：「路途再難也堅持忍耐，塵埃風霜不能阻擋你的愛。」「你的愛」是指上主對亡者的看顧。在故友身上，確實看到了上主照顧守護的烙印。看來，親友們都得以釋然，為逝去了的故友感恩。親友們把這個安息禮拜稱為「生命的禮讚」(celebration of life)，旨在表達為故友那美好的生命感恩，讚美上主不輟。

深度反省

這位備受讚揚的已故弟兄，就是昔日在加拿大升學時所認識的，那位幼嫩青澀的年輕人，這轉變不是太出人意表了嗎？在此，筆者的總結是：是父神改寫了我們那原本粗糙俗氣的生命，使我們成為祂手中的傑作（弗二10），生命因而充滿傳奇和驚喜。

祂塑造了我們，是實至名歸的那位使人成聖的主。

回到這裏，請不要小看漁夫彼得，他的人生實乃一動人的故事。有了主，他能以「得魚」成「得人」，「頑石」成「磐石」。

第一部

彼得一瞥

1 | 顯赫與不堪，同是彼得

基督教的發源地是耶路撒冷，耶路撒冷教會自然成為各地教會的「母會」。然而，公元七十年，耶路撒冷被羅馬的軍團所圍所毀，教會不復存在。於是，先是敍利亞的安提阿教會，再到亞細亞的以弗所教會，最後是帝國首都的羅馬教會，便取而代之，成為基督教的核心。

1.1 | 他的赫赫威名

自耶穌升天後，影響初期教會最大的人物，自然是在世耶穌的入室大弟子西門．彼得了。事實上，彼得被人形容為十二門徒中最為顯赫的一位。[1] 在一眾主復活後向他們顯現的人物中，彼得乃排於眾首（林前十五 5）。[2]

使徒行傳十五章的耶路撒冷大會，是我們所知道的，初期教會最重要的會議。作者路加在此清楚表明，在會中彼得的發言，是極具決定性的。

基於個人的經歷和開明的取態，他力陳信主的外邦人，是不用先加入猶太教，便能成為神的子民（徒十五 6～10）。此言左右了大會的決定，眾人終聽取了他的勸說，支持其說法（徒十五 7～11、13～19）。[3]

另一個明顯的例子，便是彼得前書一章1節所指出的，作者彼得寫信給住在小亞細亞，即本都、加拉太、加帕多家、亞細亞及庇推尼的眾教會。福音派聖經學者史納拿（Thomas R. Schreiner）指出以上的地區佔地三十萬平方英里，幾乎涵蓋今天的土耳其國土。[4] 區域這麼大，不禁使我們懷疑彼得是否真的都到過這些地方，作過福音工作。然而，可以肯定的是，他的影響力，已遍達這區域的眾教會。

著名聖經學者韓高（Martin Hengel）指出，按哥林多前書九章5節所記，保羅表示，彼得是和他的妻子一同往來。其言下之意，便是彼得的妻子，是有分參與彼得的福音工作，甚至是與他在宣教路上共同進退，其情況是有如亞居拉和百基拉，夫妻二人同心，廣傳福音，縱橫奔走於帝國各地（見徒十八1～2、26；羅十六3）。

如是者，彼得大有可能是以其家為教會聚會的地方，而妻子自然要負責招待眾信徒，例如預備愛筵等。其實，早於耶穌在世的年代，在迦百農事奉的耶穌，已經以彼得的家為自己的居所（可一30～32；太十七24～25）。不單如此，耶穌更藉著這地方，接觸來自五湖四海的羣眾，言傳身教，廣施慈心，醫治病人，服事眾生。其中最廣為人知的，便是醫好了被四人抬來，尋求醫治的癱子（見太九1～8；可二1～12）。按此了解，彼得的妻子早已習慣讓自己的家，成為服事眾生，展現主愛的地方。在此，韓高進一步指出，按此了解，彼得的妻子，大有可能是促成外邦的教會，以信徒的家作為聚集的地方的創始人。[5]

有教會傳統指出，彼得是娶了巴拿巴弟弟的女兒為妻，並育有一子一女，女兒名叫彼多妮拉（Petronilla）。眾所周知，彼得因信仰而殉道，更有指出，他的妻子和女兒亦然。[6] 由此可相信，彼得的聲望，在初期教會時代是一時無兩，獨領風騷，遠超同儕。

話說開了，使徒彼得的足迹遍及羅馬帝國，明顯的有安提阿、哥林多，大部分小亞細亞地區，以及首都羅馬。他遊走各地，縱橫天下，事奉波瀾壯觀，冒死弘揚真理，建立教會，甚至殺身成仁。故此他被譽稱為「磐石人」（man of rock）。[7]

易言之，他名叫磯法，翻出來就是彼得，此名字的意思便是「石」，稱他為「磐石人」，從任何一個角度看，都實至名歸。

在肖像上，彼得常被塑造成一白髮滿頭，兩鬢飛霜，蓄著白鬍子的年邁者，展現著他是鉛華盡洗，即洗盡淺薄、俗氣和浮誇，儼然是一位高山仰止，造詣登峯造極的屬靈高人。

有道是行俠仗義，鋤強扶弱，為國為民，俠之大也。為拯救天下蒼生，為實現神的國度於世上，彼得以愛心為寶馬，以聖道為寶劍，殫精竭慮，縱橫天下，最後更以命相酬恩主：相傳他是被倒釘在十字架上。他死得轟烈，義薄雲天，極有尊嚴，堪稱俠之大也。

1.2 他卻很不濟事

然而，話得說回來，奇怪的是，福音書中的彼得其表現卻未如理想，失言和失誤不斷，一如聖經學者伯堅斯（Pheme Perkins）所指出的，彼得經常被描寫成性格有問題的人（flawed in character）。[8]

還看彼得及其他門徒，被馬可福音稱為「愚頑」者，例如在親歷餵飽四千人後，門徒完全誤解了耶穌的教言，於是耶穌斥責他們：……你們還不省悟，還不明白嗎？你們的心還是愚頑嗎？（可八 14～18）

在此，學者史特勞斯（Mark L. Strauss）指出，耶穌連串的追問，好像是在暗示門徒等人的屬靈狀況，是與圈外人（outsiders）無異。[9] 再者，門徒又被馬太福音稱為「小信」的人，例如當彼得嘗試履海時，因懼怕風浪而下沉，後被耶穌用手拉住，耶穌如此責備彼得：你這小信的人哪，為甚麼疑惑呢？（太十四 31）

值得留意的是，由於福音書是以敍事（narrative）方式書寫，一般而言，這類文體大多以故事中人物的言談舉止，展示其為人如何，正是「聽其言，觀其行，知其人」。舉例說，馬可福音一章 35 至 38 節描寫了耶穌早期的事奉，且看以下的經文：

次日早晨，天未亮的時候，耶穌起來，到曠野地方去，在那裏禱告。西門和同伴追了他去，遇見了就對他說：「眾人都找你。」耶穌對他們說：「我們可以往別處去，到鄰近的鄉村，我也好在那裏傳道……。」

留意西門緊追耶穌，及對耶穌出言追逼，顯出了他的想法是如一般人，即認為耶穌理應滿足眾人的需索，好一個「來者不拒」，可見他並不理解何以耶穌要這麼早便起來，進入曠野禱告父神。

當然，耶穌婉拒了他。稍後，耶穌更表明他要往泰爾、西頓的境內去（可七 24），留意學者愛特華茲（James R. Edwards）表示，這裏作者用了有強調作用的往（*apēlthen*），旨在表明此乃經過深思熟慮後，心意已決的行動。[10] 意即是說，耶穌下定了決心，要退至郊野之地，甚至是外邦人之地，因為在那裏，理應沒有人認識祂，那祂便可喘一口氣，休養生息。作者藉此顯出，福音書的主角耶穌是知所進退，張弛有道，祂的事奉模式是「時而戎馬，時而退隱」，退隱是要保留實力，尋求父神的幫助，這樣事奉才能持之以恆，剛勁有力。換言之，這是一個平衡忙與閒的事奉生活方式。對比起來，彼得等人仍是不知其所以然。

以上的分析，是要說明聲名如日中天的西門．彼得，實乃被福音書的作者們描寫得很不濟事，其表現亦著實未如理想。其實，福音書中的門徒彼得，與使徒行傳中所描寫的使徒彼得，可說是判若兩人。本來，一如上文所指，彼得的傑出，實乃初期教會所熟知的一面。照理，福音書的眾作者，尤其是馬可福音的作者馬可，他本是彼得的屬靈兒子（見彼前五 13），不會如此有違常理地寫下如此不懂事的彼得，這不但大大損害了他屬靈父親的形象，也不合情理。

不過，以下有兩大理由，可作解釋的依據：

(1) 彼得的不堪，是要襯托出福音書的主角耶穌那超乎常人的智慧和能力。

(2) 彼得的一舉一動，實乃普世信徒，尤其是福音書的眾讀者的人生縮影。

換言之，福音書的眾作者誠盼其讀者們，能對故事中的彼得產生認同感，因而作出深度的生命反思：在接受自己軟弱的同時，亦能虛懷若谷地察納耶穌的教言，從而撥亂返正；人生方向糾正了，生命才會不斷成長。這樣，才能成為實至名歸的，主耶穌的門徒。

台灣名作家余光中有此言：「落日的壯麗，原用旭日來煉成。」這正好是彼得的生平所要向我們展示的。

2 案例的照明

在此，且看以下共十二個明顯的案例：

(1) 可八 31 ~ 33；太十六 22 ~ 23：當耶穌上耶路撒冷，為要捨身取義，成就救贖，卻被彼得極力阻攔。因此，他被耶穌斥責為撒但。

(2) 可九 5 ~ 7；太十七 4 ~ 5；路九 33 ~ 35：在登山變像中，彼得建議為摩西、以利亞和耶穌搭三座棚，但從雲中出來一把聲音，[1] 表示耶穌乃神的兒子，祂是獨一無二的，彼得必須聽從祂。換言之，你們要聽他屬命令語調，其言下之意，在在表明彼得建議為三人搭棚，是極度不合宜的。[2] 在此，彼得實不應自以為是，妄作主張。留意路加福音九章 33 節要表明彼得不知道〔自己〕所說的是甚麼，意即彼得失言了，他的想法只是自以為合理，實乃不知所謂。他犯糊塗了。

(3) 可十四 31 ~ 38；太二十六 35 ~ 41：彼得雖然向耶穌宣示自己至死忠心，但稍後到了客西馬尼園，他卻因身體疲倦便昏睡不起，留下耶穌一人獨自警醒禱告，於是耶穌對彼得加以責難：「西門，你睡覺嗎？不能警醒片時嗎？」

(4) 可十四29～30；太二十六33～34；路二十二33～34；約十三37～38：彼得揚言即使眾人離棄主，他對主可是永不言棄的，甚至冒死也要跟隨祂。不過主卻「大煞風景」地表示，在當天夜裏，就是雞啼之前，彼得要三次不認祂。

(5) 可十四54、66～72；太二十六58、69～75；路二十二54～62；約十八15～18、25～27：彼得遠遠跟著被捉拿的主，進入了大祭司的園庭內，打算靜觀其變，見機行事。此實乃冒險之舉，足見他的護主心。然而，他竟然在眾人的面前，三次否認自己跟主的關係。

(6) 太十四28～31：耶穌展現其神性，夜間在水面上行走，並走向在船上的門徒。這時，彼得表現得大有信心，向主表示他也要走在水面上，好迎向正大顯能力的主。然而，彼得卻很快被眼前的狂風駭浪嚇倒，更從行在水面上變成沉下水裏去，甚至快要沒頂。

(7) 太十八21～35：在討論寬恕之道時，彼得認為寬恕別人凡七次之多，不是已足夠有餘嗎？耶穌竟然表示不是七次，而是七十個七次。其言下之意，是人要打從心底裏寬恕別人，才不會斤斤計較，因為父神也是如此胸懷大度地寬恕祂的兒女。

(8) 路五8～11：在彼得初遇主耶穌時，耶穌行了神蹟，致使彼得承認自己是個罪人，深感不配，然而主卻安慰他，著他不要怕，更肯定他以後要得人如得魚。

(9) 約十三6～17：彼得反對耶穌洗他的腳，但耶穌表示祂是為眾門徒作榜樣：要作「僕人領袖」。

(10) 約十八 10 ~ 11：彼得護主心切，他拿出刀來，把捉拿耶穌的，名叫馬勒古的大祭司的僕人之右耳砍掉，耶穌卻出言制止他，著他不要用「以暴易暴」的方法解決問題。

(11) 約二十一 15 ~ 16：復活主向彼得等人顯現，更問彼得是否愛祂？彼得隨即表示自己甚愛主。然而，主卻再追問彼得是否愛祂，前後凡三次之多，這好像在表示，彼得所謂的愛，是不足的。當然，彼得卻鍥而不捨地表明，他愛主之心，日月可鑑。

(12) 約二十一 19 ~ 22：彼得追問耶穌，關於另一位門徒（大概是約翰福音的作者門徒約翰）其命運將如何。耶穌卻表明這門徒未來如何，是與他無關的，重點倒是彼得只要忠心跟隨主便可。

從以上的概要描述可看到，不論彼得的表現是否合乎常理，耶穌總會作出糾正，這固然是要顯出，彼得作為門徒羣體的首席弟子，仍是少不更事，屬靈心竅尚未開啟。事實上，彼得是十二門徒的代言人，他的言行，也代表著其他的門徒。換言之，門徒等人都需要拉比耶穌的懿言讜論，來指點他們的人生，好叫他們的心眼打開，來自俗世的價值觀得以重整，這樣才能成為實至名歸的門徒，承擔使萬民作主的門徒的重任。

靈思小品

歪理的邏輯

這是我的愛子，我所喜悅的。你們要聽從他！（太十七5）

由於在山上除了耶穌以外，還出現了摩西和以利亞，彼得心想：如果能夠把這良辰美景的時間延長便好。於是他出謀獻策，提出要為三人搭棚，好讓他們可駐足其內。然而，父神卻發聲表示反對，其重點是：耶穌是與眾不同的，是摩西和以利亞所不能比擬的，因祂是神的愛子。所以，彼得實不宜妄自出言，反而要聽從耶穌的話。

在此，坊間流傳著不少笑話，其中一則，更是發人深省。話說古代有一富甲一方的員外，他育有二子。兒子們思想古怪，性格頑劣，已有不少老師被嚇怕跑掉了。這一次，員外終於找來名師，願意教導其兒子。為了留住這位年邁的名師，員外特別吩咐兒子二人要在課後為老師按摩，以表孝敬，老師畢竟也年邁。

如是者，大兒子負責按摩老師的右邊，小兒子負責左邊。本來良久沒有出問題，然而，有一次，大兒子病了。小兒子忽發奇想，他故意走到老師的右邊按摩。然而，一不小心，用力過度，把老師右腳的肌肉弄傷了。結果，老師走起路來是一拐一拐的。老師明白小兒子並非故意，故受了傷也作罷。

然而，大兒子病好了，當他知道小兒子竟然未得他本人的同意，侵佔了他右邊的位置，為老師按摩，更弄傷了老師的右腿，頓時大感不滿，存心要報復。

有一天，輪到小兒子病了。大兒子心想報復的機會來了，於是，他走到老師的左邊，為老師按摩，並且故意地，用盡蠻力，把老師的左腿弄至重傷。再次受傷的老師，今次甚至走動不了，他找來大兒子，質問他：「你為甚麼故意弄傷我，你懂得尊師重道嗎？我不是用心地教導你們二人嗎？」此時，大兒子竟洋洋得意地説：「老師，你有所不知，我是在報復。」老師不明所以，然後追問：「我並沒有害你，你報甚麼復呢？」

大兒子便把他的理由如盤托出：「弟弟並沒有得著我的同意，趁我不在時，從他本來的左邊，走到右邊為你按摩，把你的右腳弄傷，這實在是欺人太甚了。所以，今天我便趁他不在，走到他原本的左方，借為你按摩，弄傷你的左腳以作報復，便是這個道理。」

老師聽後怔住了，呆了半天，然後搖搖頭。他找來員外，對他説：「你的兒子是油鹽不進，愚不可及，心理殘疾，我實在受不了。」説罷便連拐帶爬，掛冠而去。

乍看下，大兒子的確有他的一套想法，有其「邏輯」，但其實卻是想法偏激，歪理連篇，怪不得老師頭也不回。在此，不妨聽聽古希臘賢哲亞里士多德（Aristotle）的警告：「儘管自以為邏輯正確，但不是全世界所有人都這樣看」。在此，人類最大的盲點，便是自以為沒有盲點。思想的漏洞，如果得不著糾正，漏洞會變成黑洞，變成了牢不可破的執念。執念很可怕，它好像緊箍咒，使人畫地為牢，故步自封，難於自拔。

最後，筆者的建議是：多角度看同一件事；不妨參考聖經，好從這本神聖的書中得著啟發，活學活用於當下。這都是走出執念的竅門。

3 我們只能活一次

對於我們來說，實應從彼得的經歷中汲取教訓，然後安靜下來，清心地反省：一方面反思自己是否也如此不濟，另一方面立下志向，謙卑下來，認真地跟主學習。這樣，在這時晴時雨、人心散渙的時代，我們才能活好自己，活得從容、淡定和閃耀，有日終長風萬里，成就非凡，達榮神益人的屬靈佳境。

最後想說的是，我們只能活一次，必須熱愛生命，活得認真。若是如此，我們必須同時把喜樂和痛苦，成功和挫敗，都一一接下。說白了，我們必須視成功和挫敗都是「進帳」，皆為「收入」，能促成我們生命的成長。

｜末了的話｜

轉化人生的一本「書」和一個「人」

亞歷山大大帝（Alexander the Great）所建立的希臘帝國（又稱馬其頓帝國）堪稱古代最偉大的帝國之一，這不單因為希臘帝國的國土跨越歐、亞、非，也因為亞歷山大大帝本人的驍勇善戰，實在驚為天人。

話説亞歷山大的母親不滿其夫腓力二世（Philip II of Macedon）的粗豪作風，故自小便把兒子薰陶以古典作品，如詩人荷馬（Homer）的佳作《伊利亞特》（*Iliad*）。此書乃一史詩，其中最為人所熟知的，便是《木馬屠城記》（*The Trojan Horse*）及其英雄人物阿基里斯（Achilles）。此書對年幼的亞歷山大影響很大，例如有一次他與友人玩耍時，自豪地表示長大後，要成為阿基里斯。

他終於長大了，父親腓力二世為他找來博學多才的希臘賢哲亞里士多德，當亞歷山大的老師。自此，亞歷山大便鋭意跟他學習政治、道德和哲學等科目。有一次，被奉為「邏輯學之父」的亞里士多德，在教亞歷山大邏輯學時有此提醒：「雖然你自以為已竭盡所能正確地運用邏輯，然而，在這世界總會有些人是不認同的。」此言盡顯亞里士多德委實透晰世情，是實至名歸的賢哲，生命的達人。驍勇善戰，行軍迅速的亞歷山大，二十一歲便開始東征。

又有一次，他只以三萬五千人的軍隊，憑著戰略和將帥的士氣，把號稱有六十萬大軍（其實可能只有十五萬）的波斯軍隊打得落花流水，潰不成軍。未幾，亞歷山大終於征服了波斯和埃及，建立起一史無前例的偌大帝國。

因著深受亞里士多德的教導影響，亞歷山大更把希臘文化推廣至整個帝國，而希臘文化更深深影響了日後的羅馬帝國，新約聖經書寫的文字也是希臘文，希臘文版的舊約聖經《七十士譯本》(*Septuagint*)也廣泛流傳於世。總的來說,一本書及一個人,關鍵性地影響著亞歷山大大帝的一生。

話說回來,當我們細讀聖經,聚焦於福音書中的主角耶穌(或繼而彼得),以及之後漸漸經歷到復活主的同在同行時,不也同樣是由一本書及一個人,影響著我們的人生嗎?雖然我們所因而建立的,不是如亞歷山大大帝建立的超級帝國,但我們因此卻活得不再一樣了——先有能於征服自己,擺脱私慾的囹圄,走出安舒區的沉溺;繼後更能服事神於教會,有分於天國偉大功業的拓展!如此,我們竟能活出了一個既踏實,又能靈裏展翅高飛的鮮活人生!

説到底,那本書(即聖經)及那個人(即復活主),只要我們有幸遇上,要活一個無比精采,滿有愜意的人生,自也可期。

｜靈思小品｜

由知道到真知道

……禱告的時候……求我們主耶穌基督的神，榮耀的父，將那賜人智慧和啟示的靈賞給你們，使你們真知道他。（弗一16～17）

以弗所書是一封巡迴於各地教會的信，這裏，保羅告訴我們他常在禱告中記念受書人，而他所禱求的，便是祈求父神，藉著內住於受書人的聖靈，也就是這位予人智慧和啟示的靈，使受書人能真知道他。[1]

在此，留意他可以是指父神，也可以是指耶穌基督，不過，二者分別其實不大，因為我們是靠著認識成了肉身的主耶穌基督，藉著祂而認識人肉眼所看不見的父神（約一18）。

接下來，真知道也可作「真認識」，此乃一複合詞，是在「認識」一字前，加上 *epi* 這前置詞。一般而言，這做法的意思是有強調作用，故《和合本》作真知道。在此，華人聖經學者黃浩儀指出：「人知道神，除了指頭腦上的認識之外，也包括整個人的順服與遵從」。[2] 另一位新約學者林康（Andrew T. Lincoln）則表示，真知道含認知性和道德性，換言之，在認知上要對神有信心，在道德上則要有愛心。[3] 在此，我們可以說，「認識」是指理性的層面，「真認識」是關乎內在生命的質素。進而言之，認識神可能有兩個層面，即「認識」和「真認識」。

其實，認識任何人，都有「認識」和「真認識」之區分。舉例說，當筆者初認識妻子時，只知道她是基督徒，性格內向，處事認真，醉心事奉，而且在我眼中，覺得她特別漂亮。可是，到了和她談戀愛時，才知道她原來也十分愛主，有追求心，治學嚴謹，成績又優異。到了結婚後，因和她一起生活，一起教養小孩，更進一步認識她：她細心、敬虔、愛整潔，任何事都希望事先安排妥善，不容有失，其他優點下刪一千字。

回到這裏，從保羅的角度看，信主前的他，很仇視基督徒，更鄙視被釘在十架上的耶穌。這是保羅當時從表層所識的主，可如今一如他在哥林多後書五章16節的自白：所以，我們從今以後，不憑著外貌認人了。雖然憑著外貌認過基督，如今卻不再這樣認他了。對保羅而言，「憑外貌認人」，之所以能轉折至不再如此，其轉捩點便是復活主在往大馬士革路上向他顯現（徒九1～19），疊加以保羅日後在事奉中所經歷的神奇妙拯救（如林後一8～10）。

深度反省

彼得人生的轉變，也是從認識他的老師，那位在世活著的耶穌開始，直到深度認識，即真認識那位復活主的大能，生命才因而發生巨變，前後判若兩人。

其中尤其是當耶穌升天而去後，彼得的表現映現出，在聖靈的啟示下，他回首過往，自己只是表面認識耶穌，後來才明白箇中蘊藏著的意義。且看以下三大例子：

(1) 以色列人哪，請聽我的話：神藉著拿撒勒人耶穌在你們中間施行異能、奇事、神蹟，將他證明出來，這是你們自己知道的（徒二22）。以上一番話，是彼得對在場朝聖的猶太人所宣講的，以舉證耶穌便是末世要出現的救世主。然而，其實這亦是他本人的經驗，即從只知道耶穌是來自拿撒勒，到後來目睹祂所行的眾多的異能、奇事、神蹟（原文都是眾數字），如今回想起來，知道其實是神要證明在世的主，便是末世將要出現的救世主，即彌賽亞。這是一深層的認識。

(2) 基督既在肉身受苦，你們也當將這樣的心志作為兵器，因為在肉身受過苦的，就已經與罪斷絕（彼前四1）。彼得回想他跟隨在世的主的那些日子，眼見主的受苦，尤其是祂被調侃、遭鞭打、被釘死，自會問其意義何在。

在深度反省下，他悟出箇中的道理便是，主的受苦，其實是一大示範，好叫一切跟隨祂的人，都不怕受苦，反而要以之為兵器。兵器原文乃動詞，是一比喻，[4] 意即在思想上要配上軍裝，預備作戰，如此才能不被嚇倒，反而能攻堅克難，活得堅強韌勁。此外，已經與罪斷絕其意思可能有二：（1）指基督成就救恩，解決了人類罪的問題；（2）指信徒受苦，便會因而遠離罪惡，棄惡從善，活得聖潔。[5] 無論如何，以上所言在在映現著彼得對主（尤指他的受苦）有了更為深徹的認識。

(3) 從極大榮光之中有聲音出來，向他說：「這是我的愛子，我所喜悅的。」我們同他在聖山的時候……（彼後一 17～18）。這裏明顯是回指在世的耶穌，帶著彼得等三人，一起登山，然後來一個登山變像（見太十七 1～8），這情境為彼得留下了難於磨滅的印象。到了他寫彼得後書時，時間已向前推移了三十多年，他深知自己殉道在即（因為知道我脫離這帳棚的時候快到了……；彼後一 14），卻重提此事。其言下之意，一方面是要向受書人表明，他親眼目睹主的威榮，可見他是使徒無疑（以對比假教師們是不曾跟隨過在世的主耶穌，故他們所傳的，沒有權威，皆一派胡言）。另一方面，他要向受書人表明，儘管他大歸在即，也只不過是返回天家，與這位一度向他在山上顯榮，如今已登天界的威榮之主重聚而已。

以上所言，大大映現著彼得對死亡有著深層次的了解，這是從他跟在世的耶穌相處，得見祂的榮美後感悟而來的。

總之，從認識主到真認識主，其是一心靈之旅。認識主和真認識主，二者存在著顯著的分別，這分別也大大影響著我們的世界觀和價值觀，而世界觀和價值觀，也影響著我們人生的境界。進而言之，一個真認識主的人，世界觀改變了，就如《心流——高手都在研究的最優體驗心理學》(*Flow: The Psychology of Optimal Experience*)一書所言，最平淡的生活，也可樂在其中；心靈悸動了，精神提振了，雖然身處逆境，仍可享受生命。[6]

末了，我們不妨反躬自問：「我們經歷過此心靈之旅嗎？」「我們真認識祂嗎？」我們或許都勤讀聖經，都認識主基督，滿腦子都是祂的言行舉止，但這可能只是表層的認識。要深度認識祂(即真認識)，我們必須和祂一起生活(藉著聖靈的感動，經歷祂的同在同行)，好好走一趟心靈旅程，好能親身體會到，祂是如何聽取我們謙卑人的禱告，怎樣以祂的大能大力，慈悲憐憫，守護著祂的子民，又胸懷大度如海納百川，保護我們如同保護眼中的瞳人(詩十七8)。於我們生命的全程中，只要我們願意信靠祂，祂定必悅納，且全程護航，直到永遠。

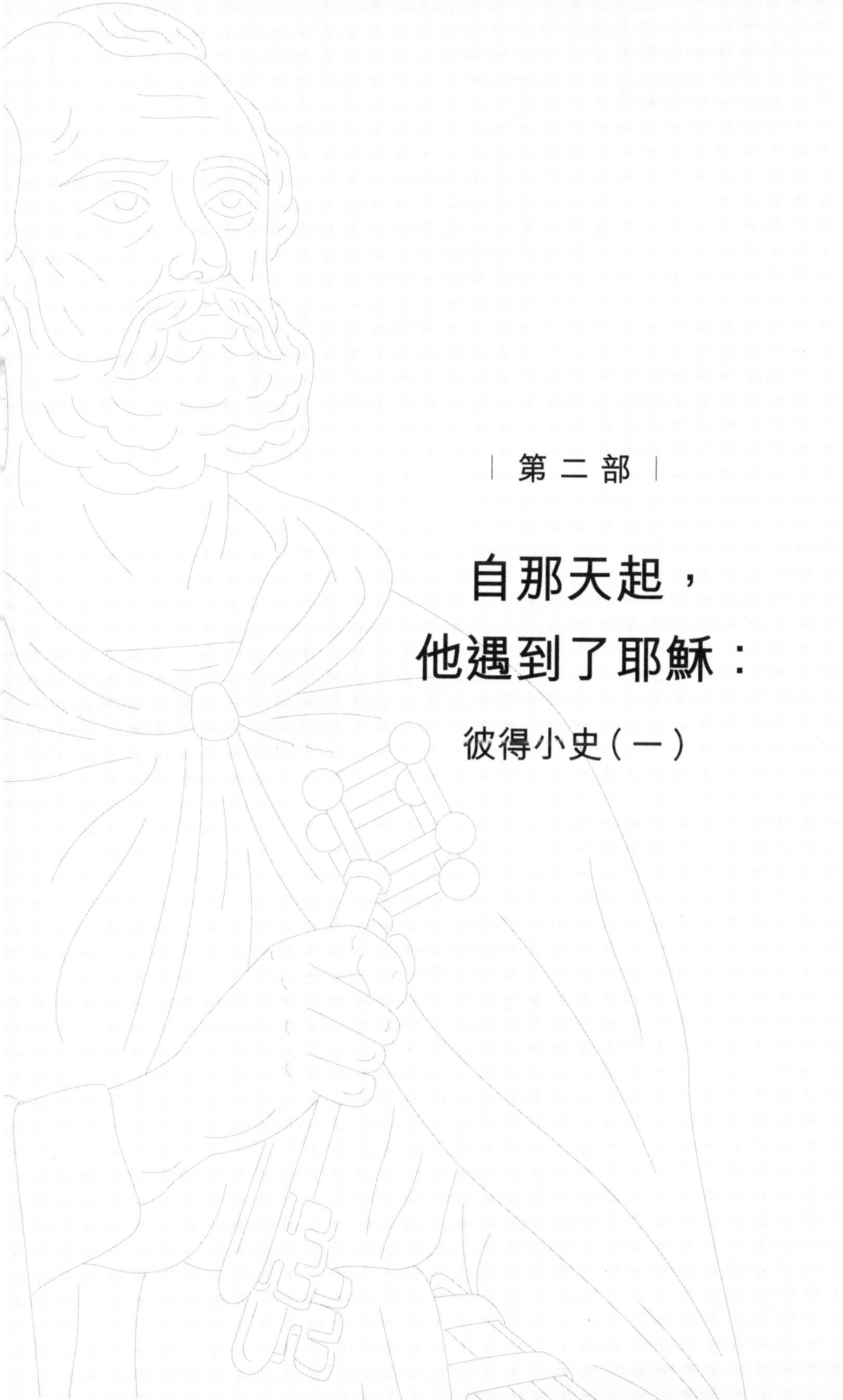

第二部

自那天起，他遇到了耶穌：

彼得小史（一）

4 背景及蒙召

彼得原名西緬（Simeon），此乃亞蘭文，有聽見、聽從的意涵；[1] 轉為希臘文則是西門（Simon）。公元一世紀，有一猶太名著叫《便西拉智訓》（*Wisdom of Ben Sira*），其內容曾大力嘉許一位叫西緬的大祭司。[2] 另外，在一世紀中葉，猶太地發起了史上有名的馬加比革命（Maccabean Revolt），旨在擺脫希臘分封王，被公認為殘民自肥的暴君安提阿古四世（Antiochus IV）的管治，[3] 而這馬加比家族有一英雄蓋世的兒子，亦是叫西門。他智勇雙全，曾領導士兵，多次擊潰敵人，被民眾冊封為君王及大祭司。[4] 因此，之後的猶太父母，都喜歡把兒子命名為西門（新約聖經出現了九個以西門命名的人物），[5] 期望他們有日能帶領百姓，振興國族，英勇如昔日馬加比家族的西門。

西門．彼得大概生於公元一年，其與家人生活在一小城，加利利海濱的漁村：伯賽大。據研究，此小城位於加利利海的東北偏北方，其隸屬希律．腓力（Herod Philip）的管治，此人乃大希律（Herod the Great）其中一個兒子。大希律的另一個兒子希律．安提帕斯（Herod Antipas）則管理加利利海西岸的加利利省，施洗約翰便是死於此人的手上（見太十四 1 ~ 14）。

伯賽大意即「捕魚之家」(house of fishing)，此城人口約一千，考古學家在該地區發現了捕魚用的魚鉤等工具，舉證著此地當時乃一漁港，居民大都是漁夫。[6] 由此可見，彼得的原生家庭是以捕魚為業。然而，福音書卻指出彼得後來移居迦百農，即從由希律．腓力管治的伯賽大，移居到由希律．安提帕斯管治的迦百農，我們推測此舉可能有以下的原因：

(1) 希律．腓力對其管治之地徵收重稅。在對比之下，希律安提帕斯的稅率則還可以接受。這一點，是類似香港能成為一商貿中心，其原因之一，便是其推行低稅率，這自然具吸引力。

(2) 在迦百農定居下來的彼得，是與岳母同住的(可一 29～31)。後來他更招呼耶穌住在他的家，足見他的家地方偌大，如是者，他的家便成為了耶穌在加利利事奉的大本營(見太十七 24～25)。再者，耶穌多次的講道，曾引來大批羣眾，他們都擠進房子裏，務要一睹耶穌的風采，細聽耶穌的睿智之言，這房子大有可能便是彼得的居所(可二 1～2)。由是觀之，彼得移居迦百農，應該是與妻子有關。也許，彼得的居所，本是屬於妻子的父母的，由於妻子的父親早逝，岳母需要女兒照顧，促使和妻子成婚後的彼得，搬進女家，好服事岳母。

當然，以上的說法純屬推測。不過，馬太福音表明，耶穌以彼得的家為事奉的聚腳點，並且與彼得一家同住，是不爭的事實。且看馬太福音十七章24至25節的記錄：[7] 到了迦百農，有收丁稅的人來見彼得，說：你們的先生不納丁稅嗎？彼得說：「納。」他進了屋子，耶穌先向他說……。

關於丁稅，可追溯至公元七十年聖殿被毀之前，猶太官方設立的一個傳統：便是所有猶太男性（從二十至五十歲），每年都要納丁稅（即人頭稅）。[8] 其目的主要是支持聖殿的維修及日常運作的費用，[9] 而納稅者也可藉此宣示，他們是愛國愛民族的人。[10] 又因收到的款項巨大，此舉使耶路撒冷的聖殿及主持聖殿事務的大祭司家族，成為當代財力雄厚的組織，[11] 如是者，大祭司及其從屬者，那時堪稱富可敵國。

至於當代屬撒都該派的祭司羣體，他們自命是特權人士，不用交丁稅；昆蘭社團（Qumran community）則表示其成員一生人只需交一次此稅。[12] 由此可見，不是所有猶太人都願意及支持繳交此稅。至於散居外地的猶太人，也被要求納此稅，做法是在他們往耶路撒冷朝聖時，便納此稅。當然，如果他們沒有交此稅，猶太官方亦無從追究。[13]

至於住在耶路撒冷城的居民，他們自然要在逾越節，前往聖殿納此稅。那些不是住在耶路撒冷的猶太人，倒有專員在逾越節之前一個月登門造訪，要求男丁納稅。

有一個說法，指猶太教和基督教正式分開，是跟交納丁稅有關。其始於公元二世紀的中葉，猶太人打算藉著向各地的猶太人徵收丁稅，好籌集資金，啟動反羅馬帝國的革命。然而，信主的猶太人卻表明不贊同此運動，公然表示拒絕繳交此稅。此舉措自然引起猶太教的不滿，其回應便是把所有信主的猶太人趕出會堂。從此，信主的人（包括信主的猶太人），再不會在猶太會堂聚會，猶太教也正式與基督教割裂。經此一役，板已釘死，無從挽回，從此二者不相往來。

尤有進者，馬太福音這段記述，是一獨有的經段，大概是因為作者馬太本人是稅吏，故對收丁稅一事特感興趣，便記錄了下來。而當時負責收稅的人詢問彼得耶穌是否也打算交納此稅，可見耶穌是住在彼得的家，並且已廣為人知。

以上的推論，在在說明作為漁夫的彼得，一如聖經學者布勒（W. W. Buehler）所言，並非一窮二白之輩。[14] 再按以下的觀察及推論，彼得確實大有可能不是貧窮戶，分析如下：

(1) 在巴勒斯坦一帶，由於猶太人禁吃豬肉，而牛肉亦屬罕見，羊便成了重要的家畜。而人們在特別的節期，才會宰羊吃，例如逾越節。當時日常人體所需要的，一般從肉類而來的蛋白質，便要從魚或雞蛋那裏吸收。這也是為何耶穌以魚為教材，教導門徒若向父神禱告，祂必然答應。在此，耶穌有言：你們中間誰有兒子求餅，反給他石頭呢？求魚，反給他蛇呢？（太七 9～10）

換言之，餅和魚實乃日常的食糧。稍後耶穌也是用五餅二魚把五千人餵飽（太十四 13～21），類似的神蹟，也發生在外邦人身上（太十五 32～39）。由是觀之，魚是當時巴勒斯坦一帶最普遍的日常肉食。

留意耶路撒冷有一城門稱為「魚門」（Fish Gate；尼三 1、3），其大有可能是專供漁販把捕獲的魚，大量運入城中的通道。據了解，「魚門」的附近，還設有一偌大的魚市場。說到底，由於魚肉的市場需求甚為殷切，捕魚這行業的前景穩定，是大有前途。也因此故，約翰的父親西庇太擁有一羣雇工及船隊（參可一20），大規模作業；而彼得大概也如此。換言之，彼得的家勢並不薄弱。[15]

(2) 由於古時沒有冷凍雪藏法，把魚儲存下來的方法，便是把魚曬乾，或是醃製成鹹魚。在古時，鹽乃極珍貴的貨品。考古學發現，在伯賽大附近有一小城鎮，其名字意即 Place of Salted Fish，其表示這城是把鮮魚加工成為鹹魚。[16] 按此了解，作為漁夫的彼得，大有可能在捕魚的同時，也在經營鹽業。這也解釋了何以耶穌以鹽為實物教材，比喻生命本質是何等重要，從而教導門徒務要有美好的生命質素。因為變了質的鹽，看似是鹽，本質已不是鹽，自然是變了味，失了原有的作用；終被丟在外面，被人踐踏（太五13），例如只能作肥田料了。

總結而言，捕魚業是一行業（fish industry）。由捕魚、分類、加工、銷售，到兼顧鹽業、管理雇工、修整漁網及漁船等等，是需要企業式經營，這樣看來，彼得的家境必然大有來頭。

到了耶穌升天而去，聖靈降臨之後，彼得等人把福音傳遍耶路撒冷，引來官府等人的注意，並且把彼得和約翰捉拿。他們二人站在公會面前，氣定神閒，毫無懼色，口若懸河，更引經據典，為主作見證。官府看他們二人，都只不過是*沒有學問*的小民（徒四13）。留意*沒有學問*並不表示他們真的是學識淺薄，教育水平低下，而是指他們沒有受教於那些著名拉比，或入讀得著認證的學府而已。[17]

值得留意的是，以這樣的眼光看他們二人的，並非使徒行傳的作者，而是來自那些早已與耶穌對著幹，瞧不起門徒的猶太公會中人（見徒四5）。

在此，留意彼得曾向耶穌表示，他已放下一切跟隨主，意思是指儘管他家境不俗，生活本算安定，他仍立下決心，義無反顧地走出安舒區，放下一切跟隨主，過一個上無片瓦，下無寸土的流浪生活，實在難得。

說白了，彼得於馬太福音十九章27節向主直言：看哪，我們已經撇下所有的跟從你……，意思是彼得和眾門徒隨著主耶穌攀上山之巔，飄至海之角，過著居無定所的生活；這足見他們的堅毅。

彼得接觸耶穌之始，是記載在約翰福音一章35至42節。那時施洗約翰把耶穌推薦給跟著自己的兩位門徒，其中一位便是安得烈。安得烈很快便找著自己的兄弟西門，興高采烈地對他說：我們遇見彌賽亞了；更即時領他去見耶穌（約一41～42）。

值得留意的是，施洗約翰乃耶穌的表兄，而門徒約翰的母親，名叫撒羅米（太二十七56），是西庇太的妻子，亦是耶穌母親馬利亞的妹妹（約十九25）。[18] 換言之，雅各和約翰乃耶穌的表親。[19] 至於彼得，看來是跟耶穌沒有任何血緣關係。但奇怪的是，排門徒之首的，並非雅各和約翰二人；得著耶穌青睞的，反而是彼得。當耶穌遇見西門時，祂即時為他改名：「你是約翰的兒子西門，你要稱為磯法。」（磯法翻出來就是彼得。）磯法是亞蘭文，意即石；彼得是其希臘文翻譯。

綜上所論，我們只能說，西門．彼得擁有一些屬靈特質，是耶穌看為重要的，只需要假以時日，經受磨礪，這些特質自然能散發出來，為主所用，成就天國的萬世功業。進而言之，彼得是大器晚成。

在此，耶穌先稱呼西門為約翰的兒子，表明耶穌早清楚知道西門的底細。磯法意思是磐石，由於約翰福音的作者不肯定受書人是否明白磯法的意思，故即時指出此名字，是等同於希臘文的彼得。

｜靈思小品｜

新名與新生

……耶穌看著他，說：「你是約翰的兒子西門，你要稱為磯法。」（磯法翻出來就是彼得。）（約一42）

安得烈得著他的師傅施洗約翰的推薦，遇見了耶穌，知道祂便是期待已久的彌賽亞。他心繫其兄弟西門，因而即時採取行動，把耶穌推薦給他（約一40～41）。

也許，在初步的接觸中，耶穌發現西門潛存著很好的屬靈素質。於是，耶穌即時為他改名，稱他為磯法（約一42）。磯法乃亞蘭文，其希臘文便是彼得，意即磐石。從此，西門便以彼得一名而聞名於後世。

其實，改名之舉早有先例可援，其作用便是暗示在不久的未來，改名的人其生命有所劇變，就像「換了命」一樣，前後判若兩人；意即變得更優秀，活得更合乎父神的心意，一如其新名字的意涵，即乃人如其名，實至名歸。

舉一些例子，例如雅各被改名為「以色列」，意即神得勝（創三十二28）；又例如亞伯蘭被改為「亞伯拉罕」，意即「多國的父」（創十七5）。如今，西門被耶穌改名為「彼得」（意即磐石），意思是雖然如今的西門只是漁夫，乃鄉野之輩，為人只看表面，行事莽撞，即使受教於耶穌，仍是倚靠一己粗糙的原始力量，結果表現時好時壞，起伏不定；然而，耶穌卻在呼召他之初，已藉改名之舉，暗示他是好苗子，日後必成大器，是福音真理的基石，教會的磐石。耶穌此舉是要勉勵他，為他打氣，好叫他有朝一日，能有所領悟，展翅飛鳴，長風萬里。

畢竟，有主同在，不論是苦是甜，人間總值得一來，更何況大器多是晚成。換言之，救主不只看見眼前的西門，還憧憬著往後一個靈命復興，生命大發異彩的彼得。

其實，救主不也是用這份厚恩大愛，等候著我們成長嗎？

觀此，作為飽歷滄桑夕陽紅的筆者，也學習以此份體諒善待別人，尤其是「同路人」，期盼他們終有一天，騰雲而起，翱翔天際，如今只是潛龍在淵而已。

末了，追隨主走主的路，本挺不容易。其最大的得著，卻不是建功立業，而是因著走對了方向，心靈變得舒坦，換來了在主裏的自信和自豪，也叫人生不再眼花繚亂，主次不分，處人處事得以按部就班，處變不驚。如是者，平安、喜樂、感恩、滿足，也許會一一自來。

5 蒙召作主門徒的經過

5.1 漁業之子

回到彼得的故事。耶穌為西門改名後，那時的西門．彼得，還沒有放下一切跟隨耶穌（他的兄弟安得烈亦然），直到施洗約翰被下在監裏，耶穌離開拿撒勒來到迦百農，轉戰加利利（見太四 12～17），那時的耶穌，故意沿加利利海旁走去，是旨在要碰上祂早已認識的幾位漁夫（即兩對兄弟：彼得和安得烈，雅各和約翰）。耶穌呼召他們的經過，概略地記在馬太福音四章 18 至 22 節及馬可福音一章 16 至 20 節。

至於加利利海，其又稱為提比哩亞海（約二十一 1），及革尼撒勒湖（路五 1；又《馬加比一書》〔*1 Maccabees*〕11.67）。其雖被稱為海，但其實是一內陸淡水湖，其長十三英里，寬八英里，湖形呈梨狀；在當時可謂海產頗豐，魚類達數十種之多。因此，環繞著加利利海之濱，出現了不少以捕魚為主的城鎮。當代猶太史學家約瑟夫（Flavius Josephus）曾表示，其中一個城鎮，人口多達四萬，漁船數百，並組成了龐大的船隊，當地的醃魚技巧更馳名於整個羅馬帝國。[1] 凡此種種，都使我們有理由相信，在加利利海以捕魚為生的彼得，其經濟實力是雄厚的，日後有很多發展的可能，前途一片瑰麗。這樣看來，彼得能放下一切跟隨主，誠非易事，這亦可以算是一冒險行動，足見他的堅毅心。

再者，此內陸淡水湖加利利是低於水平線凡六百九十六英尺。[2] 由於地理環境特殊，經常會遇上突如其來的風暴，[3] 這一點，便構成了耶穌平靜風浪（可四 35～41），及耶穌在水面上走（可六 45～52）的背景。畢竟，以此湖維生的漁夫們，已養成冒險精神，他們往往是無懼風雨，敢於迎向挑戰的。也許，這一點，便成為了耶穌呼召作為漁夫的彼得及其他人的其中一個原因。

留意當時曾有傳聞，加利利海是深不可測的，由於有不少人曾葬身於此，故相傳湖底能直通陰曹地府。這也解釋了，何以門徒會誤把在水面上行走的耶穌當作鬼怪（可六 49～51），因為他們滿以為眼前的怪現象，是從加利利海底走上來的鬼怪所使然。

5.2 | 初露屬靈慧根

值得留意的是，路加福音五章 1 至 11 節記述了另一次耶穌對彼得的呼召，此記述的要點如下：

(1) 此次呼召發生在耶穌醫好彼得的岳母之後（路四 38～39），也即是在早前已發生在加利利湖畔，耶穌向兩對兄弟發出呼召之後。

(2) 此次呼召只針對彼得。由此可見，耶穌是有意向彼得示意，他不單是主的門徒，更是滿有神性的主耶穌的目擊證人。

(3) 這段經文的重點，顯然是耶穌行了一個違反捕魚常理的神蹟，而彼得的反應是：……就俯伏在耶穌膝前，說：「主啊，離開我，我是個罪人！」因著耶穌大展神威，彼得得以進一步肯定，眼前的耶穌實在是非比尋常的一位——祂不單是奇人異士，更是眾所期待的彌賽亞，是救世主；對比眼前至高無上的祂，自己實乃微不足道，他因而禁不住自稱罪人。此反應猶如舊約先知以賽亞在「寶座神顯」(throne epiphany)中的表現(見賽六5)，[4] 即當人在異象中體驗到神的威榮時，心靈被完全震懾，自覺罪孽深重，深感非常不配而跪倒地上，並坦言自己有罪。[5]

總的來說，路加特選以上的事件，寫入記載耶穌早期呼召四個門徒的篇章內，目的主要有二：

(1) 路加想指出，耶穌早已看好彼得，故在早期的事奉中，向彼得特別顯出其神能。此舉篤定了十二門徒是以彼得為首，是門徒羣體的代言人。在聖靈降臨後，彼得更成為教會的基石，他堅如磐石，正是前文所說的「磐石人」(man of rock)。其時，西門便是實至名歸的彼得。

(2) 留意彼得的反應，他不單在眾人面前向耶穌跪下，還當眾表示自己實乃罪人，在聖經的敍事文體中，作者往往藉著人的言行，展示其為人及內在的生命特質。在此，彼得表現極度自謙，在眾目睽睽之下放下身段，足見他有超乎其他門徒的屬靈領悟力。雖然日後他經常失言，糗事連篇，但有朝一日，他生命成長了，疊加以聖靈的加能賜力，自能脫胎換骨，展翅高飛。

值得留意的是，約翰福音十章41節表示，施洗約翰從來沒有行過神蹟，但在彼得蒙召時，卻目擊耶穌所行的神蹟：一個神奇的捕魚經歷。對彼得來說，拉比耶穌實在是驚為天人；回應祂的恩召，成為祂忠誠的粉絲，看來便是一件全然合乎情理的事。

此役之後，彼得及十一位門徒一直貼身地跟著主，作息與共，走南闖北，接受耶穌的訓練凡三年之久。門訓的重中之重，便是重整門徒的「三觀」(即世界觀、價值觀和事奉觀)。在跟隨耶穌的過程中，門徒能深度認識主，從而體會祂是真理的化身，且是滿有慈愛和誠實的，一如約翰福音一章14節所言：充充滿滿地有恩典有真理。

説白了，眼前的拉比耶穌，實乃道成了肉身的神的兒子，是神對祂子民最終極的啟示，一如希伯來書一章1至2節所言：神既在古時藉著眾先知多次多方地曉諭列祖，就在這末世藉著他兒子曉諭我們⋯⋯。

換句話説，父神的啟示，是始自舊約的眾先知，終於末世道成了肉身的，祂的獨生愛子耶穌基督。

神的兒子已降世為人，並且呼召彼得等人，跟他們一起生活，好叫彼得等人能面對面地深度認識祂，跟祂建立相知互愛的關係；後來祂更藉著釘死十字架上，為世人贖罪。這樣，門徒得以進入祂所設立的恩約中，成為神的子民。當祂死而復活，升天得榮後，門徒便變身為使徒，以傳揚福音為畢生使命，使一切相信的人，同樣能進入恩約中，成為神的子民。

靈思小品

結伴同心，其利斷金

> 耶穌……看見西門和西門的兄弟安得烈在海裏撒網；他們本是打魚的。耶穌對他們說：「來跟從我，我要叫你們得人如得魚一樣。」……耶穌……又見西庇太的兒子雅各和雅各的兄弟約翰在船上補網……。（可一 16～19）

經文記錄了耶穌最早期所呼召的門徒，他們是彼得、安得烈、雅各和約翰。他們的特點是四人都在加利利海捕魚。換言之，他們的職業便是漁夫。另一個特點便是：他們都是兄弟，即彼得與安得烈為一對，雅各和約翰為另　對。在此，我們不禁問，為甚麼會這麼巧合？同時是漁夫？同時是兄弟？也許，以下的分析有助解開此謎團。

原來，在加利利捕魚，通常是把漁網撒下，然後由兩個人各拉著漁網的一角，這兩個人有時是同在一條船上，有時各站在自己的船上。二人把網拖行，以捕撈的方式，把水中的魚羣聚攏，然後才拉起網來。如是者，彼得和安得烈，雅各和約翰，大有可能便是以二人一組的方式，結伴捕魚。這也解釋了何以路加福音五章 1 至 2 節有此記述：耶穌……見有兩隻船灣在湖邊；打漁的人卻離開船洗網去了。有一隻船是西門的……。

作者路加在此表示，當彼得蒙召時，耶穌是看見有兩條船停靠在岸邊，一條是西門．彼得，另一條大有可能便是其兄弟安得烈的，這情況也許印證著二人一組結伴捕魚的說法。

按此了解，彼得和安得烈，雅各和約翰，不單是因著其為同胞兄弟，而有血脈之親；更因一起工作，合作無間，而成為極有默契的戰友，早已習慣了要同心奮戰於這經常風雲變色的加利利海。換言之，一旦有可觀之漁獲時，亦自然會一起慶功。

由此，當安得烈碰見難得一遇的彌賽亞，極其興奮之時，自然會想起他的兄弟，工作的伙伴彼得來，將他介紹給耶穌。在此，安得烈對彼得直接了當地表示：「我們遇見彌賽亞了。」於是領他去見耶穌……（約一41～42）那時的安得烈必然雀躍萬分，語調高亢，甚至手舞足蹈。彼得也毫不猶疑，要前往看個究竟。

耶穌向這些以二人為一組的漁夫們應許說：我要使你們作得人的漁夫（太四19；見《新譯本》）。於是，沿襲捕魚的習慣，耶穌派門徒等人傳道時，也是以二人為一組（參路十1）。

如上文所論，西庇太的兩個兒子雅各和約翰，實乃耶穌的表親，可見西庇太這家族全力支持耶穌所領導的信仰更新運動。而由於雅各和約翰，安得烈和彼得，都在加利利海捕魚，又同時被耶穌遇上，蒙召作門徒，以此推論，這兩對同行的兄弟或早已彼此熟稔，如今走在一起，結伴同行，實乃美事。

話說開了，如果在人生的賽道上能有人結伴同行，實能生互相照應之效，難怪彼得以後的事奉，仍是以約翰為伴（見徒三 1，八 14）。儘管後來他隻身離開耶路撒冷，踏上於外邦之地傳道之路，仍是與馬可和西拉等人，並肩事奉（彼前五 12～13）。在此，且看這一句：又要彼此相顧，激發愛心，勉勵行善……倒要彼此勸勉，既知道那日子臨近，就更當如此（來十 24～25）。又：你要逃避少年的私慾，同那清心禱告主的人追求公義、信德、仁愛、和平（提後二 22）。

換言之，人生苦短，路上充滿汗水淚滴。端此，請不要自鳴孤高，只求獨善其身，自詡我走我路。按聖經的教導，我們倒要學習放下自己，培養寬和、素靜的內在品德，多與志同道合者結伴同行，察納別人的雅言，正是「良言一句三冬暖」！以虛懷若谷之心，習練生命之道，讓思想流轉不斷，把所見所聞，跟自己的經歷相結合，熔鑄成精煉的生命，此乃屬靈生命成長的要道。

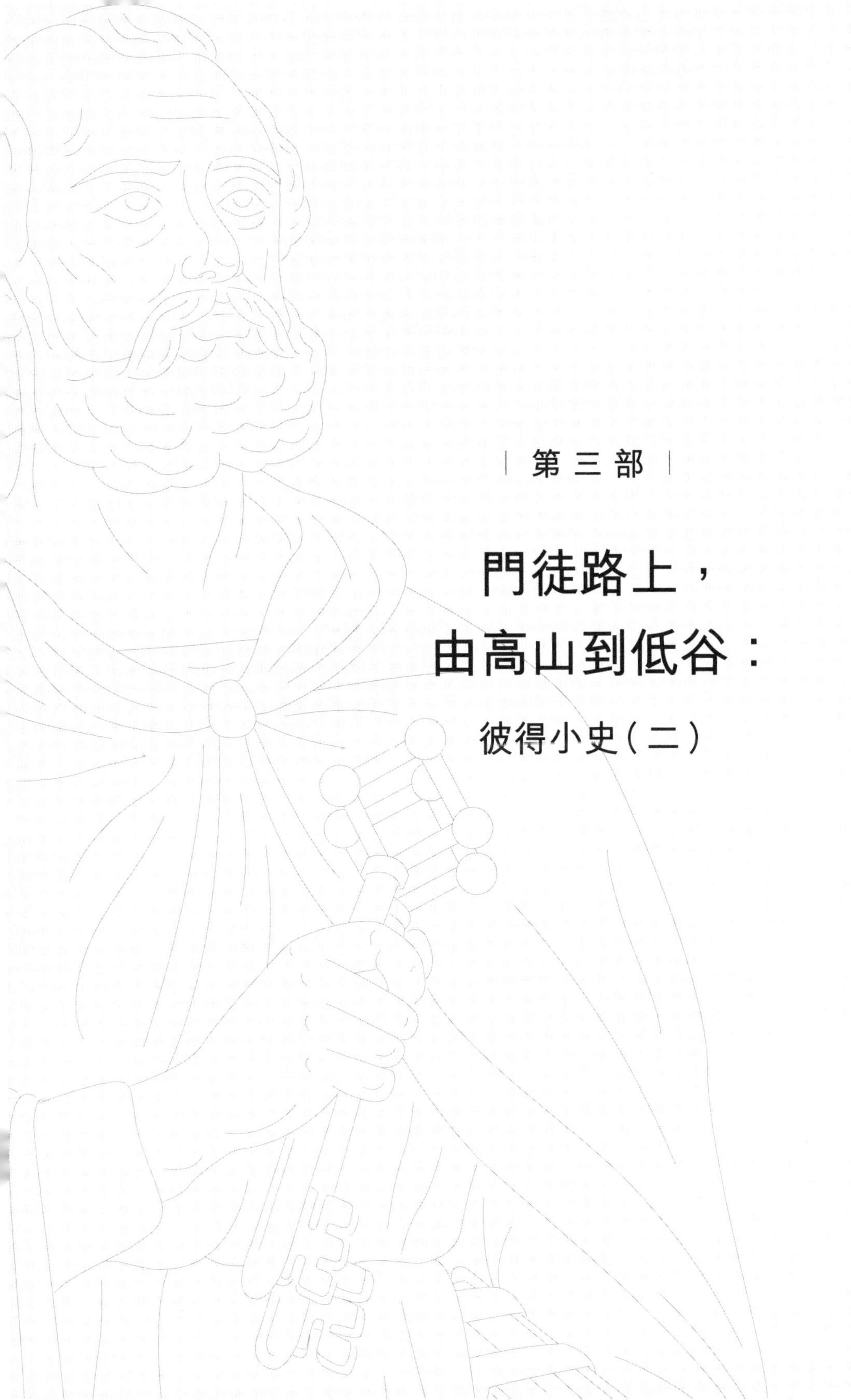

| 第三部 |

門徒路上，由高山到低谷：

彼得小史（二）

6 跟隨主的開端

符類福音中出現的十二門徒的名單，排首位的都是西門．彼得（太十 2～4；可三 16～19；路六 14～16），[1] 甚至在使徒行傳中，再度出現這十二門徒名單，也是以彼得為首（只是沒有了出賣耶穌而自盡的猶大；徒一 13）。使徒行傳作者後更表明，教會再選出馬提亞，加入本來的十一個門徒之列，終湊足十二位（徒一 26）。[2] 這後來的十二位，便成為真正的，初期教會最高屬靈權威。[3]

留意馬可福音三章 16 節及路加福音六章 14 節在談及十二門徒時，排首的一位是彼得，作者特意加上註釋：耶穌又給他起名叫彼得（路六 14），如此形容，在在表明西門是獨得耶穌的青睞，即這位原本被稱為西門的，便是後來享有赫赫威名的彼得。[4] 由是觀之，福音書中的彼得，其一舉手一投足，是代表著其他十一位門徒的所思所想，而初期教會的領導班子，也是以他為馬首是瞻。

一如以上所言，福音書的主角是耶穌，主要配角是門徒彼得，二者存在著密不可分的互動關係。值得留意的是，一如前文所言，當耶穌在迦百農及其一帶事奉時，祂是住在彼得的家中。[5]

在闡釋了彼得的蒙召過程後，筆者於本書第六至十一章特選七大事項，藉描述彼得的表現，以折射出他到底是一個怎樣的人。

6.1 事項一：耶穌走在海面上（太十四22～33；可六45～52；約六16～21）

情況是，在夜深人靜的一個晚上，眾門徒在船上獨自搖槳於加利利海，他們遇上風浪，耶穌見狀，趕忙前往營救：祂在海面上走！

正如前文所指出，加利利海經常出現突發性風暴，再加上星月無光，在一片墨黑的水面上（那時是四更天；可六48），雖然門徒等人曾為漁夫，也不得不因眼前可怕的景象而害怕起來，顯得手足無措。此時的他們，竟然看見遠方有一黑影，在驚濤駭浪上朝著他們走來，疊加以如前所言，傳聞加利利海的水底，是通往陰間的通道，在船上已如驚弓之鳥的門徒，誤以為耶穌是鬼怪，在極度驚嚇下，便大聲喊叫起來（可六49）。耶穌見狀，隨即安撫他們：不要怕。留意約翰福音六章20節還加上是我，此短句的原文是*egō eimi*，即**我、我是**。此片語在約翰福音中，其用法等同於「我是自有永有的」（I am who I am），故是暗指耶穌是滿有神性的，永生神的兒子。[6]由此可見，此神顯的目的，是猶如稍後的登山變像，即是耶穌要藉著山（登山變像）和水（走在海面上），彰顯祂那潛存著的神性的威榮。[7]

可惜的是，門徒未能全然領悟箇中的道理，尤其是於耶穌在海面上行走這一役。值得留意的是，馬太福音十四章28至32

節加插了一後續篇。[8] 那時，當彼得知道是主後，眼見耶穌走在海面上的神能，他因而變得充滿信心，[9] 再加上作為漁夫，他經常在風雲變色的大海中工作，早已培育出敢於冒險的精神，於是他興致勃勃，滿懷信心地求告主：請叫我從水面上走到你那裏去（太十四 28）。耶穌即時答應，彼得便即時採取行動，踏足於水面上，朝著耶穌的方向，一步一步地走去。

情況大概是，原本是好端端的，彼得果真如耶穌一樣，在水面上走動，迎向著耶穌。只可惜因著身邊強風的狂襲，雨點的拍打，彼得一時害怕起來，信心一不足，腳步便不穩，結果往下沉了。如此，外面有巨浪拍打，內心有恐懼狂襲，往下沉的彼得快沒頂了；他惟有向主求救。由於他與主的距離，其實是咫尺之間，故主即時用手拉起他，然後對他說：你這小信的人哪，為甚麼疑惑呢？（太十四 31）

在此，主的意思便是，本來好端端的彼得，後來之所以變得如此狼狽，[10] 其問題不是因為缺乏信心，而是一旦嚴峻的考驗來到，他的信心便受不起考驗，足見他信心不足，亟待改善。說到底，作為十二門徒的代表，跟隨神的兒子耶穌多時的西門．彼得，雖然是有信心，但仍嫌有所不足，至於其他的門徒，就更不用說了。一言蔽之，在認識耶穌，信靠祂的功課上，一眾門徒還有很多學習的空間。

6.2 事項二：登山變像（太十七1～8；可九1～8；路九28～36）

耶穌既先以在海面上行走，藉此展示祂那神兒子神性的光輝，如今，祂又再大顯神威，地點卻換了是在山上。

「登山變像」是一異象，特色是神顯（theophany）。[11] 雖然門徒在異象中所見的耶穌，其榮耀之光芒，足以亮瞎人的眼目，但這並不表示，其與現實中的人子耶穌，是不同的兩個人。因為在異象過後，同一位耶穌還在，並且出言安慰和警告他們。可見這異象的目的，是要彼得等人深度明白，常與他們同在的人子耶穌，其實是永生神的兒子（太十六16）。[12]

留意這次顯現的對象，不是門徒十二人，而是彼得、雅各和約翰；目的是要他們在為主殉道之前，能看見神的國大有能力臨到（可九1）。由此可見，「登山變像」是要顯現未來天國裏的情境（故有先賢古聖摩西和以利亞的出現）。至於這神顯的地點，是一座高山上（太十七1；可九2；彼後一18則形容為聖山），作者沒有明言此山的名字，[13] 其最大可能是黑門山。[14] 此山極高（共九千多英尺），其亦靠近凱撒利亞．腓立比城（見太十六13）。[15] 畢竟，那時的人常以高山為天與地的交匯處。[16] 可見這神顯發生在高山上，是天國影像的素描畫。而摩西、以利亞和耶穌同時出現，表明在天國裏他們是與耶穌在一起的。神顯中的耶穌，其神兒子的榮耀，透析衣服，光芒四射：衣服放光，極其潔白，地上漂布的，沒有一個能漂得那樣白（可九3）。在此，我們可以想像，經文指出，單單是衣服，已白得使人目眩，更何況耶穌本人。

在這極度震撼的奇景下，門徒的反應是怕得要命（太十七6），不過，那敢於表達，直來直去的彼得，又再發言：拉比，我們在這裏真好！可以搭三座棚，一座為你，一座為摩西，一座為以利亞(可九5)。[17] 在此,路加福音九章33節加上一句對彼得的評語:他卻不知道所說的是甚麼。

綜上所論,這裏的意思大概是,彼得期望眼前的良辰美景能保留下來,於是建議為三人搭棚,使三人能駐足棚內。然而,彼得實乃胡扯一番,不知所謂,因為眼前的景象,原本旨在要給彼得等人一睹未來天國的美景。

再者,雖然眼前出現了摩西和以利亞,他們儘管跟耶穌好像朋友一樣交談,然而,耶穌卻是與眾不同的,因為祂是神的兒子。如是者便出現了雲彩,把眾人罩在雲霧裏,雲霧裏有父神的聲音(大概是聲如雷響),其表明:這是我的兒子,我所揀選的,你們要聽他(可九7)。[18] 隨後雲霧消散,摩西和以利亞也不見了,只見耶穌同他們在那裏(可九8)。

由是觀之,彼得的建議是不合適的,因為他以為耶穌的地位,就是等同於摩西和以利亞,[19] 故倡議搭三座棚。然而,耶穌實乃非比尋常:祂是父神的愛子。

尤有進者,我的兒子,我所揀選的這一句話,跟耶穌在受洗後,天上有聲音說:你是我的愛子,我喜悅你(可一11),二者收異曲同工之效,就是公開認證耶穌乃神的兒子。在這裏,彼得必然有所頓悟:他所跟隨的,眼前的師尊耶穌,並不是一般的拉比和先賢古聖。誠然,在這裏出現的摩西和以利亞,他們都跟耶穌一樣,在世上活出了先知的極致。他們都高風亮節,靈力充沛,更行過神蹟。然而,他們仍只是人,充其量都只是神的僕人而已,惟獨耶穌是神的愛子,只有祂所教導的,是屬靈權威的極致,故你們要聽他(可九7)。[20]

由此可見，僕人跟兒子是有巨大分別的。[21] 如今，彼得眼所見的，耶穌神性的展現；耳所聽的，父神所舉證的，耶穌是祂的愛子——此登山變像之舉，實應改變彼得等人對耶穌的觀感，使他們更深徹地認識神子耶穌基督。

時間的巨輪滾動而前，事奉經年，彼得寫下了「彼得後書」。此書可說是彼得的遺訓（彼後一13～14）。在書中的一章17至18節，作者彼得重提以上的一段「登山變像」的經歷。由此可見「登山變像」這神顯，已深深地烙印在彼得的心內，叫他歷久不忘。[22] 彼得自言，能夠親眼見過他的威榮（彼後一16），實屬萬幸。如今，他快要殉道了，就是為信仰而死，並且知道自己快要跟神顯中的主相遇於天家。在此，他是義無反顧，慷慨就義。

總結而言，「登山變像」充其量只發生在一天之間，卻換來彼得一輩子的念記。這正好是「登山變像」潛存著的目的，一如在此事發生前，耶穌對門徒所預告的：……站在這裏的，有人在沒嘗死味以前，必要看見神的國大有能力臨到（可九1）。在此，於為信仰而殉道的彼得而言，耶穌是要他先親身經歷祂的超凡力量，即神的國大有能力臨到，好叫彼得在日後面對迫害，甚至死亡時，可以「泰山崩於前仍無懼於色」，來一個置諸死地而後生。

此外，這對於在場的雅各和約翰亦然。雅各是十二使徒中最先殉道的一位（徒十二1～2）；約翰縱被流放至拔摩孤島上，仍得以目睹四大異象，並寫下洋洋大觀共二十二章的啟示錄，勉勵七教會。可見不論順境或逆境，或者是前有狼後有虎的窘境，二人仍毋忘初心，無懼風雨，雖千萬人吾往矣！這份屬靈的浩然之氣，大有可能也是出於此經歷。

7 | 心靈開竅

7.1 | 事項三：公開認信主耶穌（太十六13～20）

其實，此役是發生在耶穌以上兩次神顯事件的中間。彼得對耶穌公開的認信，被學者們認為是初期教會出現的「基督神學的雛型」，[1] 更算為彼得及其他門徒等人在跟隨耶穌多時後，對這位夫子最為深入的認識，映現著門徒屬靈生命成長的最高點。

這時的耶穌，從北方（即凱撒利亞．腓立比）向南推進，[2] 先進入加利利省，再繞道從約但河西，進入猶大省，然後先到達耶利哥，再進入耶路撒冷。這裏的地點，是在凱撒利亞．腓立比的境內（13節）。凱撒利亞．腓立比這名字，是要記念羅馬君王凱撒（Julius Caesar），及馬其頓帝國的亞歷山大大帝（Alexander the Great）的父親腓力二世（Philip II of Macedon）。也許，就在這高舉人的輝煌成就的名城中，耶穌要對門徒作出關於祂的真正身分的考問。

不過，值得留意的是，凱撒利亞．腓立比附近有一著名的高山瀑布，這瀑布氣勢磅礴，引發人的敬畏心，附近更建成了不少廟宇神龕，而最為突出的，是希臘眾神中一位名叫 Pan 的，此乃「恐怖之神」（英文的 panic，便是由此名字演變而來）。由於瀑布的水源，是來自多處的洞穴，其中一個洞穴的水勢洶湧，被稱為「陰間之門」（gate of hades），此講法更出現在後來耶穌的言詞中（陰間的權柄的原文便是**陰間之門**）。

也許，就在這極其迷信，眾神廟宇林立之地，耶穌詢問門徒，旨在考驗他們對耶穌的認識，到底到了甚麼程度，祂跟當地人們所迷信的眾神祇，又有甚麼分別。

不要忘記，這時的耶穌，已朝著耶路撒冷進發（祂也因而向門徒表示自己未來將受苦、遇難和復活；見十六 21），離祂釘十字架的日子已不遠，算是在倒數了。所以，這時向門徒發出祂身分是誰的提問，是一合乎情理的舉措。

有證據顯示在古時（例如古希臘），老師們都喜歡向學生們發問，好迫使他們進入深度思考之中。在這裏，拉比耶穌亦然。

祂先問：人說我——人子是誰，後再問你們說我是誰（十六 13、15）。留意耶穌先用人，後用你們，是由淺入深，要門徒仔細思量，他們在跟隨耶穌多時後，對耶穌的認識，是應該比常人更為深入才是。如今便是門徒要琢磨思量，融通地整理出答案的時候了。

門徒當中只有彼得發言：你是基督，是永生神的兒子（十六 16）。[3] 此簡潔的公開認信，顯出了跟隨耶穌多時的彼得，對祂確有了正確的認識。在此，耶穌如透視彼得一樣，直言彼得能有此感悟，實乃來自父神的啟示。換言之，稍後當彼得力勸耶穌不要上耶路撒冷受苦時，那便只是他自己的看法，即是只體貼人的意思（十六 23）；按照父神的啟示，與只體貼人的意思，二者構成了強烈的對比。

在此，值得留意的是：你是基督，是永生神的兒子此句，與你是彼得，我要把我的教會建造在這磐石上（十六 18），[4] 二者呈平行狀態；而同時，基督與永生神的兒子二者，亦存在著緊密的關係，其都指著同一個人，即耶穌本人，是配對著彼得和磐石。按此了解，彼得和磐石亦是指著同一人，是為西門．彼得。

按以上的剖析，疊加以下面的五個理由，進一步支持磐石是指彼得這看法：

(1) 彼得此字的希臘文是 *petros*，磐石則是 *petra*，二詞在耶穌時代是可交替使用的，意思也一樣。在此，留意聖經學者諾蘭德（John Nolland）的解說：「希臘文的 *petros* 及 *petra*，二者在時間的蜿蜒而前時，漸漸變成了同義詞……」。[5]

(2) 耶穌大概是用亞蘭文跟門徒說話，彼得的亞蘭文便是「磯法」，其意即石，而並沒有另一個亞蘭文的字眼，是用作指磐石的。[6]

(3) 下文的我要把天國的鑰匙給你……（十六 19）此言，在在支持了彼得乃磐石的看法。

(4) 有認為這磐石是指耶穌本人，然而在文脈中，即緊臨的上文下理中，都找不到以磐石比喻耶穌的修辭說法。

(5) 卡森（D. A. Carson）指出，如果作者要表示彼得是石頭而不是磐石，他應該用另一個希臘文 *lithos* 才是。[7]

當然，耶穌這番話，是在高度表揚彼得，其流傳下來，也有支持彼得成為初期教會之最高領導人的作用。然而，可惜的是，當耶穌表明，祂要上耶路撒冷，受苦，更要被殺，然後復活時（十六 21），彼得卻即時要勸告耶穌，好像忘記了耶穌是神的兒子。說到底，彼得亦不應對祂如此無禮。

在此，我們推想，可能因著耶穌的讚許，彼得因而像心裏開了花般，心花怒放，自信心倍增，才敢於冒進地挺身而出。他滿心以為是在為其他門徒出頭，力勸耶穌不要上耶路撒冷去：

彼得就拉著他，勸他說：「主啊！萬不可如此！這事必不臨到你身上。」（十六 22）

彼得跟著主，一路上都是在耶穌的後頭走，如今繞到前頭，站在耶穌面前，刻意要力阻耶穌前行，彼得自飾以大義凜然，看來很勇敢，到頭來竟然遭耶穌嚴斥：撒但，退我後邊去吧！（十六 23）

這時的耶穌，大有可能是用手把站在面前的彼得推開，然後拂袖而去。祂更表示彼得是按著自己的想法發言，是中了撒但的詭計，[8] 不知不覺間成了撒但的僕役，是與神為敵了。

被擱在一旁的彼得，一定是被嚇呆了，不知所措了，所有的意氣風發都如朝露之晞了。他心裏極度迷惘惆悵，不明白何以耶穌這麼快便「翻臉不認人」? 他不知問題倒是，他自己全然不明白彌賽亞的職事。[9]

這時的彼得，可能自感人生已跌進谷底，是比事奉的起點還要低。

問題是，耶穌是要明言，祂雖然受苦被殺，第三天卻要復活。為甚麼彼得好像完全沒有留心死而復活這點呢？難道是聽而不聞？那彼得實在是太不留神了。

說白了，彼得是選擇性地聽，大概是因為他生性浮躁，思想粗糙所導致。

事實上，稍後耶穌再預告祂將在耶路撒冷遇害，第三日便復活時，經文表示門徒的回應是：門徒就大大地憂愁（十七23）。可見一眾門徒，包括彼得在內，對此都是極其負面的，其原因如下：

(1) 門徒不明白救主耶穌的死的重要性（祂是替世人的罪而死），更不明白死而復活的意義（即表明父神為被釘死的基督平反）。
(2) 此時的門徒，大都興高采烈，因為眼見耶穌上耶路撒冷去，是要成全彌賽亞的職事，而復興以色列國族，實乃榮耀的大日子。祂怎可能是受苦及被殺呢？如此灰暗的日子，實在是太不可思議，太令人難於接受了。
(3) 即使門徒明白殺身成仁、捨身取義的道理，門徒心中也許亦會想：這是惟一的路徑嗎？為甚麼不可以是，偉大的耶穌以其神能，把一切強敵都消除（如羅馬政權），榮登寶座，揚威天下，叫萬國都伏在祂的腳下，祂便成為萬王之王，萬主之主呢？這條平步青雲之路，不是好走得多嗎？

畢竟，直到後來復活主多次向眾門徒顯現，再加上聖靈降臨後，門徒得著真理的靈的啟示和感動，想起耶穌的言行（參約十六14），他們才覺悟過來，感受深邃。此時門徒的屬靈景況（包括彼得），都是起伏不定，時好時壞的。就好像這裏的彼得，有時他按著父神的旨意發言，有時卻憑己意行，犯了與神的心意相悖的毛病。[10] 彼得是這樣，其他的門徒就更不用說了。

末了的話
自我完善 vs 靠主成聖

彼得那陰晴不定的屬靈生命，是多少信徒的生命寫照？我們時而有屬靈眼光，分外殷勤；時而思想庸俗，與世人無異。到底問題出在哪裏？

留意名著《三國演義》其開篇詞：「滾滾長江東逝水，浪花淘盡英雄⋯⋯古今多少事，都付笑談中」。換言之，三國的一眾英雄豪傑，代表著人類歷史中出現過的賢豪，但正是「人走茶涼」，他們都必一一成為歷史過客，況且我們大都不是甚麼英雄豪傑，我們應該如何活，才算是活好此生呢？

回過神來，想到自己作傳道人及當神學院老師多年，總的來說，有此領悟：教會一般都重視聖經，視之為神的話語，是信仰和生活的最高權威。講壇大都放在禮堂的顯眼位置，叫崇拜中的宣講顯明為重中之重。信徒則要聽道而行道，才為正道。以上的意識形態，可說瀰漫於各地不少的華人教會當中。

平情而論，按生命成長的過程來說（即成聖生活），勤讀聖經，勉力行道，本身當然是美事一樁。然而，如果只停留在這一步，更甚或走向極端，也會衍生各種問題。其中一個，便是事事講求立志，疊加以推崇努力，試圖憑我們的一己之力，實踐道理，追求「自我完善」，自詡此便是活一個有見證的基督徒人生。只是，我們回頭想一想，這些教導與「修身、齊家、治國、平天下」之類的哲思，甚至教育的教化目的，或者時下流行的勵志心理「活出一個更好的自己」等，有何大分別？即換言之，一切從修身，從個人修養開始，最終只求一己之完善。

基督教信仰卻頗有點另闢蹊徑。聖經所表明的，是人類為罪所困；他們是被造之物（creature），可說是「有限公司」，對美善之事，總知易行難。換言之，從知道到實踐，中間存在著難於平整的落差。換句話說，貫徹始終的「自我完善」，因受困於人性的桎梏，總有難於實行之感。

可聖經教導我們，人作為被造之物，必須倚靠造物主（creator），讓祂活在己內，即與基督「互相內在」（mutual indwelling），或是「與主聯合」（union with Christ），藉著跟主的生命交融，才能活出一個最好的自己，活現出神在我們生命中的藍圖。在這過程中，惟有靠著主的恩助，人才能攻克己身，叫身服我，突破重重攔阻，得以有可能走出私慾的囹圄，進入屬靈的天地，粲然開朗。這正如登山之巔，臨海之角，視野給大大開闊了；又胸懷大度如海納百川，活著一個迢耀千里的人生。

8 內聖外王之道

耶穌死前，跟隨祂的門徒都曾得著主親自的教導，之後，主更向他們顯現，好叫他們能想起祂在世時的言行，並領悟其屬靈意義——如是者，這位活在他們記憶中的耶穌，藉著聖靈的感悟，便能活在他們心裏了。至於我們，從來沒有見過耶穌，也不曾跟隨過在世的主，親身從祂的言教身教裏明白真理，而我們大部分人亦不曾遇見過神顯中的復活主，故此，我們要如此做：

(1) 勤讀聖經，精研神的話語，尤其是在世的主耶穌的生平事迹，從而領受祂的教導，明白祂是大能的神，滿有恩惠的救主（即深度認識祂）。如是者，祂便在我們的思維記憶中，處處留下祂的足迹。

(2) 掏空自己，進入寧靜處，靜候聖靈的感動。祂將帶領我們想起耶穌的一切事（這便是勤讀福音書，緊記在世耶穌的教導的重要性），一如耶穌在解釋聖靈的工作時有此言：他〔指聖靈〕要榮耀我，因為他要將受於我的告訴你們（約十六14）。我們也從而對主有深層的領悟，繼而藉著思想的流傳，把知識和經驗交融，從而熔鑄出一個與以前全然不一樣的生命。換言之，內在生命漸起了變化，然後從內至外，活出主所教導的，作祂門徒應活出的豐盛生命。

以上所言，便是基督教能達至「內聖外王」的套路。當中最重要的，便是勤讀聖經，感應聖靈，和讓自己有充分的安靜時間，使知識和經驗得以交匯融通。

畢竟，孔孟等古代聖賢都已大歸，世上所有的賢豪在歷史的長河中亦只能如流星轉瞬即逝，他們大都如盲人騎瞎馬，深夜臨深河，其實是自身難保。他們的學説都流於零散，或是以偏概全。相比之下，我們有全備的聖經，有全能的主耶穌基督，祂不單在人類的歷史中活過，還從死裏復活；祂不單升天得榮而去，還藉著長駐在我們生命裏的聖靈，常與我們同在同行；祂感動我們的心靈，開悟我們的心竅，啟發我們的思想。只要我們渴慕祂如鹿渴慕溪水，在繁忙的生活裏，努力進入寧靜處，把自己掏空，心靈向祂敞開，便可與祂結連。

如果你不是靠著祂，恐怕你便是靠著自己的能力，嘗試活一個屬神子民的人生。讓我告訴你，這不單是極其艱巨的工作，更是不可能完成的苦差。當你透析人性的真相後，你大概不會再選擇這樣做。

一言蔽之，讀聖經的目的，是使我們因認識我們肉眼所不能見的神，從而信靠祂，更習練與祂同行。至於在生活細節上，便是以聖經的教導為依歸，立志實踐真理。但與此同時，要知道若只靠自己，必然好像福音書中的彼得，靈命起伏不定，時好時壞，陰晴難料。所以，深明此道者，便會不再靠著自己，轉而仰望主，習練依靠復活主的同在，經歷有祂同在的崢嶸歲月。

換言之，復活主要藉著聖靈的運行，不分晝夜，無時無刻地與我們同在，好叫我們的生命，和祂結連，從而得著從上頭而來的，源源不絕的屬靈力量，活一個不再是我，乃是基督在我裏面活著的生命（加二20）。這才是基督教的「內聖外王」之道。

這亦是領受聖靈後的彼得，活出「內聖外王」套路的所在。留意他在宣講時，曾呼喚眾人悔改，當中聖靈的工作，是不可或缺的：你們各人要悔改，奉耶穌基督的名受洗，叫你們的罪得赦，就必領受所賜的聖靈（徒二38）。

說白了，領受聖靈，是信徒過成聖生活之途，亦是彼得親身的經歷，也成就了在世耶穌向門徒的應許：只等真理的聖靈來了，他要引導你們明白一切的真理……他要榮耀我，因為他要將受於我的告訴你們（約十六13～14）。

後來，主復活升天而去，直到五旬節，聖靈降臨，門徒等人便大得靈力，生命得以起飛（徒二1～11）。彼得是這樣，其他門徒亦然。後來冒起的使徒保羅，更是如此。

當然，十二門徒一起跟隨主，他們都一同得到主的訓練。操練久了，便成習慣；習以為常，生命成長自可期。然而，心靈領悟力畢竟有強弱之分，心靈敏銳度的高下，便把優秀和平庸，偉大與渺小，區分了出來。還看門徒猶大賣主求財，終走向沉淪；彼得懂得痛哭悔改，在聖靈的感化下，他生命翻了篇，從頑石變身磐石，活出一個「內聖外王」的人生。二人的結局，可真的是有雲泥之別。

靈思小品
以偏概全，自暴其短

彼得就拉著他，勸他說：「主啊，萬不可如此！這事必不臨到你身上。」(太十六 22)

耶穌向門徒預告祂未來將受苦和遇難，甚至被釘死，不過死後卻會活過來：從此，耶穌才指示門徒，他必須上耶路撒冷去，受長老、祭司長、文士許多的苦，並且被殺，第三日復活(太十六 21)。

聽後，彼得好像對第三日復活此句不感興趣，只聽見耶穌要受苦及被殺，而他極不贊同耶穌的做法。於是，他苦勸耶穌切勿如此不明不白地上耶路撒冷送死，因為按他對彌賽亞的理解，眼前的耶穌，實乃彌賽亞。祂理應高高在上，駕臨聖城，榮登寶座，被萬人崇敬才是。這也是當代一般猶太人的想法，對此彼得顯然也篤信不移。

在此，他對耶穌的勸告是強烈的。萬不可原文是一雙重否定詞 *ou mē*，可見彼得語氣的肯定和凝重。[1] 他萬萬料不到的是，要完成使命，彌賽亞得先受苦後才得榮，即先身釘十架，後才登上王者寶座。

也許，我們也經常犯這毛病。我們總以為自己的經驗和想法絕對正確和高明，合乎邏輯及常理，於是便自以為是，很多時將話說得太過，更甚是因而生出了偏激的做法。話說筆者經常去一間茶餐廳吃早餐，那裏吃早餐的大都是常客。有一個早上，四位中年男士一起吃早餐，席間高談闊論，更髒話連連。由於聲浪頗大，筆者無意中聽到他們以下的一段說話：「我的名牌手機真不行，我去了黃山，登了頂，手機即時壞了，之後再不能用了，可見這手機真不行，名牌其實只是虛有其表。」他言詞侃侃，當然夾雜著大量髒話。

此時，同桌的一位男士反駁：「哪是這樣？我女兒用這牌子手機好幾年了，從未壞過。你是否之前不慎把手機摔在地上？」先前那位男士即時光火，大罵：「豈有此理！你不相信我？你這是質問我嗎？可惡！」如是者，二人罵戰一觸即發，且愈演愈烈，旁人苦勸無果，終只因大家要上班而散去。誰知第二天又見到二人同坐一桌，交談甚歡。

筆者在自忖，可幸他們沒有傷了感情。再想，那男人手機壞了，便妄下結論，忽略了當中存在著的諸多未知因素，這也許便是我們很多人的問題，就是憑藉自己有限的經歷，卻妄圖論盡世情世事，自以為世事都給我們看透了，其實卻犯了以偏概全的毛病。我們要為自己的想法多留一些餘地，要多提醒自己，不要把一己管窺之見當作終極的事實。換句話說，話不宜說得太盡，措詞不宜太過。

在此，還看耶穌對自負的彼得之訓斥是何等嚴厲：撒但，退我後邊去吧！你是絆我腳的……（太十六23）。看來，我們真要多反躬自省，總好過莽撞出言，自暴其短。

9 | 被出賣的那夜

9.1 | 事項四：客西馬尼之役

這裏涉及一連串發生在耶穌被出賣及被捉拿之前的事件，我們先從「最後的晚餐」（the Last Supper）說起。

猶太人守逾越節，必須是在耶路撒冷城內，或是在其附近之地。在此，耶穌早已有所安排，到了時候，祂就派出彼得和約翰兩位愛徒，妥善預備好逾越節這一頓飯（路二十二 8）。

在進食時，耶穌表示門徒當中有人要出賣祂。這時的眾門徒，必定想起先前耶穌曾表示祂上耶路撒冷去將要遇害一幕。聽聞耶穌此言後，門徒等人自然進入極度憂愁和惶恐之中（可十四 19）。他們彼此對問，互相猜疑，亂作一團（路二十二 23），繼而更逐一求問耶穌：主，是我嗎？（太二十六 22）原文意即**不是我吧**。此句的言下之意，便是期望主回覆他們：「不是你」。[1]

此時的彼得，因為護主心切，也因為想到自己作為眾門徒之首，自然有責任去守護預計自己要被出賣的主，於是透過坐在主旁邊的那位門徒（估計是約翰），追問耶穌，到底誰人如此可惡，竟做出此大逆不道出賣主的破事（約十三 23～25）。這時，耶穌便清楚表示，祂把手中拿著的餅蘸汁後遞給某人，某人便是了。結果，餅遞給了猶大（約十三 26）。

本來，耶穌的意思是要猶大得悉他陰謀已敗露，從而知難而退。然而，猶大賣主的心意已決，[2] 於是索性撤離現場，一走了之（約十三 30）。在此，門徒怎麼也猜不到出賣主的竟然是他，還以為是主差遣他處理財務事宜而已（因他專管門徒羣體的財政；約十三 29）。

之後，門徒又再爭論誰為大（見路九 46，二十二 24），耶穌卻把他們的焦點拉回快將出現的磨煉上（路二十二 28 ~ 30），並應許在天國裏門徒等人必得大榮耀。至於活在當下，重要的便是門徒要領受保惠師，即聖靈，明白其有關的道理。接下來，祂更為門徒等人禱告（被稱為大祭司的禱告），求父神保守他們，能擺脫那惡者的陰謀，保持在主裏的合一（見約十三 1 ~ 十四 26）。

時間輾轉逝去，大概過了一至二小時，耶穌帶著門徒離開了聚集的樓房。在路上，彼得心中糾結，一方面他預感耶穌的未來不妙，另一方面他必須設法安慰耶穌。於是，他主動和耶穌交談（見約十三 36 ~ 37），更向主表明自己的態度：眾人雖然為你的緣故跌倒，我卻永不跌倒（太二十六 33：在原文，我是強調的）。繼而，他更表明：主啊，我就是同你下監，同你受死，也是甘心！（路二十二 33）此言表示彼得是有點兒知道快要發生的事，但他已把生死置諸度外，誓要與主同生共死。留意此時的門徒都保持緘默，默不作聲。也許，他們亦心知不妙，卻不知如何是好。

與此同時，耶穌特向彼得表示，祂已求告父神，好使彼得在這好像被撒但用篩子篩麥子一樣的極大考驗中，能安然過渡。耶穌更向彼得表示：你回頭以後，要堅固你的弟兄（路二十二32）。[3]

為了給彼得有充分的心理準備，耶穌向彼得發出了終極的挑戰：你願意為我捨命嗎？（約十三38）繼而，祂更表明，事實是就在今夜，在天還未亮，即雞叫以先，彼得要三次不認祂（路二十二34）。在此，耶穌是要讓彼得知道，他犯了錯後，只要回想主早已預言此事，便知道主早已寬恕他。[4] 換言之，彼得雖然犯了大錯，但不應因而自慚形穢，灰心自棄，因為主已知道此事，只要他能夠悔改回轉，便能回頭是岸，因為主是胸懷大度的恩主。

後來，事情果然如此發生了。挫敗後的彼得回想起來，不禁慚愧至極，淚水好像決堤似的。他即時撤離現場，倒地痛哭，哭得死去活來（見太二十六75）。[5]

然而，彼得必須緊記，復活主將重回到加利利（太二十六32），在所約定的山上向他們顯現。後來，耶穌所頒佈的大使命，便是在此情況下發生的（留意太二十八16的這一句：十一個門徒往加利利去，到了耶穌約定的山上）。

回到這裏，耶穌前行的目的地是橄欖山，但來到了山腳的客西馬尼園便停下來。事實上，這園地是耶穌和門徒常到的地方，也成為在黑夜中猶大能摸著黑，帶著兵丁找著耶穌，趨前親吻祂，從而出賣祂的地方（約十八1～2）。

此時的耶穌，留下其他門徒，只帶著彼得、雅各和約翰三人，要和他們一起警醒禱告，嚴陣以待那終極一刻的到來。

在此，耶穌盡顯其人性的一面，祂極需要知心友和祂共同進退（其中一位自然是彼得），一起走過這段磨難的日子。馬太福音二十六章38節記述了耶穌向三人所說的話：……我心裏甚是憂傷，幾乎要死；你們在這裏等候，和我一同警醒。也許，耶穌在想起未來要被釘於十架的苦楚時，作為人子的耶穌，亦感到如臨大敵，忐忑不安。祂很想分享其心底裏的惶恐，誠盼這三位門徒能明白祂，和祂一起警醒禱告，一起進入作戰狀態。

但可惜的是，三人都因體力不支，心靈勞累而昏睡過去（路二十二45），此時，耶穌嘗試喚醒沉睡中的門徒凡三次都不果（太二十六40～46）；在此，留意馬可福音十四章37節表明：耶穌回來，見他們睡著了，就對彼得說：「西門，你睡覺嗎？不能警醒片時嗎？」在此，耶穌特選彼得，無疑是以彼得為最佳戰友，期望在這危急存亡之秋，彼得能和祂一起提振精神，警醒禱告。[6]

畢竟，一如威爾金斯（Michael J. Wilkins）所言，主耶穌在向父神的禱告裏得著平安。[7]接下來，敵人終出現了。耶穌叫醒門徒三人。在糾纏間，為了護主，彼得拔出刀來，把正在捉拿耶穌，一位名叫馬勒古之大祭司的僕役的右耳削掉（可十四47；路二十二50；約十八10）。此舉被在場的耶穌制止，祂更訓斥彼得不應用以暴易暴的方式解決問題，原因大概如下：

(1) 若是如此，耶穌將被控以叛亂之罪。
(2) 門徒等人因寡不敵眾必同被捉拿，甚至被殺害。

(3) 也許，最大的原因，是在於這不合乎父神的旨意。事實上，耶穌大可招來天使天軍（太二十六53），一下子便可把敵人剷除，一如在舊約中所記述的，在一夜之間，大言不慚的亞述王西拿基立的十八萬五千雄師，能被天使擊殺殆盡，只留下西拿基立孤身敗走（王下十九16、35～36）。

說到底，彼得的做法，雖說是為了護主而迫不得已，卻不為耶穌所認同，因其不能成就救恩。

綜觀上論，福音書的作者都一致表明，救贖計劃只有耶穌一人才能達成，門徒等人，甚至是門徒之首的彼得也無能為力，因為他們都只是凡人。如今，因著人性的軟弱，人本身的限制，門徒等人只能眼巴巴看著救主殺身成仁，捨身取義。

其實，耶穌也是「完全人」，有著人性的感情，害怕十架之極刑是自然的事。然而，耶穌對父神的全然信靠和順服，使祂有能力跨越人間一切的可怕事，終能全然順服父神的旨意，一如祂在第二次禱告中的禱文：我父啊，這杯若不能離開我，必要我喝，就願你的意旨成全（太二十六42）。杯，意即把釘十字架看作為一苦杯。[8] 父神的旨意，是要耶穌飲盡此苦杯，慷慨就義。

靈思小品

違反「常情」的真理

他說：「阿爸！父啊！在你凡事都能；求你將這杯撤去，然而，不要從我的意思，只要從你的意思。」(可十四 36)

按常理，祈求將這杯撤去是合乎情理的，因這是「苦杯」，是可怕的。[9] 這樣的祈禱乃人之常情。也許，耶穌可以找到避開十架苦刑的方法，另闢蹊徑，為世人贖罪。在這裏，然而是指反其道而行。真理，有時的確違反「常情」。

留意希伯來書二章 1 節有這一句：所以，我們當愈發鄭重所聽見的道理，恐怕我們隨流失去。其意思是指我們聽見了福音的真理，便需要鄭重地持守之。因為世俗的潮流，有如狂潮般拍打著我們，使我們心思迷惘，不知所措，結果是隨波逐流而去。也許，基督徒其中一個最大的挑戰，便是如何能在世俗潮流——與「常情」——中保持清醒，堅守立場而不隨波逐流。

深度反省

公元前五世紀有一位古希臘哲人阿那克薩哥拉(Anaxagoras)，他曾公開表明月亮不是神明，而是一塊反映太陽光的大石，結果他被雅典人指責為褻瀆神明，更判他死刑，可幸得友人相助，終被流放於外，四海為家。堅持「真理」，從來都不容易。為了記念這位哲人的高知灼見，及對真理的堅持，月球上某處地方的火山口便是以他的名字命名。

堅持真理，活出真理，有時的確要付上極大的代價——但儘管如此，總好過我們活一個虛幻不真，營役苟且，自欺欺人的人生。

第四部

他跌倒了，原是生命拐點：

彼得小史（三）

10　攀上高峯，深墮幽谷

10.1　事項五：為門徒洗腳（約十三1～20）

從約翰福音十三章開始，作者記錄了耶穌在離開樓房之前所作的數件事（約十三1～十七26）。首先是吃逾越節的晚餐，期間出現了耶穌為門徒洗腳一幕，然後是祂應許保惠師的臨到及闡釋其本質和工作，最後於祂臨別的勉勵之言後，便是祂的禱告，此禱告主要是為門徒的未來及合一禱求父神。

接下來，耶穌說了這話，就同門徒出去（約十八1）。按此次序，洗腳一役與吃逾越節的晚餐，都是以行動象徵其背後的屬靈意義，是如禮儀（liturgy）。端此，有些教會，便以洗腳為禮儀，奉行「洗腳禮」，如同奉行聖餐禮一樣。

當然，還看使徒行傳及新約中的眾書信，我們不曾發現有記載初期教會洗腳之禮儀，可見洗腳之舉措，旨在表達其背後精神，即要彼此相愛，互相服事，尤其是作領袖的；用意只此而已（約十三13～14）。

質言之，耶穌是以身言教，旨在為門徒演繹如何作屬靈領袖（路二十二24～30；約十三4～17）。在這過程中，十二門徒中只有彼得發言，大概是要表示，他是代表門徒開腔發聲。他拒絕耶穌為他洗腳之言，實乃誤解耶穌的本意，也代表了眾門徒也如此。[1] 在此，耶穌束起腰來，為門徒洗腳，顯然是以身作則，示範如何作「僕人領袖」。

在此，我們要留意的是：由於現場的場景，是守逾越節的晚餐，故參與者必然恪守潔淨之禮，這也許是耶穌在教導中的一句：凡洗過澡的人……（約十三 10）所指的，意思是門徒等人因要守這節期，儘管早已沐浴過，但還需要接受耶穌的洗腳，才是真潔淨。[2] 當然，此話的言下之意，是暗指快出賣祂的門徒猶大，其心念全被撒但操控（路二十二 3），竟然謀劃要把跟隨多時，待他不薄的主耶穌如貨物一樣出賣。在此，不妨留意以下兩大要點：

(1) 一般而言，在進入房間時，人都需要把沾滿泥塵的足和腳，用清水洗淨。
(2) 情況是由僕人為主人或上賓洗腳，不會是主人為僕人洗腳。

有見及此，洗腳本乃慣常，但由耶穌為門徒洗腳則屬反常。當然，門徒因為守節而潔淨後，如今又再洗，並且是由耶穌親自主持，他們很容易便明白，耶穌是要求他們有更高層次的潔淨。[3]

約翰福音被初代教會譽稱為「屬靈福音」（spiritual gospel），可見這裏亦自有其屬靈的意義。箇中的意義，便是讓耶穌洗腳，便等於相信祂，接受祂在十字架上的釘死，乃使人的罪得著潔淨，這才真的是在神面前得著潔淨。留意耶穌在跟彼得對話中一句：我若不洗你，你就與我無分了（約十三 8）。

「分」（*meros*）一字，常作繼承產業之意；這裏則大概有分享末世福分的意思。[4] 在此，彼得直言不願意耶穌替他洗腳，耶穌也有稜有角地回應。祂是要以洗腳的行動，盡顯祂那作屬靈領袖的典範，一如祂在馬可福音十章 44 至 45 節所力陳：在你們中間，誰願為首，就必作眾人的僕人。因為人子來，並不是要受人的服事，乃是要服事人，並且要捨命作多人的贖價。

換言之，作為拉比的耶穌，理應受其學生服事，如今卻逆轉過來，由祂服事其學生，替他們洗腳，這無疑是一反其道而行的舉動，實有示範作用。在此，聖經學者霍特（David F. Ford）更表示，在古時的文獻中，從來沒有記載有此在上的要服事在下的舉措。[5] 可見這一異常行動，必然引起彼得等人諸多忖測，意見多多。

說白了，惟有這反其道而行的做法，才能使在場的門徒，留下深刻的印象，歷久不忘。也許，這一點在後來彼得教導各地方教會的長老時，亦有所反映：他表示作教會長老的，務要甘心勞作，專心照管羣羊，不是轄制所託付你們的，乃是作羣羊的榜樣（彼前五 2～3）。

10.2 | 事項六：三次不認主（太二十六69～70、71～75；可十四66～72；路二十二54～62；約十八15～18、25～27）

畢竟，福音書共四卷，其都記錄了彼得否認耶穌這一事，可見事件廣為初期教會所熟知。事實上，若不是後來復活主刻意向門徒顯現，與彼得重遇，和他款款深談，公開地肯定他，並重建他的聲譽（見約二十一15～23），彼得這樣的怯懦行為，如何能堵得住悠悠眾口，更遑論日後給躍升為教會最高領袖了。

留意約翰福音是以夾敍的形式，寫下彼得不認耶穌一役，即先是十八章13至18節彼得首次不認是主的門徒，然後是十八章19至24節，描述耶穌在面對大祭司審問時那大無畏表現，再回到十八章25至27節，彼得再次及第三次不認主。在此，聖經學者基拿（Craig S. Keener）所言甚是：這手法是要把勇敢的耶穌，跟怯懦的彼得作對比。[6] 總而言之，如果沒有了約翰福音二十一章15至23節耶穌公開挽回彼得之舉，[7] 近乎聲名狼藉的彼得，是絕不可能成就未來，承擔領導教會的職事。

承接上文，彼得以刀削去捉拿耶穌的僕役的耳朵，但護主不果，他惟有暫時撤離現場，遠遠地跟著被捉拿的耶穌，去到大祭司的院宅，在那裏目睹耶穌接受臨時召開的公會審訊。此時，彼得仍是鍥而不捨地遠遠跟隨，他和另一位不知名的門徒一起進入大祭司府第的後園中。他們能夠進到那裏，是因為那位不知名的門徒與守門口的使女相熟（約十八15～16）。

事情看來進展順利，其實不然，因為那位看門的使女，很快便認出彼得是耶穌的門徒。[8] 至於使女為何會認得彼得，答案大概是因為耶穌當時聲名大噪，作為祂的門徒，彼得自然也廣為人知。[9]

彼得在懼怕之餘，即時的反應是：我不是（約十八17）。也許，彼得因害怕而離開現場，又或者，他打算進一步靠近正在被審問的耶穌。於是他從園子出去，當走到門口時（太二十六

71），巧遇另一位使女，她也認出彼得來（太二十六71），更出言指證彼得。此時，在驚悸之餘，彼得惟有不斷作出否認。他甚至當眾起誓，極力表示不認識耶穌（太二十六72）。

由於彼得已多次發言，有旁人因著他說話時帶著濃濃的加利利口音，便有理由懷疑彼得是來自加利利，是與耶穌同夥的。

事實上，從歷史的角度看，加利利便是昔日北國以色列，猶大省便即南國猶大。由於聖殿是位於猶大省的耶路撒冷，故此雖然南北兩國的都是猶太人，但耶路撒冷的猶太人常認為，自己才能真正代表猶太民族；加利利一地則住有不少外邦人，猶太人被同化的問題嚴重。因此，住在加利利的猶太人只能算是次等的。當然，撒馬利亞人則更糟糕，因為他們跟外族人通婚，理應被擯於猶太民族，即神的子民以外。在此，大部分學者都主張，加利利的猶太人說亞蘭文時，常帶著口音（見太十六73；路二十三59），[10] 此情況常被南方耶路撒冷的猶太人調侃。

此時的彼得，駐足於大祭司的後園已超過一小時（見路二十二59），他自知本已身處險境，如今因他說話的口音，再一次被人認出：你的口音把你露出來了（太二十六73）；他深知此等不爭的事實，是難於否定的。為求脫險，他惟有以起誓自咒的方式以示自己清白（可十四71；太二十六74），情況儘管是極為狼狽，但在窮途末路時，為求自保，彼得看來惟有無所不用其極了。

到了此時，馬太福音的作者表明：立時，雞就叫了（太二十六74）。立時表明是緊接著彼得在第三次否認主之後；[11] 雞叫的聲音便傳到彼得耳中，其作用是有如吹哨（blowing the whistle），喚醒了被全然困於當下的彼得，使他的心靈覺醒過來。由於彼得的位置，與在院內被審的耶穌非常靠近，耶穌也許亦隱約聽見了雞啼，便向著彼得的方向望去。在此，路加福音二十二章61節有此記敘：主轉過身來看彼得，彼得便想起主對他所說的話⋯⋯。

可見雞的啼叫，加上與審訊中的耶穌的眼神交流，皆使彼得猛然想起耶穌早前的預告：⋯⋯今日雞還沒有叫，你要三次說不認得我（路二十二34）。此時的彼得，即時有所反省（留意可十四72的思想起來）。他即時回想起，自己曾一度揚言要與耶穌同生共死（路二十二33），如今表現卻是如此地不堪，在極度愧疚下，他轉過身來，出去痛哭（太二十六75；路二十二62）。

有人說，船沉沒不是因為大海，而是船的本身出現問題。在此，彼得的錯失，明顯在於他的老我相當脆弱，守不住初心。

留意在原文裏，痛乃形容詞，意即痛苦地，是用來形容哭這動作（見太二十六75）。[12]馬可福音十四章72節的哭一字，是未完成時態，意即不停地哭；故這裏的意思，是指彼得淚如泉湧，哭個不停。[13]那刻，愧疚、抑鬱、自責和失敗感等，如潮水般襲來，痛徹心扉的彼得，惟有抱頭痛哭。[14]

有曰：「雪怕太陽草怕霜，人怕沒錢情怕傷」。被情所傷的彼得所要做的，便是回轉悔改。之後在五旬節，聖靈降臨，被聖靈充滿的彼得竟能站在眾人中間公開宣講，鼓勵同族人：你們各人要悔改⋯⋯叫你們的罪得赦（徒二38）。悔改乃命令調語，故曰要悔改；悔改就是他本人的經歷。說白了，惟有悔改後的彼得，生命才得以翻篇。

11 | 重拾生機

11.1 | 事項七：三次肯定，三度授命（約二十一1～23）

約翰福音二十一章1至23節，是福音書中惟一一處，記錄了耶穌對彼得的三次肯定與授命。作者表明，這是耶穌復活後，第三次向門徒顯現（14節）。第一次是二十章19至25節。在那裏，耶穌向門徒「吹氣」，表示門徒要領受聖靈。在此，有兩大原因，說明「吹氣」其實是一象徵性行動：（1）耶穌還沒有升天，但祂必須先離開世界，才差下聖靈（約十六7）；（2）聖靈降臨是在稍後的五旬節（見徒二1～4），而作者約翰是必然知道這一點的，所以約翰福音這段，明顯是象徵性的。[1]

11.2 | 愛是最大的初心

畢竟，耶穌死而復活，祂在世上向門徒等人顯現，共四十天之久（徒一3），可見當中顯現次數一定不少，其中自然包括了向門徒彼得顯現（見林前十五5）。

約翰福音二十一章所記錄的耶穌的顯現，其大概發生在祂復活後較早期的時間。在那時，門徒等人守完逾越節後，大都離開耶路撒冷回加利利去。彼得本是漁夫，自然重操故業，他更招集了其他漁夫一起（共六位門徒），在提比哩亞海（即加利利海）撒網捕魚（二十一 1～3）。

他們忙了一整夜都一無所獲，在失望之際，耶穌顯現在岸上。而祂作了兩件事：

(1) 祂指點門徒把網撒在船的右邊，明言必有漁獲（二十一 6）。
(2) 祂在岸上弄早餐，其中有餅和魚，祂打算與門徒一起吃早餐（二十一 12）。

那時，門徒按著耶穌的指點，果然喜出望外地捕獲了一整網的魚。事後，他們數點魚的數目，共有一百五十三條之多（約二十一 11），這樣精確的數目，是要顯出作者是在場的。[2]

當然，耶穌起初呼召彼得時，也曾以一神蹟般的漁獲大顯神威（路五 1～11），我們可推想，這再次發生的神蹟，必然會勾起彼得的記憶。此時，最先察覺是耶穌的，並不是彼得，而大概是門徒約翰，不過一旦彼得肯定那是主時，他即時採取行動，束上一件外衣，跳在海裏（約二十一 7；作為漁夫，他深諳水性），向著耶穌的方向游去。此舉動很大可能表示，他對主的愛是真心的，此時的他心中必有禁不住的狂喜，巴不得即時和跟隨多時的主再次走在一起。

對此，學者們在激烈討論以下三大疑問：

(1) 當主問彼得是否愛祂時，首兩次用了 *agapaō*，最後一次用

了 *phileō*；而當彼得回答他是愛主的，其所用的都是 *phileō*。

(2) 耶穌的第一個問題中的一句：你愛我比這些更深嗎？當中的這些到底是指甚麼？

(3) 當彼得表示他愛主之意是肯定的，耶穌三次回應彼得要牧養羣羊。在此，第一次是小羊，第二次及第三次是羊，乃兩個不同的字眼，其意義何在？

換言之，在短短數節經文內（約二十一 15～17），出現了意思相近，卻用語不同的現象，到底耶穌(或是作者)的用意為何？

在此，我們先處理第一個問題。有人指出，*agapaō* 表示一種深層的愛，屬靈的愛；*phileō* 則用作指人間的愛，如手足之情等。在第一、二次，耶穌用了 *agapaō*，旨在要求彼得要愛主更深。不過，彼得總是回應以 *phileō*，即他只能用人間的愛愛主，因此，耶穌便在第三次的詢問中，降低要求，將就彼得，於是便改用彼得所用的 *phileō* 了。

不過，以上的解讀遇上以下的困難：

(1) 那時耶穌是用亞蘭文與彼得對話，而亞蘭文的「愛」一詞，並不像希臘文般，可用不同字眼表達。

(2) 以上的解釋，只能顯示出彼得對主的愛不足，屬靈生命有所缺欠，但這一點，並不合乎這段經文的主旨，就是重建彼得的心靈，公開肯定他的屬靈地位。

(3) 再說，耶穌那降低要求之說看來有點牽強，欠缺說服力。

在此，大部分學者都指出，約翰福音喜歡採用一些同義詞來表達相若的意思，此乃他寫作的風格。[3] 例如所作者用的 *oida* 及 *ginōskō* 二詞，同樣用作表達「知道」，[4] 端此，*phileō* 及 *agapaō* 乃可交替使用的字眼，其意思並沒有甚麼分別。[5] 同樣，羊及小羊在字眼上的用意亦然。

至於這些所指的，可以是那些和彼得一起捕魚，當時在場的其他門徒；也可以指彼得所愛的，但不在場的其他人。不過，考慮到彼得本是漁夫，他無疑早已精於捕魚，且常習練此道，加上現場便是加利利海，一個彼得慣常捕魚的場所，而上文已提及，漁業前路極為瑰麗可觀，離開耶路撒冷，回到加利利，若果耶穌不在，他已無師傅可跟從，重操故業是順理成章的事，綜觀上述所論，這些極有可能便是指彼得在捕魚行業瑰麗的前景。[6]

話說回來，吃過早餐後，耶穌向彼得發出了挑戰（凡三次，以對比彼得三次不認主），一個愛的挑戰，一個牧養羣羊的重任。祂旨在重建彼得的生命，授予他牧養羣羊的使命。與此同時，這亦預告了彼得日後將對恩主以命相酬，為信仰以命相殉。

總的來說，要心中有愛（尤其是愛主的心），才能牧養羣羊，因為真愛是內在豐盛的流溢，於是，一切的付出、給予、犧牲，反使付出愛的人大為滿足，滿懷感恩。

端此，我們推想，耶穌對彼得說的心底話便是：「心中有愛，才能成就牧養羣羊，甚至為羊捨命的職事。」

11.3 | 復活在主，生命更新亦然

話得說回來，門徒彼得終究只是一血氣男兒，雖然他心裏甚是願意跟隨主到底，亦多次口頭表態要跟隨主到底，甚至和主共存亡（太十九27，二十六33）。然而，可惜他「眼高手低」，未能堅持到底。這是因為他生命的底色本是平淡蒼白；他住在煙火人間，吃的是人間煙火，實在平庸。故一旦嚴峻的考驗來到，他便原形畢露，害怕得要命，竟然三次不認主，事後他抱頭痛哭了，沮喪、失敗等負面的情緒四方襲來，日子實不好過。作為耶穌的門徒，彼得如何才能走出這極度幽暗的苦日子？

可幸在主的保守下，他回頭是岸，更蒙復活主公開授予他牧養羣羊的職事。這一點，對他本人是一種肯定；對初期教會來說，也是一大認證。

如是者，在主升天而去後，彼得開展了新的一程。在此，聖經學者希拿（Larry R. Helyer）說得好，此時的彼得是："He becomes a living illustration of forgiveness and a second chance."（他成為了寬恕與重獲新生的活生生例證。）[7]

總之，以上耶穌公開肯定彼得，並授予他牧養羣羊的使命，產生了一種能凝聚民間信徒的共識，也就是彼得是奉復活主的命令，主領初期教會，主導福音發展方向的焦點人物。

也就是這樣，先前失敗的彼得，竟能生命翻篇，活得光明磊落，從容自在，閃耀奪目，終更聲名大噪，是不無原因的。

｜末了的話｜

走出困局，成就大事

歷史的長河奔流而前，不堪的彼得，終走出自慚形穢的心理困局，展望前方主為他安排的屬靈格局。回首過往，他從挫敗中汲取教訓；展望未來，深知有復活主同行；惟今之計，便是緊緊靠著復活的主，倚仗祂同在的大能大力，一方面戒慎恐懼，謹慎為之，另一方面心無旁騖，放膽地大步走去，朝著有無盡可能的未來，驅馳而前，殫精竭慮，成就天國的福音使命。換言之，生命被修整過的彼得，自可捲土重來，乘風破浪，前程萬里。

回想彼得如何破繭成蝶，可見挫敗乃能予人智慧、勇氣和歷練，關鍵是我們如何面對。千萬不要耽溺於灰心喪志，更不必緊抓著心酸苦惱，只要深信從中有所領悟，有所學習，生命自然大得裨益。彼得的人生，正是一次美好的示範。

| 靈思小品 |

放下執念

……你餵養我的小羊……你牧養我的羊……你餵養我的羊。(約二十一 15～17)

復活主向彼得說同一番話共三次。由於重複有強調的作用，再加上原文三句都是命令語調，足見主的心意，是要讓彼得不再疑惑於自己是否受主託付，領導教會，牧養羣羊，叫他可以無後顧之憂地邁步前行。

小時候讀岳飛傳，讀到他的母親在其項背刺上「精忠報國」，然後再讀他的《滿江紅》，震撼了筆者幼小的心靈。及後再讀至岳飛被奸人所害，莫不叫人握腕慨歎，悲憤莫名，大替岳飛不值，有道秦檜當誅，宋朝當亡。

近期讀祝勇關於岳飛的作品，故對岳飛其人其事，及為何被殺的遠因近因，也多了一點認識。原來當年宋太祖是在帶兵時被諸將「黃袍加身」，擁立為王的，故日後他回想自己登位經過，即以軍事力量推翻現有政權，他自然會對屬下諸武將易起疑心，惟恐他們擁兵自重，奪取他王位。於是他訂下兩大政策：(1)宋朝重文抑武，目的是要以文制武；(2)他邀請所有武官赴宴，為了表示報答盟友，他們一一得到封地，並且誠請他們辭官歸田，好安享餘年，歷史稱之為「杯酒釋兵權」。

到了宋朝第十位皇帝宋高宗趙構，即是岳飛的時代，那時宋朝國力衰弱，被迫把長江以北大部分土地割讓給金人。然後，金國大元帥金兀術更意猶未盡，不斷狙擊宋軍，使得宋高宗逃亡不輟，惶恐復惶恐，飄泊再飄泊。可幸這時出現了岳飛和他的岳家軍。岳飛二十二歲從軍，從此南征北討，戎馬一生。他縱橫沙場，軍紀嚴明，戰無不勝，把南宋的死敵金兵殺個落花流水，收復了不少失地，最後更快要把宋朝的舊都汴梁奪回。

正當岳家軍屯兵於汴梁附近的朱仙鎮，跟他們對戰的金兀術自知不敵，心生一計，繞過岳飛，直接向宋高宗議和，條件是把岳飛殺掉。此時的宋高宗，一方面因著丞相秦檜主張以和為貴，再加上宋朝向來貴文抑武，生怕在外的武將擁兵自重，今想到岳飛的威武，既擁著重兵，又挾著戰功，大有淩駕君權之勢。於是，高宗便下了死心，要趁機除去此心頭大患。

聞說當時傳召岳飛回朝的金牌共發出了十二道，因為岳飛起初極不情願，沒有任何退兵之意。最後知道王命不可違，他還是留下來五天才撤退，好讓朱仙鎮的百姓有足夠時間逃亡，因為當金兵殺到，必然大舉屠城。至此，《滿江紅》中的一句，「待從頭，收拾舊山河」，此夢已然飄遠，壯志始終未酬。

深度反省

宋太祖黃袍加身的個人經歷，深深影響著宋室。重文抑武，致軍力不濟，國力疲弱，受盡外族欺凌，儘管有傑出武將如岳飛、韓世忠和張俊等，都先後遭削去兵權。正是英雄也無用武之地。結果北宋變南宋，南宋終亡於蒙古手中。

放到我們的生活場景，有時我們必須放下過去，忘記背後——無論是過去的成與敗，幸與不幸。否則，其可能變成緊箍咒，困擾我們一生，甚至累及他人。哲學家祈克果（Søren Kierkegaard）有此真言："People demand freedom of speech as a compensation for the freedom of thought which they seldom use."（人們總是在爭取說話的自由，卻很少動腦筋去思考，就好像說話自由是用來彌補懶得思考的藉口。）

人要不住思考，心意更新，不能耽逸於思想安舒區。執念可以是很可怕的。它隱藏在人的潛意識裏，狡詐多端，鮮為人所發現，但其破壞力有時卻十分驚人。在此，我們便明白，為何復活主要向彼得顯現，主動地向他作出連番肯定，更親自授予他牧養教會的職事。否則，彼得必然因著過去三次不認主的破事，耿耿於懷，愁思揮之不去，特別日後若他被推舉為教會領袖，也可能會如盲人騎瞎馬，夜半臨深池，危矣。

人有時要不斷推翻自己，才能超越自己。在救主的慈悲憐憫和大能大力的守護下，我們不用怨天尤人，更不必飲恨而歿，而是學習勇敢面對自己，無論是成與敗，得與失，學習與往昔的緊箍咒告別，告別執念，繼而靠著主大步向前。在此，我們可盡用我們的「十八般武藝」，緊握著屬神的兵器（信、望、愛），為主打那美好的仗，在神面前有能力〔即靠著神非常的能力〕，[8] 可以攻破堅固的營壘（林後十4），成就人生的使命。

不斷操練，方成大器，好一個「操千曲而後曉聲，觀千劍而後識器」，而操練包括失腳、挫敗，甚至跌倒，是屢敗屢戰。也許，有一點倒是非常重要：天會老，海會老，主的愛卻永不老。祂永不滅的愛火燃點著我們，教我們熱愛生命，以屬靈的浩然之氣，勇闖有無盡可能的未來。

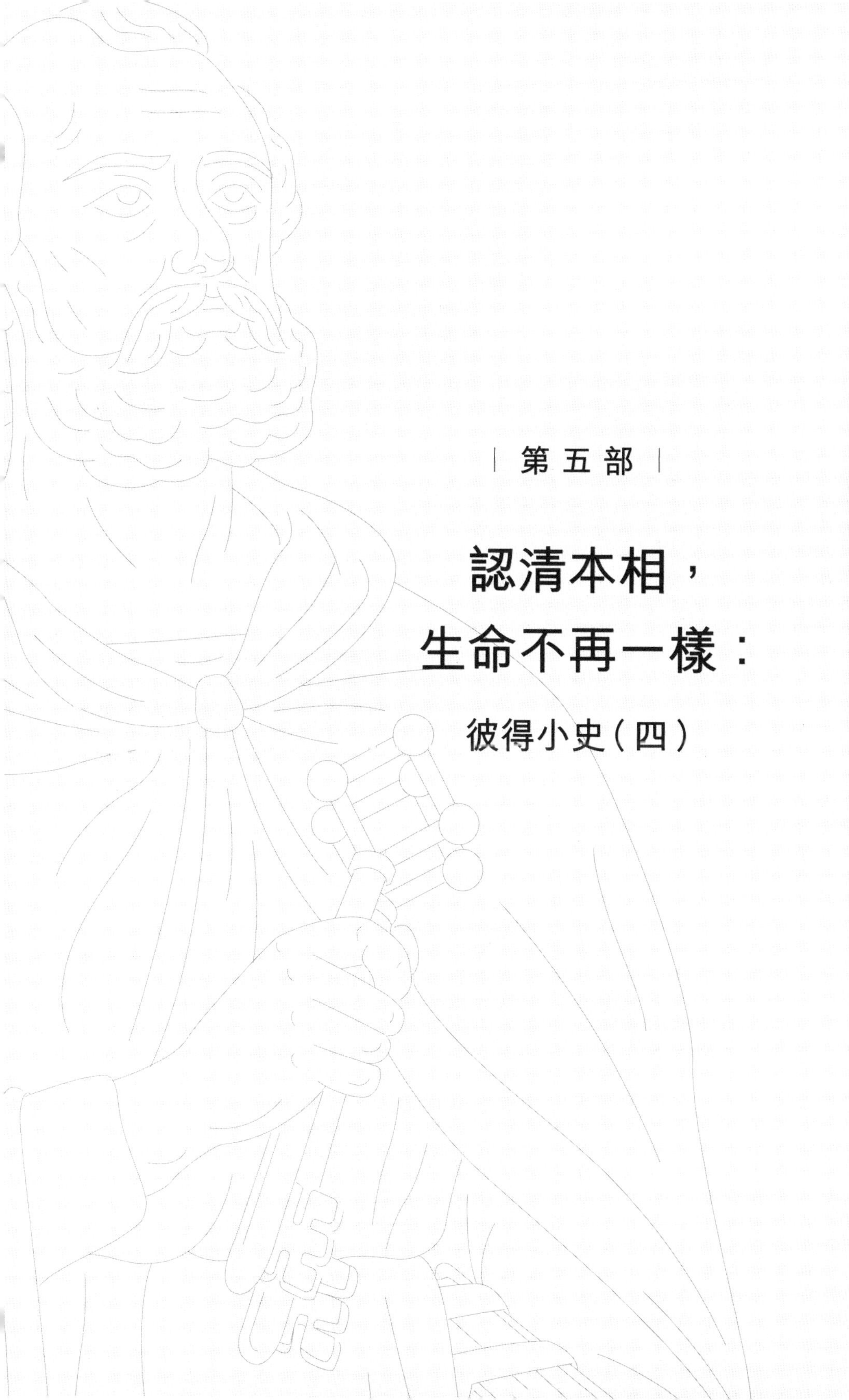

| 第五部 |

認清本相，生命不再一樣：

彼得小史（四）

12 頑石終成磐石

自四卷福音書的記述後，彼得往後的生平，大都來自路加筆下的使徒行傳。在此，我們自然會問，單一來源的資料是否可靠？路加是在記載歷史嗎？他為何要記載初期教會的歷史？我們都知道，所有寫歷史的人，其取材都是有選擇性的，那麼路加的記載合乎史實嗎？

事實上，在新約眾書卷中，路加寫下篇幅最長的福音書路加福音，繼而便是使徒行傳了，由此可見他是寫作高手。他猶如神來之筆，孜孜不倦地書寫，他明顯精於此道。要留意，路加本人不是在世耶穌的門徒，也不是耶穌事件的目擊者，他是以資料搜集的方式，經過仔細考究取材而著墨成書的（見路一1～4）。

路加是新約眾作者中惟一的一位外邦人，他的對象自然也是外邦人了。[1] 由於當代的希羅世界裏，崇尚一些到處講學，自命不凡的賢哲遊士，當中有真材實料的，也有不學無術的江湖客。為了能識別二者，當時代一重要著作《傑出哲學家生平》（*Lives of the Eminent Philosophers*）內指出，真正的有識之士，是應該具備以下四大特點：[2]

(1) 他們住無定處，居無定所，四海為家。這是因為他們為了弘揚自己的學說，到處遊歷講學。而他們更是廣受歡迎的。

(2) 他們學識淵博，不單備受歡迎，跟隨者亦眾。

(3) 他們死得轟烈，激蕩出巨大的影響力。

(4) 他們的門生，深受其學說影響，於是往往無懼艱辛，將其學說發揚光大。

為了要與外邦世界建立起橋梁，也為了要為這新興的信仰作耶穌的跟隨者式的辯護，[3] 路加把基督教的創始人耶穌，撰寫成一位偉大而成功的哲士，一代宗師。[4]

耶穌這位傑出的賢哲，其言行舉止，全然合乎以上的四大特點。第一至三點，讀者們可於筆者之前出版的《新約深度行：歷史及神學導論》一書中找到解釋。[5] 在此，我們著眼於第四點，即是作為偉大賢哲的耶穌，祂死而復活，此舉大大震撼了當代的門徒。

當然，死而復活無疑是神蹟之最，因此，以彼得為首的十二門徒，便在逆境中迎難而上，冒死傳道，務要把耶穌這死而復活的福音，傳至遙遠的外邦全地。

路加筆下的使徒行傳，清楚地描述了耶穌的兩大門徒，即彼得和保羅，[6] 他們如何將耶穌的學說發揚光大。從地域上看，是以耶路撒冷城為始，之後遍傳猶太全地，再傳至撒馬利亞，直至地極（見徒一8），即帝國的首都羅馬城（徒二十八30～31）。一眾門徒縱橫天下，疾馳千里；福音更如星火燎原，漫山遍野，攻堅克難，銳不可擋。[7]

整體而言，使徒行傳的前半部是描述彼得的功績，後半部則是記載保羅如何皈依基督，生命如何逆轉，以及其四次的宣教旅程。[8] 在此，新約名儒馬挺（Ralph P. Martin）有言：「使徒行傳記述了初期教會的種種，最明顯的，便是一至十二章是寫彼得，十三至二十八章是保羅。」[9]

抑有進者，聖經學者貝洛克（E. M. Blaiklock）在深度研究使徒行傳後，有此結語：「路加是位成熟的歷史家，在芸芸眾多的古希臘作家中，他是獨樹一幟的。」[10]

尤有進者，作者路加在其寫作中已言之鑿鑿地表明，他是有條不紊，小心取材及悉心考究後，才下筆成書的（路一3）。至於作者本人，亦非無名之輩。他多年與使徒保羅同工，在宣教隊伍中擔任軍醫，與總領隊保羅成為緊密戰友。即使保羅已被卜在監裏，殉道在即，他仍待在其身旁悉心照料（見提後四11）。因此，他對保羅的宣教工作是很熟悉的，有些事更是親歷其境（如使徒行傳中的「我們」的部分；見徒十六10～17）。再者，在多次宣教的征程中，路加必然亦會碰上到處傳道的彼得等人。觀此，他絕對可以從他們的口中，得著可靠的資料（見路一1），然後把資料整理。在聖靈的感悟下，他便能條理井然地把事情如實相告，以其神來之筆（即在聖靈感動下），寫成他的兩冊巨著。

在此，聖經學者泰特（Carsten P. Thiede）言之有理，他主張，除非有一些重要和可靠的反對證據出現，否則，我們仍應把使徒行傳中的記述視為可信的。[11]

| 靈思小品 |

屬靈覺悟的一念間

……彼得因為耶穌第三次對他說「你愛我嗎」，就憂愁，對耶穌說：「主啊，你是無所不知的；你知道我愛你。」(約二十一 17)

耶穌三次追問彼得，是否真的愛祂。到了第三次，彼得的一句：你是無所不知的，在在表明他已知道復活主是無所不知的天上的神。言下之意，便是他已把自己交付在這位無所不知的主的手中。換言之，彼得深知單憑口中表示愛主，不足以表達其真情實意，但他確信全知全智的主，深明自己愛主的心，此已足矣。

進而言之，一如賢豪王陽明所強調的，人要「致良知」，好達到「知行合一」的美善境界。他更力陳「知是行之始，行是知之成」。留意此時的彼得，不再只是在頭腦上知道耶穌是基督，是永生神的兒子，他在聖靈的感召下，心中封塵已久的火種給燃點起來，學習懷抱羣羊。這份屬靈覺悟，使他脫胎換骨，生命全然翻篇，從此事奉不再一樣。

話說開了，一位在台灣的資深媒體人(被譽稱為台灣媒體一姐)，公司的董事長，商界的女強人，卻經歷了家庭上的打擊，及後更錢財盡失，有如從天堂掉進了地獄，眼看翻身無望。她的名字是蘇拾瑩。

由於她過往事業一帆風順，自然心高氣傲。後來她第二任丈夫把她的財產一夕間騙走了，更跟她爭奪子女的撫養權。蘇拾瑩如此形容那時的自己：「我的世界一下子變得一無所有，孩子沒了，家庭散了，事業沒了，錢財一空……我幾乎瀕臨崩潰，想結束生命，向厄運低頭。」

後來，她終下定決心離開傷心地，於一九九三年移民澳洲。在因緣際會下，她信了耶穌，得著教會及牧師的幫助，三年後在雪梨的華人教會領洗。信主後，她的人生觀及價值觀大大改觀，更入讀澳洲的神學院，以宣揚基督的大愛為己任。她是如此形容自己的心路歷程：「突然之間，軟弱變得剛強，無畏無懼，波瀾不驚……黑暗勢力好像漸漸離我遠去……點點星光一顆顆亮起來。」

蘇拾瑩如此形容信仰的大能：「這股力量像排山倒海，莫之能禦的沛然洪流，洗滌我，澆灌我……我知道這股力量的極致，可以無艱不克，無敵不摧。又像經過流淚谷，揮一下仙女棒，就成了泉源之地，還蓋滿秋雨之福……恩典與奇迹接踵而至，平安與喜樂時時報到。」

正如前文所言，人可能要不斷推翻自己，才能超越自己。蘇拾瑩絕處逢生的故事，記錄在她編的書《一念之間：100 個心靈故事》內。在序言中，她表達了編這本書的原因。這些小故事是她近年操練的一個過程：一篇故事，一念之間，一個價值觀的改變，一份心靈力量的加添，一念之間的自我轉化和淨化。

深度反省

蘇拾瑩的改變是信仰所使然。她生命的急轉彎，成就了聖經中的一句：若有人在基督裏，他就是新造的人〔原文是**新的創造**〕，舊事已過，都變成新的了（林後五 17）。

在此，臉書上有這樣一句："The hard lessons of life are meant to make you better, not bitter."（生活的磨難，是為了淬煉和模塑，而非苦澀和怨懟。）事實上，實際的情況是：先苦澀，後甘甜。易言之，上天讓我們處身人生大海洋，是要磨礪我們，叫我們生出強大的生命力，能以縱橫人生海洋，所向披靡。

畢竟，人生中不是所有的遺憾都需要彌補，不是所有的洞都需要填滿。人生需要的，是敢於翻開新的一篇。這翻篇之舉是以生命的重生，價值觀的重置為始。著名企業家舒特（John Shedd）曾言："A ship in harbor is safe. But that's not why ships are built."（船泊港灣，固然安穩無憂，然而船隻的使命，本在乘風破浪，遠航四海。）

無論境遇如何，我們不妨把人生視作永在的春天，是郊遊的季節，是賞花的日子，但同時也是努力耕耘的好時節。端此，請努力撒種，刻苦耕耘吧。如此，才能淬鍊出深厚的生命。

13 ｜ 生命可以翻篇（一）

如上所言，使徒行傳中的彼得，與福音書中的他，實在是判若二人。一如聖經學者伯堅斯（Pheme Perkins）所力陳，福音書中三次否認主的彼得，竟然能在猶太公會上為作主作見證而毫無懼色，[1] 可見彼得的人生是重新啟程了。在此，雖然經文本身並沒有明言他生命改變的原因，然而，我們也可從本書第十三至十五章的四大因素尋得線索。

13.1 ｜ 因素一：在世耶穌的培訓

門徒訓練是四卷福音書的共同課題，彼得生命的改變，自然是來自在世耶穌的言傳身教，其中尤其是耶穌所行的神蹟。一如彼得在五旬節聖靈降臨後，向一羣朝聖者所宣講的內容，其中有曰：以色列人哪，請聽我的話：神藉著拿撒勒人耶穌在你們中間施行異能、奇事、神蹟，將他證明出來，這是你們自己知道的（徒二 22）。

在此，福音派著名牧者和聖經學者斯托得（John Stott）力陳，彼得有力地表明，以色列人要明白到，五旬節的聖靈降臨，重要人物不是先知約珥，而是拿撒勒人耶穌。[2] 留意以上一節經文的原文，異能、奇事及神蹟皆是眾數形式，意思是耶穌所行的神蹟奇事是海量的，此事亦已廣為人知，是無庸置喙的。[3] 在此，異能一字常出現於路加的著作中，其是指從神而來的能力，[4] 可見在你們中間施行異能、奇事、神蹟，將他證明出來的意思，便是耶穌是神的使者，祂代表著父神彰顯神能於地上。

在芸芸眾多的神蹟奇事中，最為突出的，當然是神顯（theophany；另參本書段落 6.2），即耶穌把自己的神性，直接了當地展現在門徒眼前。

這類記載於福音書中的神顯，起碼有兩種：（1）在海面上行走（太十四 22～33；約六 16～21）；（2）登山變像（可九 2～13；路九 28～36）。其中的登山變像，彼得快要殉道前一再提及（見彼後一 16～18），足見這神顯銘記在彼得的心內，歷久不忘。

｜末了的話｜

現代的神顯

神顯不只發生在耶穌的時代。神是獨行奇事的神，在有必要時，祂會以神顯的方式拯救屬祂的人。有一個年輕人名叫亞齊茲（Aziz），是個恐怖分子。有一次，為逃避敵人追殺，闖入了一間教堂，卻看到裏面坐滿了正在聚會的信徒，於是他也坐了下來。忽然，他看到身旁出現一位身穿白袍者，散發著光芒，並拍拍他的肩膀，面對面望著他，表示自己便是耶穌基督。

亞齊茲看過電影《耶穌傳》（*Jesus*），感到眼前穿白袍者正酷似耶穌。當他回過神來，走出教堂時，便立定心意，要相信耶穌。他心想：「耶穌向我顯現，和我相遇，不就證明了祂是真神嗎？」事後，他向福音電台求助。他對電台主持人說：「活生生的耶穌來到我面前，既向我呼喚，我便回應祂：我要跟隨你。」[5]

話說回來，耶穌的另一個培訓重點，是開闊門徒的胸懷，拓展他們的視野，好叫他們成為一胸懷普世，以成就大使命為念的使徒。其實，早於登山寶訓的講論後，耶穌下了山，先醫好一個猶太人，然後再醫好一個住在迦百農的羅馬百夫長的僕人（太八 5～13）。留意馬太福音這裏只用了三節經文去描述先前那位猶太人得著醫治的過程（太八 2～4），卻用了共九節的經文描述百夫長事件，可見後者的重要性。

在這醫治的事件中，耶穌被百夫長的信心撼動，祂先感到希奇（即驚訝），[6] 後即盛讚百夫長的信心：我實在告訴你們，這麼大的信心，就是在以色列中，我也沒有遇見過（太八 10）。[7] 在此，實在原文即**阿們**，此乃在世耶穌教導別人時所用的特殊詞彙，當時沒有其他拉比用過，其有鄭重之意。主耶穌在此是要鄭重地告訴門徒等人：大有信心者，外邦人亦有。

因此，耶穌此處是要破除門徒對外邦人的歧見，便是以為外邦人都是不潔的，不配承受救恩。事實倒是：

只要有信心，不論是猶太人還是外邦人，都可成為神的子民。透過此役，救恩的普世性觀念已植根於門徒的生命裏，而彼得亦必然獲益良多。

畢竟，一如上文所言，彼得生於伯賽大，成長於迦百農，即加利利海邊的蕞爾小城，他只算是鄉野之輩，視野短淺，胸襟有限。事實上，在古時，人的活動範圍平素大都在其出生地毗鄰附近，加上交通不便，盜賊橫行，人不輕言離鄉別井，更遑論遠渡重洋，人的目光因而受限，見識容易流於淺薄。為了打破此困局，在世的耶穌不單帶領門徒多次離開加利利，往訪聖城耶路撒冷，還引領他們走遍加利利各村莊，一如路加福音八章1節所言：過了不多日，耶穌周遊各城各鄉傳道，宣講神國的福音。和他同去的有十二個門徒。

接下來，耶穌更設立七十個人，差遣他們兩個兩個地在他前面，往自己所要到的各城各地方去（路十1）。留意上文周遊的原文是未完成時態，表明此乃一持續性行動，即不停地巡迴於各城鄉之間。[8] 尤有進者，耶穌更離開猶太地，先往撒馬利亞，後走向遠方敘利亞省的泰爾和西頓去（太十五21）。[9] 此舉必定震驚眾門徒，因為前往撒馬利亞及泰爾、西頓，實乃一冒險行動。然而，既然拉比耶穌要如此行，作為門徒只得順從，他們勢想不到，此舉卻是一向萬民傳福音的實習旅程。

談到撒馬利亞，其位於加利利省與南方猶大省之間，當時猶太人來往二地，都會繞過中間的撒馬利亞，因這地的居民雖有猶太血統，卻與外族人通婚，猶太人一向都鄙視他們，視之為不純不潔的族類。當然，撒馬利亞人卻不以為然。他們自命是以法蓮及瑪拿西支派的後裔，是這兩個支派的餘民（remnant）。[10] 他們高舉摩西五經，在基利心山建有自己的聖殿，在那裏敬拜耶和華神。要廣傳福音，這樣的種族隔閡，是極需要被打破的。

於是，有一次，耶穌帶著門徒，刻意不再繞道而行，直接進入撒馬利亞境內，更與一背景複雜的婦人談話（約四 3～43）。此舉必然使門徒等人詫異不已。結果是這婦人的反應出奇地好，最終將水罐子留在井旁（即放下她原本要從井裏打水的意圖），疾奔城裏（見約四 28），向族人見證耶穌。她的這一舉動，一如新約學者郭士達保加（Andreas J. Köstenberger）所形容，盡顯主門徒的本色。[11]

她更向其族人表示：你們來看！有一個人將我素來所行的一切事都給我說出來了，莫非這就是基督嗎？（約四 29）經此一役，眾人就出城，往耶穌那裏去（約四 30）。然後，那城裏有好些撒馬利亞人信了耶穌（約四 39）。在場的門徒定然大感愕然，這些原本他們以為被擯於神子民門外，離經背道，種族不純的撒馬利亞人，如今竟然大批大批地接受基督，成為神的子民。這事之後，耶穌更於此地逗留了兩天（大概是與不同的撒馬利亞人談道），才回加利利去（約四 46）。

時間不斷向前推移，多年後，初期教會的「佈道家」腓利，再在此地展開福音工作，且信主者眾(徒八4～8)。也許，這是因為早在多年前，耶穌已在撒馬利亞人中間彰顯祂是基督，故此他們早已熟悉這位救主的其人其事。如今，當腓利來到他們中間，他們自是欣然接受腓利所傳的，彌賽亞已從死裏復活的福音。

話說回頭，過了不久，耶穌再進一步將門徒帶往泰爾及西頓去。[12] 此二城位於巴勒斯坦西北海岸，屬於敍利亞腓尼基區域，而此地是外邦人居住之所。在舊約，泰爾和西頓常常被形容為把弄政權，殘暴不仁的邪惡政體，儼然是以色列人的宿敵(耶四十七4；珥三4)。但要廣傳福音，這「敵我二分」的想法必須被破除，門徒必須眼寬心廣，視野開闊，福音才能朝著萬民的方向前進。

按此了解，耶穌帶著門徒悄然來到此地，在路上巧遇一迦南婦人。[13] 她因為滿有信心，便鍥而不捨地苦苦哀求主施拯救，而終為主所接納，醫好其患重病的女兒(太十五21～28)。這一醫病神蹟，必然給門徒留下了深刻印象。

進而言之，一如上文所指出的，古人生活的流動性不大。在跟隨耶穌的門徒當中，除了加略人猶大外，其他的都是加利利人，他們可能從來未離開過加利利。如今卻跟著耶穌走南闖北，浪迹天涯，甚至踏足於被猶太人視為不潔的外邦之地，親身接觸被視作犬類的外邦人(見太十五26～27)，並目睹他們信主的決心。事件如同鏡鑑，一一展現他們眼前，耶穌要藉此開闊門徒的眼界，拓展他們的胸懷。而這一切，可能成為彼得日後生命改變的其中一個關鍵。

綜觀而論，在世的耶穌帶著門徒等人，先在加利利和耶路撒冷傳道，繼而在撒馬利亞、泰爾和西頓。他們甚至駐足於外邦神祇廟宇林立的凱撒利亞．腓立比，耶穌就在此地考問門徒祂到底是誰（可八27）。留意以上的路徑和方向，不就是祂升天前所要求門徒的？——要朝耶路撒冷、猶太全地，和撒馬利亞，直到地極（徒一8）的方向走！換言之，耶穌已經和彼得等人，預習了廣傳福音的方向。有道是：“Discipline leads to habits, habits lead to consistency, consistency leads to growth.”（操練成習慣，習慣成自然，生命成長自然可期。）開闊胸懷，拓展視野，胸懷普世，這不也是我們需要的操練嗎？

| 靈思小品 |

從畫地為牢到闖出一片天

> 耶穌說：「婦人，你的信心是大的！照你所要的，給你成全了吧。」從那時候，她女兒就好了。（太十五28）

在原文裏，你的信心是大的可譯作**大，你的信心**；可見**大**是處強調位置。在此，耶穌的意思，是要打破門徒的執念，不再以為外邦人有如豬狗，是沒有靈性的畜類，靈感魯鈍，不能對神生出信心。顯然事實卻並非如此。

筆者想起多年前上映的一部科幻驚悚片《謊島叛變》（*The Island*）。在一偌大的建築物內，住著一大羣人，他們活在一個講求規律的羣體中。他們在那裏出生，被告知外間世界全受污染，不可能供人類居住。然而，其中卻有一處如伊甸樂園般美好，不被污染的寶島，透過每週的抽獎，幸運兒便可到此樂園，長久享受美好的生活。

然而，因著種種原因，男主角開始懷疑這講法。他偶然看到一隻飛蛾，透過通風系統從外間飛進來，這豈不證明了外面世界其實有生物存在？於是，他聯同女主角（已被抽中快要送往樂園）一起出走，決意到外間世界闖蕩，這才發現原來外間世界並沒有受污染，而且住滿了人類。

再者，原來他本人連同女主角，以及住在建築物內的所有人都是「複製人」（clones），是被刻意安排在條理井然的環境中長大，最終會被送往手術室，摘取器官，好醫治原本有病並活在真實世界的「真身」。這便是送往「樂園」的真相。

深度反省

這部電影觸發我們反思。也許，我們自小便被灌輸以某一套意識形態，而一切都局限在一個狹小的空間中。如果我們從來沒有離開過這樣的環境，可能會受制於「畫地為牢」的困局。這樣，我們很容易視野受限，所知甚少，卻以為自己活著的方式，便是大部分人活著的方式。可事實並不是這樣。

耶穌所做的，正是要努力嘗試為門徒等人打破以上的困局，打開他們的眼界，拓闊他們的胸懷。祂的方法，是帶著門徒等人遊走巴勒斯坦全地，包括加利利各城鎮、聖城耶路撒冷、撒馬利亞、泰爾、西頓及凱撒利亞·腓立比這等存在著相同文化、類似文化及異文化之地，而這些地方都成了耶穌在職培訓門徒（on-the-job training）的流動教室。

當然，這種走南闖北，居無定所的「在職培訓」，是相當艱辛的。然而，惟有這種「實戰式」訓練，才能促使門徒等人將信心慢慢建立起來，日後能以將福音傳至萬國萬民，成就馬太福音二十八章 19 至 20 節中的使命。

端此，請致力於實踐「讀萬卷書，行萬里路」，好叫我們能有「行中有悟，悟中有行」的學習方式，這樣，我們才有可能突破自限，闖出一片天，活出一個真實的，更美好的生命。此謂之「生命成長」（life growth）。

14 | 生命可以翻篇（二）

14.1 | 因素二：復活主的影響

誠然，主從死裏復活一事是驚天動地的。耶穌被捕捉後，門徒四散逃跑，眼見這小羣體就要被瓦解，甚至不復存在。然而，主復活了，且多次向門徒顯現（見林前十五 4 ～ 8），這必然會成為城中熱話，並驅使門徒再次招聚一起。

彼得差不多都要被三次公開不認主這破事打沉了，但當聽聞主的墳墓空了，屍體不見了，他心中忐忑不安，不禁跑去空墳墓看個究竟（約二十 2 ～ 20）。隨後，他從復活主的神顯中得著主的安慰和肯定（約二十一 15 ～ 17）。如是者，他便把自己全然交付給這位全知全能的復活主：……主啊，你是無所不知的；你知道我愛你……（約二十一 17）。

進而言之，復活主的顯現不單一次，在此，保羅指出，復活主顯現的次序如下：並且顯給磯法看，然後顯給十二使徒看；後來一時顯給五百多弟兄看……以後顯給雅各看，再顯給眾使徒看，末了也顯給我看……（林前十五 5 ～ 8）。

我們有理由相信，以上的程序，並非盡列耶穌顯現的次數。不過，不論次數多少，次序如何，耶穌的多次顯現，是要舉證祂死而復活一事是千真萬確的，絕對不是訛言，更不是幻象。[1] 再者，復活主更教導門徒以天國的道理，開他們的心竅，好叫他們能明白聖經，深度領悟舊約經文是如何預告祂的出現和作為；[2] 其中尤其是那些關於彌賽亞的預言，現在都一一具體地實現在耶穌身上了。

也許當時有門徒把復活主的教導都一一記下，並寫成「小冊子」，流傳於門徒之間。但當然這只是推想，因我們並沒有這「小冊子」的抄本流存下來作為證據。不過，舊約其中一句常出現於新約經文中，就是：匠人所棄的石頭已成了房角的頭塊石頭。這句本出自詩篇一百一十八篇22節，分別於馬太福音二十一章42節，馬可福音十二章10節及路加福音二十章17節中被引用，而彼得更兩次引用之（一次是徒四11，另一次是彼前二7）。在此，我們有理由相信，門徒等人多番引用此節，是因為這話是來自復活主四十天向門徒顯現時對他們作出的教導，而其意思是猶太人皆以為耶穌是不濟的，都不相信祂是救世主，然而，主的死而復活，反證了猶太人的不是，因為耶穌就如房角石般穩若泰山，分量十足。[3] 無疑地，祂從死裏復活，舉證著祂就是彌賽亞。[4]

如路加所指，復活主顯現凡四十天之久，期間祂精心指導門徒教理，教授他們生命之道（徒一3），好叫他們心竅開通，兼融交匯，成為屬靈達人，一如路加福音二十四章45節所言：

於是耶穌開他們〔指門徒〕的心竅，使他們能明白聖經。

四十天轉眼過去，復活主也升天得榮而去（徒一9～11）。從此，以彼得為首的一眾門徒，在聖靈的加能賜力下，展翅高飛，長風萬里，不論順境逆境，他們都迎難而上，敢於接受挑戰。

14.2 ｜ 因素三：聖靈的降臨

早於殉道前，耶穌已應許，祂將差遣另一位保惠師，常與門徒同在（約十四 16），而這保惠師的工作，主要是叫門徒能想起耶穌昔日的教誨（約十六 13～14），從而感悟遂深。這樣，門徒便能把頭腦上的屬靈知識（從在世的耶穌教導而得），轉化成為生命的智慧，寫下在世的主耶穌的傑出生命（例如寫下福音書等），自己也活出一個強大的生命。

｜末了的話｜

轉化生命的智慧

知識(knowledge)和智慧(wisdom)是有很大分別的。

普遍來説，知識豐富者，即知識廣博的人，他們對各類事物都有一定程度的了解；而説人有智慧，則不單指他們的知識有多廣博，也是強調他們對人生的洞悉、感悟及了解有多深刻。

開始作主門徒之時，彼得已約三十歲；疊加跟隨主的那些年日中，其實也累積了一定的屬靈知識和事奉經驗；其後當耶穌升天而去，他便獨當一面，帶領其他門徒，冒著風雨，向著茫茫大海，揚帆前行，旨於成就天國的使命。在危急之秋，他把所積累回來的一切知識，皆轉化成人生的智慧。此外，疊加以聖靈的啟發，思想上的感悟和心意上不斷的更新變化，他終能華麗變身，儼然是一生命智者。

換句話說，彼得能將滿腦子的屬靈知識，轉化成生命之道和事奉之理，活出一個卓越不凡的人生。正如卡耐基（Dale Carnegie）所力陳：“Knowledge isn't power until it's applied.”（知識惟有實踐，方能化為力量。）

如序言所說，青蛙變王子，如果只是外在變了，內在生命卻仍如青蛙，那麼只算是身變心不變而表裏不一的怪物罷了。當然，內在生命的轉變又談何容易，惟有藉著那長駐在我們心裏的真理聖靈的感悟，也即是復活主的同在同行，方能馬到功成。

靈思小品

聖靈，我們生命的導師

> 但保惠師，就是父因我的名所要差來的聖靈，他要將一切的事指教你們，並且要叫你們想起我對你們所說的一切話。（約十四 26）

按耶穌的指示，聖靈的工作便是指引門徒等人，作他們的導師。這大概是指在日常生活和事奉中，令門徒有所感悟，使他們能透晰世事，洞悉世情，致能對人對事作出精確的辨識，然後按部就班，依理行事。此外，聖靈也會使門徒想起耶穌說過的話，得以於當下有所感悟，站得更高，前瞻未來。這是一融會貫通的心靈運作，深深地影響著門徒的世界觀和屬靈觀。

在此，我們可以說，內住的聖靈，是我們生命的導師。如果我們視人生為一趟旅程的話，則聖靈的工作，便是要成為我們人生之旅的嚮導，作生命的「導遊」。談起導遊，工作委實也不易。他們一方面要為旅客安排好旅程上大大小小的事情，另一方面要給旅客們講解沿途的景致。後者的這種詮解是寶貴的，因為它大大豐富了旅程的「餐單」。在此，且舉一個實例：二〇二三年，筆者和妻子參加一內地旅遊團，目的地是西安，參觀兵馬俑及華山等名勝古迹。其中以兵馬俑最為觸動。當時，只是走進現場，參觀者已被那龐大的地宮建築及石像羣所吸引，莫不目定口呆。此時，導遊解釋道：

(1) 在兵馬俑石像羣中，排在前頭而沒有穿盔甲的，是一羣「死士」。他們輕裝上陣，務求衝殺敵人。只要他們最終能活下來，必得大封賞。而此舉使秦兵被稱為「虎狼之師」。
(2) 秦兵的頭冠，顯出其在軍中的地位：無冠者乃普通士兵，有冠者乃長官；頭冠愈堂皇，官階愈高。
(3) 秦兵的髮髻向右傾側，原因大概是為方便緊站其後面的弓箭手，能無遮擋地向前方準確發箭（秦軍素以強弓利箭見稱）。
(4) 現場的士兵石像，其實是由多塊碎片，經細心檢視而拼合而成，這有如一場難度極高的拼圖遊戲，其所花時間，大都要一年或以上。導遊還多次打趣說：「有找不到工作者，大可考慮來西安考古，只要拼合到二十多尊石像，便可考慮退休了。」

坦白而言，如果沒有導遊的講解，對以上的資料，我們大都一無所知，或只流於一知半解。如此，是次兵馬俑之行，必大為失色。後來我才知道這位出色的導遊，是在西安大學讀旅遊的，難怪表現專業，講解到位。

話說回來，聖靈乃生命的嚮導；人生中所遇到的人事物，祂為我們作出屬靈的詮釋，豐富我們的人生。例如，讀經時祂為我們「解釋」經文的意思，進一步幫助我們把聖經的「知識」，轉化成生活的「智慧」。又譬如祂會教導我們在與人的交談這等看來瑣碎的事上，作出深度反思，有所感悟，以得著意想不到的屬靈的裨益。

而在父神所引導的某些境遇中，聖靈會感動我們，使我們感知活著的意義。祂的指引，猶如路上豎起路標，指示我們當走的路，或者引導我們走上事奉的新方向。又叫我們活著能有「自知之明」，又能歡歡喜喜地活著，雖然路上有時是狂風暴雨，窄路迂迴，有時是崎嶇不平，曲徑難行。

如是者，我們便大有信心，逢山開路，遇水築橋，本於信以至於信地，信步前行，開展新的領域，思維不斷更新，如此，老練及智慧定必自來。一言蔽之，聖靈是我們人生之旅的嚮導，生命的導師；要走好一趟豐富精采的人生之旅，必須聆聽內住的聖靈這真理的靈的教導（約十六 13），就是復活主的靈的啟發和導引（留意徒十六 7，稱聖靈為「耶穌的靈」）。[5] 請不要讓這生命的導師（即聖靈）跟我們擦肩而過。

15 生命可以翻篇（三）

15.1 因素四：挫敗使靈命躍進，生命騰飛

福音書中的彼得，表現未如理想。其中最不堪的，莫過於他曾言詞確鑿地表明自己要與耶穌同生共死（太二十六33），然而轉個頭來，在情勢危急下，他竟然三次公開不認主（太二十六69～75）。當回想此事，他便痛徹心扉，慚愧得無地自容（見太二十六75；又可十四72）。[1] 自此，他開始深入認識自己，承認自己的軟弱和不足，從此再不敢肆意逞強。否則，只會把事情弄得更糟糕。反而，他變得行事謹慎，凡事倚靠著活在他生命裏的復活主，即順從聖靈的引導行事；他變得老練了。

在此，有人說要知道海水是鹹的，是不用把整個大海的水都喝盡，只要一小口的海水便可斷定。彼得一次的挫敗，使他深諳自己人性的軟弱。從此，他再不敢大言不慚了。

說到底，將生命的挫折視為磨礪，使我們更仔細地審視自己，看清當下的世情，明白自己所處身的格局，從而微觀地覺察當下的形勢，宏觀地展望未來的可能。由是觀之，彼得的改變，跟他過往累積的重重挫敗和無數次失誤，息息相關。

有人說，真英雄不是站上冠軍台的人，而是屢敗屢戰的

人；彼得正是後者。

末了，在屬靈的操練上，我們需要神蹟（從父神來的幫助），更需要累積（屢敗屢戰的經驗）。

| 靈思小品 |

成長，總離不開挫折

但我已經為你祈求，叫你不至於失了信心。你回頭以後，要堅固你的弟兄。（路二十二32）

在被捕之前，耶穌預告彼得將三次不認祂。耶穌早知此事必然發生，於是便為彼得禱告，好叫來日彼得可以知錯能改，回頭是岸。這樣，他的人生不但可以翻篇，有日更可以成為教會的領袖，真理的基石。

其後，當彼得真的三次不認主，犯下大錯之時，必然會想起耶穌以上這番話而自覺慚愧，而在復活主向他顯現後，他便重投主的懷抱，得著主的安慰，然後滿懷希望，重新出發。此事記在約翰福音二十二章15至23節。

人生的成長，往往離不開挫折。因此，請不要因受挫而被擊倒，只要不被擊倒，回過頭來，視野必然更為開闊，生命更加堅韌，如是成長可期，「成功」在望。

林肯（Abraham Lincoln）乃美國最偉大的總統之一，我們都常聽說他成功背後，是連番的挫敗，只是他屢敗屢戰，終成為美國總統。以下是坊間常引用的林肯當總統前的一些重要「戰迹」：

一八三二年：競選州議員落選

一八三三年：經商失敗破產，花了十六年才還清債務

一八三三年：再度競選州議員勝出

一八三五年：未婚妻死去，大受打擊

一八三六年：精神崩潰，臥病在牀半年

一八四三年：參加國會議員落選

一八四六年：再度參選國會議員成功

一八四八年：尋求連任國會議員落敗

一八五四年：競選參議員落敗

一八五六年：爭取副總統提名：得票不足一百

一八五八年：再度競選參議員落敗

一八六〇年：當選美國總統

16 不再一樣的彼得

還看使徒行傳所描繪的彼得。自主升天而去後，彼得等人沒有了保護傘，再不能像藏在主翅膀下的小鳥，這時，彼得惟有主動出擊，心靈卻變得睿智了，處事亦成熟了。且看此時表現傑出的彼得，有以下三大向度的成長（見段落 16.1 至 16.3）。

16.1 主動出擊，恰到好處

當主升天而去後，門徒等人按照主的指示，留在耶路撒冷，並進入一棟樓房禱告。然後，由於十二門徒中的猶大已在悔疚下自盡，彼得便主動建議要另選一人替補，他更提出其必須合乎兩大條件，便是：

(1) 從施洗約翰開始，已跟隨主耶穌，作祂的門徒。換言之，此人必須長年累月地得著主的言語行止薰陶，有一定的屬靈深度。

(2) 此人必須曾有復活主向他顯現。這樣，他才能實至名歸地，為主的死而復活作見證。

最終，馬提亞被選出。[1] 於是，這門徒羣體再一次齊集十二人（徒一 15～26）。[2] 在聖靈降臨之前，彼得已知道自己是這個屬主羣體的領袖。他必須鼓起勇氣，承擔此領導的角色。到了聖靈降臨後，他站起來向在場的人宣講，清楚告知信眾，人必須心意轉向，是為悔改，並且奉主名領洗，公開宣示其皈依基督的決心（二 38）。這樣，聖靈必降臨，使他們經歷重生。在此，彼得的主動，是自然和果斷的，他不單勇氣可嘉，其宣講內容更盡顯他是見識和智慧兼全。

16.2 ｜ 肩負使命，傳承耶穌

門徒成為使徒，為要說明耶穌已升天而去，如今復活主藉著聖靈，與門徒等人同在，如是者，門徒便代表了祂，持續祂在世上的福音工作了。按此了解，門徒既被主差派，帶著主的使命，故稱使徒。[3]

早於使徒行傳二章 43 節的這一句：眾人都懼怕；使徒又行了許多奇事神蹟已在在表明，五旬節聖靈所降臨的屬神羣體，其表現首先是廣行神蹟。[4] 在此，廣施神蹟者是使徒，這表述表明，他們是一如在世的主耶穌；當然原文的語境是一項概述（summary），接著，於三章 1 至 10 節則詳細記述了彼得和約翰所行的，而作者以一個醫治的神蹟作闡明。

這神蹟發生於一扇通往聖殿的門，此門稱為「美門」（三 2）。這裏出現了一名傷殘人士：他是瘸腳的。猶太人視身體殘障的人為不潔，應該被丟棄；這人流浪在外，就是被社會排斥的結果。[5] 這人自是活得孤苦，眼見生計無望，惟有行乞度日，日子難過，前路茫茫。

留意約瑟夫（Flavius Josephus）曾指出，進入聖殿共有十扇門，其中第九及第十扇是格外特別的。第九扇門鍍上了金和銀；第十扇門更被譽稱為「哥林多銅」之門，斯托得更表示，此門是進入聖殿的主要殿門。[6] 留意彼得向這乞丐說的話：金銀我都沒有……（三 6）；此話可能折射著這行乞者處身於第九扇，或是第十扇門前。

此神蹟有以下的特點：

(1) 一如在世的耶穌所施行的神蹟，這被醫好的人是即時全然痊愈的。留意經文以跳起來、站著、行走和讚美神（三 8）來表達這人是全然被治好了的。

(2) 聖殿美門的華麗，跟這乞丐的衣不蔽體，形成了強烈的對比——折射出表面冠冕堂皇的猶太教，卻搭救不了這有實際需要的可憐人；在在揭露了不少宗教只求表面冠冕堂皇，教義上標榜無敵，但實質上只是逞口舌之勇這弊端。由此可見，猶太教確需要一個全面性的革新，甚至是被推倒重來，才有希望。這便是耶穌運動所致力的，一個教內的屬靈更新運動，以建立一個末世性的，以愛為本的，屬神子民的屬靈羣體。

(3) 彼得的話：金銀我都沒有……（三 6），不單表明他和約翰真的身無分文，也使這行乞的寄望於他們施捨錢財的期待變得難以實現。[7] 然而，比錢財更重要的，是身體完全康復，這才是治本。換言之，福音所帶來的，不只是解救世人脫離表面的困厄。[8]

結果是，這人不單身體康復了，就是連他心靈也因救恩而重生了。經文描述這人即時進入聖殿讚美神，連百姓也目擊了這情況。而當彼得和約翰被羅馬官府捉拿和接受盤問時，這人也和彼得、約翰一同站著，以表支持。眾所周知，以往他是瘸腿的，行動不便，靠行乞度日；如今他竟然能昂然而立，駐足於彼得和約翰身旁。這足以證明，彼得的醫治絕對不是掩耳盜鈴的虛招（見徒四13～14）。

(4) 神蹟過後，彼得抓緊機會向在場的目擊者解說這神蹟，藉此傳道。由此可見，行神蹟的同時必須加以解釋，表明雖然眼前行神蹟的是彼得，但他施行神蹟的能力，卻是來自背後的復活主，而不是彼得或其他人。[9] 如果不加以解釋，別人自然是歸功於彼得本人。若是這樣，便猶如靈恩運動中那些到處施行神蹟醫治的人所犯的錯誤：標榜自己是擁有超凡能力的神人。

| 末了的話 |

究竟誰才是主角？

多年前有一位「女神醫」，名叫 Kathryn Kuhlman。[10] 她經常舉行神醫大會，站在台上的她，穿上飄逸的長長白衣；台的四周，更裝有多台風扇，使得她的衣服被吹拂飄揚，儼如一飄飄若仙的大人物。

當有人上台尋求醫治，只要額頭被她的手觸碰，這人便會即時向後倒下。[11] 此時，在場的工作人員當會趨前將這人接住，免其倒下受傷。精心安排的神醫大會風靡各地，女神醫更是威名遠播，氣勢如虹。不過，筆者覺得整件事有點做秀的意味。「主角」是醫人的 Kathryn Kuhlman，「配角」是上台接受醫治的人，疊加以在場觀眾的歡呼聲，伴隨著不停揮動的熒光棒，可説是人氣沖天。

這便是過分強調神蹟奇事的其中一個弊端，正是將神蹟（及神醫）的地位，提升至一個高度，大有取替神的位置之嫌。端此，信心的醫治（faith healing）與神的醫治（divine healing），二者是有分別的。前者高舉人的信心，好像將榮耀歸給有信心的人；後者則表明，一切全是神的作為，祂才應得著一切頌讚榮耀。箇中的差異，有時不易為大眾所察覺，但正是差之毫釐，謬之千里。這一點，亦是彼得所刻意為之的，他把醫治的神能，全歸功於他〔神〕的僕人耶穌（徒三 13）。

總括而言，彼得所行的神蹟，其影響既深亦廣，這清楚表明了一點，就是昔日耶穌所作的，門徒彼得也在作。之後，在五章 12 節更有此言：主藉使徒的手在民間行了許多神蹟奇事。[12]

由此可見，在世耶穌廣行神蹟奇事，如今以彼得為首的使徒羣體亦然。這一點，是成就了耶穌向門徒所應許的：我實實在在地告訴你們，我所做的事，信我的人也要做。再者，祂更進一步表明：並且要做比這更大的事（見約十四 12）。耶穌所指的更大的事，便是祂的信徒必能把祂的福音發揚光大。換言之，儘管主的一生只生活在巴勒斯坦一帶，但其胸懷普世的眾使徒，卻能縱橫天下，把福音傳揚至萬族萬方。如是者，相較於在世耶穌所帶領歸信的人，其數目自然更多。回到使徒行傳，先前因彼得的宣講而信主者有三千（二 41），如今因彼得對神蹟的解釋和宣講而信主的，竟達五千之眾（見四 4）。

畢竟，使徒的能力不是來自自己，乃是奉主耶穌的名而作（徒三 6）。這一點，他們從耶穌的教導和被差遣實習傳道的經歷中，早已略知一二（見太十 1；約十六 13～14、23～24）。總的來說，能夠廣施神蹟，屢行奇事，足證使徒們，尤其是居首位的彼得，正是耶穌的傳人（盡得主的真傳），千真萬確，因為耶穌行神蹟，他們也行，並且是奉耶穌之名而行。

16.3 無畏無懼，智勇雙全

生命改變後的彼得，不再畏首畏尾，就像昔日因著恐懼而公然不認主。如今，即使因施行神蹟及公開宣講而被捕，他卻仍然能昂然佇立，大有泰山崩於前而面不改容之勢。在此，使徒行傳記錄他曾被羅馬政府捉拿了三次，其中兩次還記述了他在受審時的情況。總之，一如在世的主耶穌，在面對公會的審問時，使徒們是安之若素，極其淡定；所說的話，是從聖靈感動而來的真言，可說是字字珠璣，盡顯其智勇兼備。這樣，便成就了在世耶穌曾向門徒所作的應許：……因為他們要把你們交給公會……並且你們要為我的緣故被送到諸侯君王面前，對他們和外邦人作見證。你們被交的時候，不要思慮怎樣說話，或說甚麼話。到那時候，必賜給你們當說的話；因為不是你們自己說的，乃是你們父的靈在你們裏頭說的（太十17～20）。

換言之，站在公會面前，神色自若的是彼得，但在他背後其實是有聖靈，即復活主的靈的幫助。如是者，開腔發言的看似是彼得，骨子裏卻是聖靈的聲音。故此，所迸發出來的力量是大的，結果更往往令人意想不到。舉例說，在第一次被捕時，彼得有此言：他是你們匠人所棄的石頭，已成了房角的頭塊石頭（徒四11）。以上的一句是引自詩篇一百一十八篇2節，而當時彼得手上並沒有舊約聖經或可參考的典籍，他卻能一字不漏地引經據典（可見他是憑著記憶說出來），[13] 向在場的大祭司及其他人證明，他們是誤判了耶穌，主如今已復活。接下來，彼得表示：除他以外，別無拯救；因為在天下人間，沒有賜下別的名，我們可以靠著得救（徒四12）。

靈思小品

換位思考，成就美事

> 那時，門徒增多，有說希臘話的猶太人向希伯來人發怨言，因為在天天的供給上忽略了他們的寡婦。（徒六 1）

初期教會存在著內部的危機，這危機的出現，源於教會人數急速增長。而信徒中，包括了本地人的寡婦，她們受猶太人早已定下的福利制度保護，故沒有出任何嚴重問題。對比下，那些外地回來，說外邦話，即希臘話的寡婦，並沒有這樣的保護傘，於是在膳食上常得不著善待，成了被忽略的弱勢羣體。

可幸，作為以使徒彼得為首的教會最高領導層，沒有視而不見，他們知道看似微小的事，足以影響大局，必須妥善處理。然而，他們又不能背離自己的天職，就是祈禱和傳道。於是，他們便想出法子，建議教會選出合宜的人選，專責處理此膳食上的事（徒六 1～3）。[14]

於是，有七個人（以司提反為首）被選出來專責此事。如是者，此事得到妥善處理。之後的經文指出：神的道興旺起來；在耶路撒冷門徒數目加增的甚多，也有許多祭司信從了這道（徒六 7）。

在此，聖經學者斯拿堡（Eckhard J. Schnabel）指出，興旺一字乃未完成時態，意即神的道興旺不斷。[15] 另一位聖經學者莊遜（Luke T. Johnson）表示，門徒數目加增，意指教會增長。[16] 更可喜的是，亦有許多祭司信從了這道；作者沒有表明有多少祭司信主，猶太史學家約瑟夫表示當時整體祭司人數有二萬。[17] 約瑟夫更指出，不少祭司活在朝不保夕的貧苦日子中，若是如此，許多祭司歸信基督也是可理解的事。

事實上，我們都很容易因著全神貫注於目前，專注於自己的職務，而忘記了職務之外，原來還有不少事情是需要我們好好處理的。要成就美事，其實我們必須學習在不同境遇中抱有一種「大局觀」。

話說日本有一條知名大橋，名為「明石海峽大橋」，其橫跨本州島及淡路島之間的海峽，全長三千九百一十一米，橋的兩座橋塔距離一千九百九十一米，是美國三藩市金門大橋的兩倍。橋面寬三十五米，共有六條行車線。橋貌宏偉奪目，蔚為大觀。大橋建成之前，兩島之間通行，是靠定期渡輪。由於水流湍急，雨霧常起，海上意外也頻生。大橋於一九九八年啟用，在其啟用儀式上，市長說了以下一段話：「……此橋也同時達成了一位已故長者的宏願。也許，此橋是他那偉大心志的墓誌。」

原來，大橋建成背後，有一段動人故事。大橋啟用前四十多年，一九五五年五月十一日早上，載有近二百名乘客的紫雲丸號渡輪，與另一艘渡輪相撞，結果近一百七十名乘客罹難。死者的家人紛紛向有關當局索償。其中一名死者，是年僅十三歲的女孩。她父親是已年過六十的加藤托本，這女兒是他惟一的孩子。在飽受錐心之痛之餘，加藤托本卻細想：只要求賠償，並不真的能解決問題。因為渡輪碰撞，屢屢造成意外。於是他下定決心，請求政府建一條橫跨海峽的大橋。

當時日本在戰後急需重建之處正多著，而且要克服建橋的種種技術問題，要建一條這樣的大橋又談何容易。再者，建橋的龐大資金又從何而來？加藤托本的訴求，看來只是痴人説夢，是不可能實現的。然而，加藤托本相信，女兒不能白白犧牲，而建橋才是徹底解決問題之道。於是他每半個月便去首都東京，向天王及正副首相請願，不論風急雨翻，他都扶風帶雨前行，顯出他那堅毅無心的決心。

最終政府首肯，為建橋撥出預算，總額達四億美元。巨額建築費當然不易籌措，而加藤托本把得來的四萬美元撫恤賠償金，全數捐出，作為建橋的第一筆費用。如是者，政府也積極回應，首相更親筆簽署建橋證明書，建橋的方案終於得到落實。三年後，加藤托本離世，但卻不是含恨而終，而是含笑而逝。直到一九八八年，一切建橋的技術問題都得到解決，工程也正式開始。歷時十年，耗資五千億日圓的大橋，終於在一九九八年落成。

從此，紫雲丸號渡輪的悲劇不再重演，也為兩島換來更便捷的交通（以往乘坐渡輪要四十分鐘，現在駕車過橋則五分鐘），促進二地的繁榮，這都是由於加藤托本將焦點由眼前的金錢賠償，轉至格局更大的大眾安危。正是如此的大局觀，這份遠大的眼光，堅持的韌勁，堪足世人學效。

明石海峽大橋的故事提醒我們，不要被眼前困境攻陷，換位思考，沉著應戰，不執著於一時一物，不囿於眼前的小格局，學習以大局觀兼善天下，才能成就美事。加藤托本的故事是我們的榜樣，初期教會使徒們的屬靈視野和處事智慧亦復如此。

17 閃耀奪目的彼得

生命改變後的彼得反客為主，不單為自己辯解，更主動出擊，到處宣揚救恩；他和約翰志氣高昂，那無畏無懼的精神使在場的人都愕住了。在此，經文如此描述：他們見彼得、約翰的膽量，又看出他們原是沒有學問的小民，就希奇……（徒四 13）。

沒有學問的小民的意思，在本書第四章已有解釋（留意有人將此片語譯作 uneducated amateurs）。[1] 畢竟，此形容是來自官方，即非作者路加的意思。總之，其意思是指他們沒有受過正規的神學訓練。[2] 由此可見，羅馬官府因著彼得及約翰的膽量而錯愕，但又找不出他們的罪狀來，惟有把二人釋放。

在離開時，彼得和約翰以此話回應官方對他們的要求（即不可奉耶穌的名教訓別人）：聽從你們，不聽從神，這在神面前合理不合理，你們自己酌量吧！[3] 我們所看見所聽見的，不能不説（徒四 19～20）。説畢，二人便拂袖而去，不留下半片雲彩。

官府的人為之氣結，稍後再次把他們收監。然而，復活主出手介入，把他們領了出來，他們便又再於聖殿教導百姓（徒五 19～21）。經此一役，官府的人不知如何是好，惟有再把使徒等人捉來問話，質問他們何以如此固執，一定要和官府對著幹，不斷宣講耶穌。

此時，彼得代表其他使徒又再發言，表明他們如此行的原因，是耶穌已從死裏復活，成就了救恩，此救恩是為以色列人而設的，故他們有必要向百姓和同胞傳揚此大好的信息（徒五29～32）。

公會到了忍無可忍的地步，一如昔日他們判耶穌有罪而殺害了祂，如今殺機再起，使徒們看來是危在旦夕（徒五33）。在此，公會可謂盡顯其狼子心腸。[4]

然而，教人意外的是，公會當中有一當代極負盛名的拉比迦瑪列（Gamaliel the Elder；此人原是保羅的師傅；見徒二十二3），他德高望重，更引用歷史，為當前的案件表達他個人的意見（徒五34～39）。他言之有物，勸說成理，[5] 公會眾成員聽後，大都唯唯諾諾，無人敢作出反對，惟有把使徒等人釋放。[6]

｜末了的話｜

神的介入與拯救

拉比迦瑪列，在此稍作介紹：在當代猶太人中，他被譽稱為最偉大的猶太拉比。按血緣計，他是著名拉比希里（Hillel the Elder）的孫兒；[7] 在此，我們可以說，他是繼承了前人的學術成果，[8] 成為一代名師，[9] 享譽當代。[10] 新約學者艾撒度（F. B. A. Asiedu）的研究顯示，迦瑪列是法利賽派中最為顯赫的成員，[11] 一如使徒行傳五章 34 節對他的形容：*是眾百姓所敬重的教法師*。薄曉爾（John B. Polhill）更指出，五章 35 至 39 節中迦瑪列在公會的發言，其語調有如公會的主席，而成員也聽從他的意見，足見他的影響力巨大。[12]

尤有進者，猶太文獻如此形容他：「當迦瑪列去世，律法的榮耀便終止，聖潔和純淨也死去。」[13] 約瑟夫表示，不單拉比迦瑪列是人所共知的拉比，他的兒子西門（Simeon ben Hillel）亦十分出眾。[14] 根據約瑟夫的形容，西門來自耶路撒冷，有著極出色的先祖血緣（指希里及迦瑪列）；他很有洞見和智慧，往往有能力把錯謬的東西糾正過來。[15]

話說回來，神竟然藉著一位法利賽人，消解充滿殺機的場面，為彼得等人換來生機。畢竟，不論是神直接的介入，還是藉著人的干預，復活主表明，祂必與其子民同在同行（太二十八 20），而這裏便是一大實證。

繼而便是使徒行傳中的第三次的被捕；其發生在使徒雅各被希律王殺害之後（十二 1～2；第一次被捕是四 1～24，第二次是五 17～42，而第三次則是十二 1～10）。此希律王不是在耶穌出生時追殺嬰孩耶穌的大希律（Herod the Great；太二 1～18），也不是殺害施洗約翰的希律．安提柏斯（Herod Antipas；太十四 1～12）。他的名字叫希律．亞基帕一世（Herod Agrippa I）。他是大希律的孫兒，此時他管治加利利和猶太地一帶。[16] 由於彼得是當時整個屬神羣體的領袖，故這位希律．亞基帕一世便拿了彼得，收在監裏（徒十二 4），目的是要把他殺害。然而，在神的保護下，祂所差派的天使把彼得從獄中拯救出來。此時的彼得，深知此地不宜久留，於是打算告別同儕，「遠走高飛」。不過，他這樣做，不是因為膽怯，而是順從在世耶穌的教導：凡不接待你們、不聽你們話的人，你們離開那家，或是那城……（太十 14）。端此，彼得的離開，是為了轉移陣地，以持續傳揚福音；此謂之「進退有據」。

留意，當彼得來到教會素常禱告的地方，大力叩門，裏面的人大部分都以為彼得已死，如今前來叩門的，必是他的天使（徒十二 15），目的是要報告他的死訊。此想法，反映了當時猶太人都相信每個神的子民皆有其守護天使。在此，留意在世的主耶穌，在談及不可輕看小孩子之時，祂曾有此教導：……我告訴你們，他們的使者在天上，常見我天父的面（太十八 10）。使者原文即**天使**，[17] 憑此，我們難於篤定是否每一神的子民，都有其守護天使，[18] 然而，天使是神的僕役（見來一 14），蒙神差遣，成就神的工作，一如這裏，天使救出彼得，救拔神的子民，倒是一不爭的事實。

此役之後，我們不知道彼得去了哪裏。有傳統指出，他去了安提阿，後來到了羅馬，並當上教會主教。更有學者指出，就在這段時期，藉著馬可的點睛之筆，他寫下了馬可福音。[19] 以上只屬推論，因馬可福音大概寫於公元一世紀七十年代初。[20] 不過，事實倒是，彼得於稍後重回耶路撒冷，參加了著名的耶路撒冷大會（大概是公元四十九年），然後再往巴勒斯坦以外的各地傳揚福音。

靈思小品

初心莫忘

彼得和眾使徒回答說：「順從神，不順從人，是應當的……」（徒五 29）

這決斷的言詞，在彼得答辯官府的盤問與威逼時，起碼出現了兩次（徒四 19，五 29）。由此可見，彼得那份絕對服從神的心志，可昭日月。端此，在使徒行傳中，他傑出的表現，不單單因為有聖靈的感動，天使的介入及父神的幫助，還有彼得的一份初心，即不再按自己的心意行事，而是按著神的心意處世。

於此，筆者想起一個感人的真實傳奇故事。話說在二十世紀初，北歐的挪威探險隊率先到達南極點。至於北極點，則由美國探險家皮爾里（Robert Peary）搶先到達。不像挪威，美國處於溫帶地區，大部分日子都沒有大風雪，這位美國探險家如何能征服冰天雪地，時而風雪大作的北極荒土呢？

原來皮爾里很早便為實現自己的登極理想，精心作出事前準備。首先，他以地獄式的訓練方式來鍛鍊自己的身體和意志，提升自己的抗逆能力。再者，他更親身走到與北極環境相若的格陵蘭進行「實習」，在那裏生活了好一段時間。他與當地的愛斯基摩人打交道，跟對方做好朋友，一起生活，譬如住在冰屋裏，一起睡覺、生火、在戶外狩獵和在雪地駕雪橇。又他學懂了用愛斯基摩雪犬拉雪橇，在雪地飛馳。

皮爾里知道，待在雪地的日子久了，所帶的物資總有用盡之時，因此在冰天雪地的極地生活，必須學懂求生之道。於是，他學懂了如何捕獵海豹和馴鹿，以動物油脂作為照明燃料，在結冰的河及湖面上鑿穿厚厚的冰層，捕捉冰層下的活魚等。皮爾里與幾個愛斯基摩人，兩次成功穿越格陵蘭北部的冰原，亦因此他發現到，原來冬天比夏天更適合北極探險，因為在冬天，冰面平滑，更利雪橇在上滑行，但在夏天，冰面變得鬆軟不平，難於走動，更易發生危險。

一九〇八年，皮爾里帶領著二十多人的探險隊，隊中有科學家、愛斯基摩人及幾位並肩多年的戰友，在時任美國總統羅斯福(Theodore Roosevelt)的勉勵和祝福下，浩浩蕩蕩向北極進發。翌年，即一九〇九年，他們終於排除萬難，到達了北方的極處。眾人都歡喜若狂，熱淚滿眶，互相祝賀。

其實在此行之前，皮爾里已多次走在北極的凍土上。換言之，挫折及表面看來的失敗，卻為他積累了極其豐富的經驗。在那些一次次失敗的征程中，皮爾里保住了性命，堅強地活下去。在此，他並沒有在重重挫折中讓夢想飄遠，正是「疾風知勁草」，疊加以良好的裝備和團隊的精神，他終於夢想成真。

深度反省

說到底，對基督徒而言，所謂莫忘初心，便是莫忘我們信主之時，是奉耶穌基督為救主及生命的主，從此學習惟祂命是從，不違拗祂藉著聖靈對我們的感動。這便解釋了昔日彼得等人，為何能多次作出如此斷然的宣稱：

順從神，不順從人，是應當的。

端此，儘管前面困難重重，萬水千山，甚至風雪漫天，我們務必秉持初心，朝著那看來是遙遠的詩和遠方，大步向前。當中涉及的，是積累的經驗，精細的籌算，和團隊的力量，惟此，才有成功的機會。在此，皮爾里如此，昔日的彼得如此，若然我們都毋忘初心，惟主命是從，疊加以聖靈的給力，我們也必然如此。

第六部

領受異象，福音流向外邦：

彼得小史（五）

18 亞拿尼亞之役

初期教會與今天教會一樣，有著人的問題。雖然路加表示耶路撒冷教會實在完美，不論是領導班子，還是一般信徒，都遵從教理，心裏敬畏神；在生活上更凡物公用，一起愛筵，相愛相攜，教會在質和量方面皆增長不已（徒一 42～47）。[1]

然而，「人無百日好，花無百日紅」，教會並非天堂，信徒也不是全然成聖，出現問題是難免的。在此，除了有外來，就是從羅馬官府而來的逼迫外，教會內部也不無問題，情況可算是外憂內患，相互煎熬。這一點，無疑對這新興起的，末世性的屬神羣體構成嚴重的威脅。

有人認為，彼得在懲處亞拿尼亞兩夫婦一事（徒五 1～11）上，顯得有點兒不近人情。然而，問題是作者路加早已於其福音書指出，門徒猶大因貪財，被撒但利用，出賣耶穌。在此，路加的措詞是撒但入了那稱為加略人猶大的心（路二十二 3；又約十三 27）。接下來，到了耶路撒冷教會這裏，路加一再指出，一對名叫亞拿尼亞和撒非喇的夫婦，也是因為錢財問題，[2] 被撒但操控，犯了欺騙教會，欺哄聖靈的罪（徒五 1～6）。[3] 可見貪財是萬惡之根（提前六 10）此話是真的。有見及此，難怪彼得見事態嚴重，認為必須嚴加處理為要。

留意當人的名字出現在聖經中，一般是因為這人是知名人物，為眾人敬仰，讀者們都必聽過他們的名字，甚至認識他們，故才會提及他們的名字。否則，便是因這人臭名遠播，廣為人知（包括既定的讀者們）。可見亞拿尼亞和撒非喇的破事，已廣泛流傳於初期教會，以作警戒。

當時，耶路撒冷教會的信徒，相當大部分是從外地前來朝聖的猶太人，他們在耶路撒冷並沒有固定居所，日常生活需要別人的支援。故此，教會奉行凡物公用，呼籲各人賣了田地，所得金錢由使徒按著各人所需分配。

在芸芸眾多的捐獻者中，有一位從居比路來的，名叫約瑟，又叫巴拿巴。他擁有大幅土地，大概是相當富有，但他竟然把一切變賣，全額奉獻給教會。他的慷慨仗義，眾人都讚賞之，可說是英名遠播，成為一時佳話（徒四36～37）。此情況大概引起了亞拿尼亞夫婦的注意。他們打算仿效巴拿巴，也把田地賣掉，然後把財物交給教會，目的是登上教會的舞台，得著使徒的讚賞，換來羣眾的歡呼，成為眾所矚目的大人物。

對於這裏出現的情況，學者有此推論：當代猶太人若是女兒出嫁，父親會為她支付嫁妝，即一筆可觀的錢財，好叫一旦日後有需要（如丈夫不幸離世），女兒仍有經濟的保障。[4] 也許，妻子撒非喇不願意把這筆錢也拿出來奉獻，於是，她和丈夫洽談後，決定留下這一筆本來是嫁妝的錢財。然而，他們卻對教會訛稱，自己已是把所有奉獻，這便是不誠不信，犯上了欺騙罪。

此時，不知怎地，實情被彼得知道了。也許是有人向他告密，也許是神直接向他啟示，這情況猶如昔日的先知以利沙，因著聖靈的啟示，得知其僕人私自收受乃縵的金錢（見王下五26）。畢竟，先知是擁有透視人心的能力（路五22）。

在面對亞拿尼亞時，彼得義正詞嚴，語氣凝重，他直斥其非，表示撒但充滿了你的心（徒五3），此言意即思想被撒但操弄，成了撒但的工具，而撒但目的便是要破壞教會，使其誠信受損，事態是嚴重的。一如聖經學者斯拿堡（Eckhard J. Schnabel）指出，彼得並沒有咒詛亞拿尼亞及其妻說「你們去死吧！」他只是指出其罪狀來。[5] 由此，我們可以推算，彼得是期望亞拿尼亞夫婦能承認錯失，改過遷善。但可惜的是，此對夫婦並無悔意，他們萬萬料不到彼得早已知情。隨後，也許他們推想，既然彼得知道了，大概全教會也知道，實在太丟臉，情何以堪；再加上那時彼得在現場聲勢嚇人，他斥責的話更如利劍，直刺心房，二人因而猝死當場（徒五5、10）。

彼得斥責亞拿尼亞夫婦不單欺哄教會，還欺哄聖靈，此言有三層意思：

(1) 聖靈原是可以被欺哄的，可見聖靈是有位格的神。
(2) 欺哄聖靈即是欺哄父神（徒五4），其指向三一神觀。
(3) 欺哄聖靈便是罔顧聖靈的感動，埋沒被聖靈感化的良知。這樣不斷回絕聖靈的感悟，便猶如在世耶穌所警告的褻瀆聖靈（見太十二32～32）。按此了解，這對夫婦是不斷消滅聖靈的感動，自己選擇走上回頭無岸的不歸路。

換句話說，亞拿尼亞也是信主的人，他心中亦會有聖靈的感動。當他進行欺哄行動時，心中的聖靈必定曾多番苦勸，不斷提醒他。可惜的是他和妻子二人都一一回絕，甘心把靈魂賣給撒但，走上一條自我滅亡的道路。

臉書上有這樣一句："More people would learn from their mistakes if they were not so busy in denying them."（太多人因忙著否認錯誤，反而錯失學習機會。）

人不免會犯錯，但能虛心地承認錯誤，從中學習，還有可為。人最大的失敗，是拒絕接受自己是有錯的，但求原地踏步，不思進取。這樣地活著，是等於空轉人生，報廢一生。

說白了，人類最大的盲點，便是自以為沒有盲點，又或者以為自己的盲點無關痛癢，於是犯了錯仍處之泰然。這樣實在叫人握腕。

總的來說，彼得在這裏的神勇表現，不少人認為，這是應驗了在世的主耶穌對他的應許——他握著天國的鑰匙（見太十六17～19）。

接下來，教會出現了第二個內部的危機（徒六1～7）。話說那羣前來朝聖、說希臘話的寡婦們，她們信了主，留在耶路撒冷教會內接受栽培。[6] 在那時，因為得不到猶太社會福利制度的保障，故她們在生活的膳食上有所缺乏。這事情已維持了好一段時間，[7] 終為教會所知悉和正視，使徒們便著手處理。他們建議選出以司提反及腓利為首的七人小組，專責處理這事。結果問題便迎刃而解。此事於上文已有所闡述，在此便不贅了。

末了的話

快樂的納税人？

一位從丹麥來的福音機構負責人告訴我，雖然他個人每年都要繳納一大筆税款，但仍是甘心樂意的。原因是他國家來了很多難民，政府不單收容他們，更積極幫助他們在當地好好生活，在他們中間推行教育、興建學校和提供工作。當然，期間也會遇到不少問題，如文化上的相異，例如難民大多不懂當地語言，溝通出現很大困難，誤會因而頻生。然而，丹麥政府仍然堅持這樣的政策，試圖集結國民的力量，鋭意為難民謀福利，尋出路。因此，這位機構負責人稱呼自己為“happy tax payer”（快樂納税人）。這實在值得我們反思：

(1) 成為樂捐者，其實也講求互動。一方面，捐獻者本身當然要有善心和愛心，但另一方面，接受捐獻的機構，誠信絕對重要，不但要令人深信他們不會胡亂花費，並且要透明及公正地向外界，特別是捐獻者，展示其捐款用得其所。換言之，那時的耶路撒冷教會當是深得民心，誠信可嘉的，才能成功推行凡物公用這做法。

(2) 不過，按新約所載，其後教會（例如保羅所建立的眾教會）都沒有再出現凡物公用的情況，可見，這裏耶路撒冷教會所奉行的凡物公用，亦並非放諸四海皆準的教會信仰踐行。

端此，在解釋聖經時，我們有必要弄清楚哪些經文是 prescriptive（即「指示性」），哪些只屬 descriptive（即「描述性」）。簡而言之，「描述性」是指到一些經文，聖經作者無意將所描述的，視作放諸四海皆準的屬靈定理和通則；他們在做的，只是「如實相告」當時的實況。「指示性」，則可能是屬靈的定理，甚至仍然適用於今天。若此，凡物公用的記載，只算是描述性而非指示性。

以上這種釋經上的判斷十分重要，我們務要小心，千萬不要把自己的意思，強行注入經文內，例如按個人「需要」，將「描述性」的經文，任意指稱為「指示性」，這是在扭曲聖言，自欺欺人，更可說是一種對聖經的暴力（doing violence）。

19 撒馬利亞的福音工作

撒馬利亞之地皈依基督（徒八 4～17），可說是五旬節聖靈降臨的撒馬利亞版本。

早於使徒行傳一章 8 節時，作者路加已表明，耶穌基督的意思，是要門徒等人靠著聖靈的能力，開拓福音的疆界。具體地說，是先從耶路撒冷開始，然後是猶太全地，繼而是撒馬利亞，終至地極，為祂作見證。如是者，路加寫使徒行傳，便是要記錄這過程，藉著彼得的傳道，讓福音先成就於耶路撒冷，然後再到猶太全地及撒馬利亞。

在此，我們很清楚知道，根據使徒行傳所記述的，把福音傳至外邦之地，達至地極者，是使徒保羅。但至於誰負責把福音從耶路撒冷傳至猶太全地，甚至撒馬利亞，就不是那麼清楚了。但我們若細讀並分析使徒行傳的首十章，不難發現，達成者，大有可能便是使徒彼得。

在馬太福音，耶穌曾向彼得表示：西門・巴約・拿，你是有福的！……你是彼得，我要把我的教會建造在這磐石上……（太十六 17～18），而此應許果真實現了。在五旬節時，被聖靈充滿的彼得，憑著他的宣講，叫三千人信主，耶路撒冷教會因此成立（徒二 41～42）；而猶太全地和撒馬利亞，同樣是由彼得直接或間接地將福音植根於那些地區的。至於向外邦人傳道的部分，使徒行傳先以彼得為開路先鋒，然後以保羅的四次宣教旅程，成就傳至地極的召命。

事實上，並不一定只靠保羅一人，才達成了傳至地極的使命。因為傳統表明，彼得也曾在羅馬城事奉（參彼前五 13），[1] 甚至是殉道於羅馬。但由於當保羅宣教時，使徒行傳的作者路加是他的伙伴，甚至在保羅殉道時，路加也在他身旁（提後四 11），路加自然能從保羅的角度，及他自己親身的宣教經歷，得著一手的資料，從而易於寫下保羅的宣教歷程（而不選擇寫彼得）。

由於耶路撒冷教會受逼迫，迫使門徒等人分散各地（徒八 1），同時也把福音傳開去。路加指出，撒馬利亞因著腓利所行的神蹟，信主者眾（徒八 4～8），耶路撒冷教會便派了兩位使徒，即彼得和約翰前往巡察（徒八 14）。其實，早於在世耶穌的時代，祂已曾帶著門徒來到此地，啟導了很多撒馬利亞人信主（見約四 1～45）；這一點，我們上文已有提及。如今，彼得算是舊地重遊，自有一番滋味。

事實上，今之撒馬利亞地仍存在著遺跡是受過早期基督教影響的。[2] 這時，彼得為信主的撒馬利亞人按手，好叫他們領受聖靈（徒八 17）。[3] 如前文所言，有人指出，這是聖靈降臨的撒馬利亞版本。[4] 畢竟，這裏的情況是，當人信主時，已有聖靈重生的工作，這裏按手得著聖靈，大概是指被按手者因著聖靈的感動，出現了一些外顯的表現（如說方言等；見徒十 46），[5] 以證明聖靈已降臨在其身上。

與此同時，作者路加指出，當時現場出現了一位不速之客，他是行法術的，名字同樣是叫西門（徒八 9～10）。此人心術不正，[6] 一方面他隨夥信了主，另一方面卻因彼得的按手行動所展現的神奇能力，心生嚮往。於是，他便向彼得提出，以金錢換來此按手的神能（徒八 18～20）。[7] 然而，換來的，卻是彼得的狠批痛斥，指他心術不正（徒八 21），以為財可通神，行徑實在可惡；又指他必須懊悔（22 節；原文是**悔改**），尋求赦免，才可免於滅亡。此時，這位術士西門，只好出言求饒，懇求彼得為他禱告，好叫他得著赦免（徒八 24）。如此看來，此人的屬靈見地粗淺，滿以為只要有高人代禱，便能福從天降，化險為夷。

總而言之，術士西門毫無悔意，只想蒙混過關。在此，早期教會教父如俄利根（Origen）和愛任紐（Irenaeus）等指出，這位西門便是基督教異端的始祖，[8] 其原因大概如下：（1）假教師的特徵，便是如狼披著羊皮（見太七 15），而此西門看來是信主，其實心術不正，故是羊身狼心，吻合假教師的特徵；（2）此人叫西門，與使徒彼得的亞蘭文名字一樣。好一個「西門對西門」！相同的名字，看似沒有分別，但骨子裏卻天差地別。說白了，終究是正邪不兩立，水火不相容。正如異端的情況，乍看下有時與正統信仰無異，令別人誤以為其是沒有問題的，實旨在混淆視聽，其實跟真信仰有著雲泥之別。

20 遊走於猶太全地：呂大、約帕、沙崙

使徒行傳九章32節形容彼得周流四方，[1] 這句話表示彼得是如在世的耶穌般周遊各城各鄉傳道（路八1），意思是彼得仿效耶穌的模式開展其福音工作。再者，周流四方也表示這是一巡迴旅程，[2] 意味著彼得是把福音遍傳此地。

在此，他先在呂大城醫好一男信徒名叫以尼雅，又在約帕城醫好另一名叫多加的女信徒（徒九32～43）。呂大距離耶路撒冷只十英里，然後再向西行，便到達位於地中海畔的海港城約帕。使徒行傳九章35節更表明，凡往呂大及沙崙一帶的人，都因著彼得的傳道而信主（沙崙是指介乎呂大及約帕城之間的一片平原）。[3] 斯拿堡指出，這是一片偌大的土地。[4] 由此見可，因著彼得的福音工作，這一帶地方都得著福音的洗禮。

| 末了的話 |

擴闊眼界，追求更美的事

放下自滿自足，不再故步自封，不斷地開拓事奉的空間和領域，這樣才能將福音，從耶路撒冷開始，然後是猶太全地、撒馬利亞，直傳到地極，成就福音遍傳的使命。這便是路加筆下彼得的事奉軌迹。

二〇〇六年，時任非洲野生基金會（Wilderness Foundation Africa；主要是推動非洲，尤其是南非的環保工作）主持人的安德魯．慕爾（Andrew Muir），因眼見愛滋病患者去世後遺留下來的孤兒觸目皆是，孤兒院也只能收容有限的孤兒，提供有限的支援。而這些孤兒長大後，往往也因著無一技之長，難於謀生。有見及此，慕爾決定把自己的產業賣掉，興建一所學校，成立一項生命工程計劃，名叫「我們的家」（Umzi Wethu；南非土語，意思是“Our Home”），旨在為這些孤兒提供教育及就業機會。這項計劃涵蓋範圍，包括提供基本教育、實習機會及個人輔導等。他先透過興建學校，為這些孤兒提供基本教育，接著又購入一間餐館，然後雇用這學校的學員，讓他們在餐館裏學習做服務員，招待真正的客人，適應刻苦且刻板的勞動生活，培養團隊精神，以及與人配搭互動等。此外，他還為學員們配對養父母。這些養父母是經過篩選，好能給孤兒們愛心和指導，助他們成長成才。南非的旅遊業發達，慕爾透過人際網絡，為學員們提供導遊、環保地區守護員等職位。總的來説，因著這個「我們的家」計劃，許多孤兒因而受惠，得到教育及一技之長，終能在社會立身安命。

其中一位受惠的年輕人如此形容自己：「我和親人本已可憐，差點兒變得更可憐。如果沒有『我們的家』計劃，我真的無法想像，我如何能活下去。」在一次訪問中，慕爾既自豪又感恩地回應記者：「能夠見證這些曾被社會遺棄，難以進入就業市場的年輕人，如今不單能自給自足，修讀更高的學位，甚至還能援助家人，這已是最好的回報（that is very rewarding）。」

話説回來，慕爾的初心原是推動環保，本來這已是一份很有意義的工作。後來，當一個更大的需要呈現在他眼前，他便立定心志，迎接挑戰，全方位地幫助那些孤苦無助者，悉心照顧他們的需要。他的舉動並非源於精心計算，而是出於敏鋭的心靈，廣闊的胸懷，永不停止的進取心、愛心和善心。

慕爾先是關心人類所住的地球，後來更急人之急，悉心照顧孤苦者。如是者，他的善舉，引起了國際的關注。他更於二〇〇八年榮獲「勞力士雄才偉略大獎」（Rolex Awards for Enterprise）——此獎項旨在表揚那些無私地走上前線，致力幫助世上不幸羣體的企業家；其所帶來的榮譽，絕非金錢所能衡量。

事實上，筆者認識不少敬虔的基督徒，他們都是滿有愛心的有心人，當中有些是專業人士，本從事醫護、政經、工程及教育等穩定的工作。他們為了回應更大的需要，毅然放下高薪厚職和穩定安逸的生活，走上前線，有些更入讀神學院，接受傳道者的訓練。有些甚至毅然前往遙遠的他方，參與前沿拯救靈魂的傳教工作，傳揚主的大愛，救人於水火；有些縱然面對不穩的政局，艱苦的生活，仍堅守崗位，不忘初心，從不言棄，實在使人敬佩。

有人這樣說：你擁有甚麼並不重要，你在追求甚麼才最重要；因為你所追求的，實乃無言地在宣告：「我便是這樣的一個人。」那麼，我們不妨反躬自問：「我又在追求些甚麼呢？」

21 百夫長哥尼流的事件：福音傳播的拐點

早於使徒行傳八章26至40節，作者已表明有一外族人埃提阿伯的太監（太監是一政府職銜，是位高權重者），[1] 因著腓利的傳道及幫助而信了主。但這不是一為眾人所知道，從而得著確認的例子。在對比之下，十章所載的百夫長哥尼流及其家人歸主（十1～十一18），卻是在眾多信徒面前發生，並且有聖靈充滿為證，可見這事件的影響是深長久遠的。

那麼，到底這位哥尼流是誰？

故事的主角哥尼流是羅馬的百夫長，[2] 是一位政府官員，聖經學者博克（Darrell L. Bock）指出其是管理一百名羅馬士兵的指揮官，[3] 故是一不折不扣的外邦人。他住在凱撒利亞，凱撒利亞是猶太省的省會，是羅馬在巴勒斯坦一帶的行政中心，並駐紮著大軍，起監管該地區的作用。[4] 這人不單是有權有位，還樂善好施，他和全家都敬畏神，多多賙濟百姓，常常禱告神（十2），[5] 故為當地眾猶太人所認識。

21.1 百夫長見異象

哥尼流禱告時，看見一異象向他顯現。異象中出現一個天使，吩咐他要差派僕人前往約帕，請一位名叫彼得的人前來（十1～5）。於是，敬虔的哥尼流馬上叫來兩個家僕，連同伺候他的兵丁起行往約帕去（十7～8）。此舉措表明他十分鄭重其事，盡顯他是素常敬畏神的。[6]

21.2 | 彼得也見異象

在另一邊廂，彼得在約帕也看見異象。當時他在約帕住下來，正在樓房的頂樓向神禱告。他覺得餓了，想要吃（十10上）。[7]與此同時，他魂遊象外（10節下）；魂遊象外原文是**一個激昂出現**，這措詞表明，此非出於人的作為，乃神的作為，即從上而來的，來自聖靈的感動。相信這刻，彼得的靈是被聖靈深深地觸動了。[8]

在異象中，有一塊大布，從天而降，即從神那裏來。當布降到地面打開後，裏面有地上各類四足的走獸和昆蟲，並天上的飛鳥，並且有一把聲音，吩咐彼得既然肚餓，不如把這些飛禽走獸宰來吃掉（十11～13）。

由於摩西律法清楚表明，食物是有潔與不潔之分（利十一1～47），彼得作為正統猶太人，自然作出嚴重抗議（徒十14）。[9]按照摩西律法的指示，他理應要分辨潔淨與不潔淨的食物；前者可吃，後者禁吃（利十一1～47）。然而，這情境在異象中連續出現了三次。由此可見，異象是要告誡彼得要破除食物的聖俗之分，一如保羅於提摩太前書四章4節所言，凡神所造的物都是好的，若感謝著領受，就沒有一樣可棄的。意思是，能夠有食物果腹，本是值得慶幸的，人理應感謝著接受才是。

由此可見，在飲食上存感恩的心領受神的供應這屬靈原則，是淩駕人在食物上作出聖俗二分此律法。

21.3 | 彼得和哥尼流的相遇

在異象中，彼得極表反對，力陳他從來按著猶太人的律法進食，如今要破例而行，實在困難。事後，他知道此異象是來自神，故他便多加思想（徒十19）。思想一詞乃一雙重複合詞，其乃現在時態，故是指彼得進入深度思考中，而且不斷思索，直到找出答案。[10] 可見彼得的心情糾結，思想在交戰，態度凝重和認真。

其實，他住在硝皮匠的家（徒九章），已表明他對猶太人禮儀上的聖俗之分已不太執著。因為硝皮匠這行業，主要是把動物的表皮清理修整，然後製成皮革出售，[11] 工作自被視為不潔。[12] 而此時的彼得，並不介意住在此人家中，足以說明他心中的尺度相當寬廣。再加上在哥尼流的僕人來到前，[13] 聖靈已預告彼得，有三人會前來叩門，囑彼得只管放心迎接他們好了（十19～20）。此時的彼得，大概已知道這是怎麼一回事：神要他放下成見，與被他視為不潔的人接觸，即前往百夫長哥尼流的家，向他傳揚真道。

至於向外邦人傳道，一如前文所提及的，在世的耶穌曾言教身教，開啟門徒的心竅，讓他們明白外邦人中也有信心堅定的人，而這樣的人同樣需要福音。[14] 端此，這服事外邦人的理念，早已植根於彼得的心中，再加上在約帕所見的異象，彼得自然已是心知肚明：如今便是服事外邦人（外邦人就是指百夫長哥尼流），把福音傳遍萬民的良機了。

由於彼得深知此事事關重大，且意義深長，故他帶著約帕的幾個弟兄同著他去（十23），好叫此事在多人面前進行，加強其認受性。[15] 這做法凸顯了彼得的視野和智慧。[16]

彼得等人來到哥尼流的家。那時，哥尼流已作好準備，其家屬密友亦已候命多時，恭迎彼得的光臨（十24）。在稍作寒暄後，哥尼流便把差人去找彼得的前因後果向彼得道來。如今，彼得既已來到，哥尼流便如此說：你來了很好；現今我們都在神面前，要聽主所吩咐你的一切話（十33）。

你來了很好表示一切都是按著神的指示發生，如今彼得終出現在眼前；現今我們都在神面前表明哥尼流是心中敬畏神的，他先前毫無雜念地聽從了天使的囑咐，[17] 如今他和親友們都滿懷期待，恭聽彼得的教誨。

此時的彼得已清楚知道，眼前以哥尼流為首的這些外邦人，便是異象中被視為不潔之物所比喻的，他們都蒙了神的悦納，這便是他的一句：都為主所悦納的意思（十35）。於是，彼得以耶穌復活的見證人的身分，把耶穌的其人其事，都娓娓道來。未幾，奇怪的事發生了——就在彼得宣講時，在場的聽眾竟被聖靈充滿，說起方言來，他們還大大讚美父神（十46）。

留意經文是如此形容聽道的哥尼流等人的表現：他們說方言，稱讚神為大。由於稱讚……為大的原文是現在時態，故是指不停地讚美神，盡顯他們心靈被聖靈感動，引吭高歌，心靈極度釋放，讚美神之聲不絕於耳。[18]

眼前這情境，在在表明藉著聖靈降在聽道的外邦人身上，外邦人被神悅納已成無可爭議的事實。在此，博克說得好：此情況的發生，完全不是經使徒的手而成就（即按手），[19] 而是直接來自父神。於是，彼得便說：這些人既受了聖靈，與我們一樣，誰能禁止用水給他們施洗呢？（十47）

就是這樣，在場的哥尼流等人便接受了一場奉耶穌基督的名施行的洗禮。

21.4 漣漪效應

以上的事件是劃時代的，並且發生在一班猶太信徒面前（共六位信徒；見十一12），可信性十足。自此，福音臨到外邦人，即外邦人被神接納成為神的子民，已成不爭的事實；此事件很快便傳至耶路撒冷教會耳中。那時，教會中有一幫保守派人士，原是奉行法利賽主義的，暫且稱為「割禮派」（即奉割禮的門徒；十一2）。[20] 他們對這事持反對意見，他們的想法是，猶太人歷世歷代都奉行割禮，若有不遵行者，便要從民中被除滅。因此，割禮已成為進入神子民羣體的門檻，儼然是所有猶太人的身分標誌（identity marker）。如今，外邦人竟然可以不用行割禮，只要單單信奉耶穌，便可成為神的子民。他們認為，此做法的問題起碼有二：

(1) 成為神的子民本要奉行割禮，如今外邦人竟可得到豁免，勢將造成不公。這樣一來，過去猶太人一直規行矩步地奉行割禮，豈不是成了鬧劇一場嗎？

(2) 外邦人本已道德水平低落，如今他們可以繞過摩西律法，即不受摩西律法約束，若是這樣，本來已低落的道德水平，自然得不著提升，他們卻仍能自稱是神的子民，豈不成一天大笑話嗎？

可見，不用守割禮便可成為神的子民此說法，對猶太人而言，是不可思議，難於理解，且是極為危險的。

平情而論，信主的猶太人以上的看法，雖然我們大都不贊成，卻不能不同情他們的想法。事實上，一直以來所有猶太人都必須嚴格遵守割禮，如今眼見外邦人竟然可以這麼輕易便得到豁免，必然是難於接受。若然真的是這樣，奉行割禮已久的猶太人，又應該如何看待割禮之舉呢？

有見及此，彼得惟有把他在哥尼流及其家人身上的所見所聞，不斷重複地述說作為解釋。所以，在路加的佈局裏，保羅的重生經歷，在他作品中出現了凡三次（徒九 1 ~ 9，二十二 2 ~ 21，二十六 1 ~ 23），而彼得的哥尼流之役，也出現三次（徒十 34 ~ 48，十一 4 ~ 17，十五 7 ~ 11），目的是要凸顯事件的重要性。路加的用意是：因著保羅生命的扭轉，福音才能傳至地極；因著彼得以上的經歷，外邦人得救之門終被打開，外邦人只要信主，便能成為神的子民。否則，外邦人便要先加入猶太教，奉行割禮（甚至要守安息日），才能成為神的子民了。按此了解，藉著彼得的見證，表明他是掌握了外邦人能跨進天國大門的鎖匙了。端此，在世耶穌向彼得的應許：我要把天國的鑰匙給你……（太十六 19），再一次成就在彼得的身上。

22 耶路撒冷大會：初期教會第一次國際性會議

一如上文所指，由於從羅馬政府而來的迫害嚴重，彼得不得不離開耶路撒冷教會，並把領導的工作交給耶穌的兄弟雅各（徒十二 17）。但到了十五章的耶路撒冷大會，彼得再度出場。[1] 我們的推想是，因這會議極其重要，彼得便從外地急回，好能參與其中，主持大局。

耶路撒冷大會於公元四十九年拉開序幕。促成會議的原因是幾位信主的法利賽人來到安提阿教會，強烈表示外邦信徒必須奉行割禮，才能成為神的子民。安提阿教會本身外邦信徒眾多，其領導班子也是以外邦信眾為主（十三 1），如此一來，必引發軒然大波。那時，巴拿巴和保羅剛完成了第一次宣教旅程，成績有目共睹，為了徹底解決以上的救恩論之爭，安提阿教會便派他們二人上訪耶路撒冷教會——耶穌運動的發源地，也即是安提阿教會的母會，尋求答案（十五 2）。

從宏觀來看，初期教會當時面對著內部的兩大問題：一是受到假教師，即異端的衝擊；另一邊廂，同一屋簷下，既有猶太文化，又有外邦人文化，本來就很容易出現分歧（尤其是在生活習慣上），如今因著信仰在同一教會內崇拜及守愛筵，互相激盪下的磨合在所難免。有見及此，初期教會第一個國際性會議「耶路撒冷大會」（Jerusalem council；十五 6～21）便誕生了。[2]

從使徒行傳全書結構來看，「耶路撒冷大會」（即十五 6～21）的記述恰巧是處於全書的中央。作者如此編排，可能是要顯出這會議是極為重要的，甚至可說是日後福音傳揚方向的一大分水嶺（watershed）。[3] 意即是說，從教會內部來說，福音是否能夠順利向外邦之地進發，其關鍵全在乎這會議的結果。

於是，在大會上，各教會領袖都表達意見，而與會者包括一眾使徒和長老（十五 6）；[4] 使徒自然是以彼得為代表，長老則有耶路撒冷教會的主持人雅各（見二十一 18）。

在會議中，作者形容當時是辯論已經多了（十五 7），[5] 跟著彼得便站起來發言，他指出在神的帶領下，羅馬長官百夫長哥尼流及其一家都信了主，當中還有聖靈降臨在哥尼流等人身上為證據（見九 32～十 48）。[6] 在此，彼得是意在陳明，哥尼流的事件是一歷史先例，是神的工作，實乃重要參考。[7] 他更表明，人得救是基於神的恩典，而神恩除了臨到猶太人外，也臨到外邦人（十五 11）。[8] 故此，得救不在乎割禮，乃在乎神的宏恩厚愛。[9]

作為十二使徒羣體的代言人，彼得的意見是極具分量的，於是眾人都停止了爭論（十五 12）。[10] 接著，到巴拿巴和保羅起來發言，他倆指出有極多的外邦人蒙神悅納，有神蹟和奇事為證，這是他們第一次於外邦之地宣教時所親身經歷到的。在當時，雖然保羅的名聲尚未突出，但巴拿巴卻已甚為耶路撒冷教會所認識。[11] 二人紛紛發言支持彼得的論點。在此，按摩西律法的教導，如今已有兩三個人作證，[12] 結論可說是呼之欲出。

最後，輪到雅各起來作結。他引述阿摩司書九章1至12節，印證彼得所言，是有著舊約先知預言為根據的，[13] 而當中的一句重新修造大衛倒塌的帳幕（徒十五16），便是指藉著耶穌，在在應驗了大衛之約中所應許的，其後裔（即耶穌）必重建屬神的國度，又叫凡稱為我名下的外邦人，都尋求主（徒十五17）。其言下之意，便是指出當今所發生的事，早有舊約先知作出預言，如今已是末世的時份，外邦人歸主正好是末世所要發生的意料中事。可見，質疑外邦人因信而得救從而歸入神國子民的羣體，實為狹隘的思想，不合時宜的言論，有違神的心意。

按照「耶路撒冷大會」的議決，外邦人信徒是無須補行割禮的。割禮和摩西律法的眾禮儀是頒給猶太人的，與外邦信徒之得救與否，完全沒有關係，[14] 由此，神國的子民便包括猶太人和外邦人。不過，由於生活習慣不同，為了彼此在主裏能相交和過合一的生活，外邦信徒實應尊重猶太人的生活習性，如禁戒吃祭偶像之食物和吃帶血的肉食等（十五20～21、28～29）。按此了解，在與猶太信徒相交時（例如一起愛筵及守主餐），外邦人實應配合對方的飲食習慣等，如此便不會影響教會的合一。

值得留意的是，引起最大爭論的，便是在總結大會的討論時雅各的一句：……吩咐他們禁戒偶像的污穢和姦淫，並勒死的牲畜和血（十五20）。此議決案又可稱為「使徒法令」（Apostolic Decree）。

以上所言，如果真只是要求外邦教會要在生活上檢點，即不要拜偶像、行姦淫，及在飲食上遵循猶太人習慣，不要吃勒死的牲畜和帶血的食物（共四項禁令），[15] 那麼原本大會所爭論的，即外邦人是否要先行猶太人的割禮，才能成為神國的子民，只是換了一個議題，即改為不要拜偶像、行姦淫，及在飲食上遵從猶太人規範，即不要吃勒死的牲畜和帶血的食物。若然如此，則此大會所得的結論，對福音外展方面的事情，便沒有任何實質的意義了。若是如此，就怪不得日後保羅在其書信中對「使徒法令」隻字不提，因為對於他和巴拿巴來說，此大會的議決是有點未如理想，不值一提的了。

當然，以上的看法，並不是「使徒法令」的惟一解讀方式。另一個解讀來自新約名儒韋特寧頓（Ben Witherington III）。他指出雅各所言，其實是指外邦人不要參與外邦神廟的敬拜偶像及其相關的不道德活動。[16] 這誠然是一個可能的解讀。

但另一個更有可能的解讀，便是指教會在進行愛筵時，外邦人應該顧及猶太人信徒的習慣，不要把拜過偶像，及勒死的牲畜和帶血的食物端出來一起吃。因為對外邦人來說，任何種類的食物都不會構成問題，但對於猶太人，他們已習慣遵循特定的飲食條款，這亦是雅各最後的一句因為從古以來，摩西的書在各城有人傳講，每逢安息日，在會堂裏誦讀（徒十五 21）的授意。雅各的言下之意便是：食物的規條來自摩西（利十七 10～17），這些規條已在各地的會堂宣讀及奉行已久，各地猶太人都按此要求進食，這成為了猶太的傳統文化的一部分，根深蒂固，故希望各外邦教會能明白諒解，多加留意，[17] 在愛筵上作出遷就。[18] 這也是筆者的立場。

若此，「耶路撒冷大會」便不單解決了教義上的爭議，更解除了可能引發教會分裂的危機。自此以後，教會內部再無任何教義上的阻力，妨礙對外邦地區的宣教工作。正如聖經學者博克所言，外邦信徒無須依摩西律法行事，而猶太信徒也享有實行其信仰的權利。[19] 此外，保羅的宣教團隊如今能夠無後顧之憂地奔向全羅馬帝國，將足迹遍及大部分小亞細亞（以以弗所為中心）、馬其頓希臘半島（以哥林多為中心），甚至遠至首都羅馬城及帝國極西端之處，即今天的西班牙（見羅十五 23～28）。如是者，耶穌基督的福音，能在短短數十年間，從巴勒斯坦廣傳至帝國的首都羅馬，而教會的冒起，更如雨後春筍，茁壯成長，成績驕人。

說到底，基督教從一地區性的猶太教復興運動，來一個華麗變身，成了一全國性、跨地域和種族的信仰。在此，聲名大噪的彼得在耶路撒冷大會中的參與及發言，無疑是至關重要的。他的影響力更是無可取替，至深極遠。

末了，「耶路撒冷大會」的決議，不單打開了外邦人亦可成為神國子民的福音大門，更埋下了基督教與猶太教日後割蓆分坐的伏線。

｜末了的話｜

困難有時是必須面對的

難題，有時真的要勇於面對，嘗試一起尋找具體解決之道。有一位在歐洲難民營工作的基督教機構負責人跟我分享，現時難民營最大的隱患，是難民下一代的前途問題。

難民等候各國收留，有時是遙遙無期的，而在等候的過程中，他們的鬥志有機會漸漸消磨殆盡，士氣變得低落；即使有一天他們進到各地社會，也難於適應。下一代在這種環境下長大，實難免受到影響，前路顯得黯淡。

接著，他告訴我他的機構如何嘗試解決這個問題。他的機構，連同其他工作伙伴，除了傳講福音外，更致力提供教育的渠道，讓小孩和少年人有機會受教育，盼望藉此助他們脱貧，扭轉困局。為此，他招集了各地不同的人士，集結力量，肩擔教育難民及其下一代的重任。

同樣，如果沒有耶路撒冷大會的具體議決，大家沒有一起同心尋找解決困局之道，耶穌基督及其門徒所推動的福音運動，可能只會原地踏步，停留在猶太教中，「胎死腹中」，甚至消失於歷史的時空。這樣一來，基督教的信仰便可能只是猶太教中的一個更新運動（一如愛色尼派及法利賽派），其只可稱為拿撒勒派（徒二十四5）。若是這樣，一個跨地域、跨種族的信仰，便永遠不會在歷史時空中出現。這一代的我們，更不可能有信主的機會。

按此了解，一切都是從耶路撒冷大會開始，一切可歸功於昔日大會的參與者，其中尤其是使徒彼得。由此可見，教會的會議，並不一定費時失事，也可以很有建設性，甚至影響深遠。

｜靈思小品｜

走一趟垂死之路

於是彼得說：「這些人既受了聖靈，與我們一樣，誰能禁止用水給他們施洗呢？」（徒十 47）

彼得見證著哥尼流及其家人單單只因著信主便能領受聖靈。在此，斯拿堡力陳，彼得確認到，眼前的情況，跟昔日五旬節聖靈降臨在一切朝聖者的身上的情形，全然一樣。[20] 由此，他確認外邦人得救，跟猶太人嚴守割禮是毫無關係的。此事大大扭轉了彼得對救恩的看法，更左右了他日後傳道的軌迹。

在此，我們不妨看看一位義工的陳述。這位義工來自台灣，在德蘭修女（Mother Theresa）的「垂死之家」（Nirmal Hriday）只當了幾天義工，卻於人生有所領悟，思想起了巨大的變化。

德蘭修女在印度專注服事貧窮者及邊緣人，建立了「垂死之家」，入住者面對著兩大困境：一是無家可歸；二是生命危在旦夕。這慈善組織的成立，在於看到印度貧困者比比皆是，其中貧病交迫，死在街頭無人知無人理者眾，情況可憐。德蘭修女不只希望給這些人提供庇護所，更希望有人握著他們的手，讓他們死前能稍嘗人間温暖。

除全職員工外，「垂死之家」亦歡迎義工參與，工作時間可長可短。義工來自世界各地，遍及各行各業；聞說一位前美國州長也曾來當過義工。換言之，不同膚色、面孔和語言的人，聚集於此，陪伴著一羣其慘況我們無法想像、也活在絕望邊緣的人，一起走完這趟大歸的莽莽征程。

不少人會在當過義工後，跟別人分享其工作的實況。聞者的反應常是感到可悲和震驚，落淚者眾；經歷過現場實況的參與者，其感受之深，可想而知。以下是來自台灣的科學家、教育家李家同教授的證言。他來到印度的加爾各答工作，當中雖只有兩天空檔，卻決定到「垂死之家」做義工。換言之，李家同在這裏工作了兩天，每天的工作離不開洗衣服，晾衣服，總之是洗洗弄弄，並且提供各方面的協助。

事後，李家同寫下回憶，並收入他的《讓高牆倒下吧》一書內。其回憶發人深省，觸動思潮，使讀者讀後有極大感動。由於李家同擁有一枝點睛之筆，其描繪往往栩栩如生，極富立體感和現場感，讀時筆者腦海裏浮現出一幅幅震動人心魂，可怕亦可悲的圖畫，使我心中不斷哀歎……「這些死去的人，其人生到底所謂何事？」

作者表示，遺體被飛來的烏鴉啄食，野狗也跑來分一杯羹，此死狀烙印在他的心裏，叫他久久不能忘懷。讀到這裏，筆者的眼睛先矇矓，後灑淚，不禁自忖：「這到底是一個怎樣的地方？」心底裏答案呼之欲出：「這是人間地獄。」

文章中提及有一位男病人，進進出出「垂死之家」凡四次。最後一次，他放棄了，索性不吃不渴尋死，最終他死在絕望中。換言之，他「思想垂危」，存在感早就沒了。在文章結束時，李家同如此寫道：「雖然只有兩天，『垂死之家』的經歷使我永世難忘……忘不了加爾各答街上無家可歸的人……忘不了小男孩用杯子在陰溝裏盛水喝……忘不了兩個小孩每晚都睡在我所住的旅館門前，大的最多只有四歲……忘不了垂死之家那些骨瘦如柴的病人……忘不了人的遺體被放在一露天的煤渣上，野狗和烏鴉隨時來吃他們……忘不了垃圾場那些衣不蔽體的窮人，他們和野狗、烏鴉沒有甚麼不同，完全沒有人類應有的尊嚴。」

深度反省

李家同總結道：「我看見人類悲慘的一面，也從來沒有見過如此多善良的人。德蘭修女最大的貢獻，便是把愛和關懷，帶到人類最黑暗的角落……多少人因而變得更善良，我應該就是其中的一個。」

在此，如果閣下如我，未有機會實地造訪「垂死之家」，不妨細讀作者的文字。值得留意，《讓高牆倒下吧》於一九九五年出版，已賣了數十萬冊。

末了，在我們活著的日子裏，但願在神的安排下，能有一些事，有一些人，使我們的生命出現翻天覆地的改變。我們因而對人生的體驗更厚重了，視野更開廣了，見識增長了，思維也融通了，好叫我們能過一個比從前更有深度、更通透的人生。

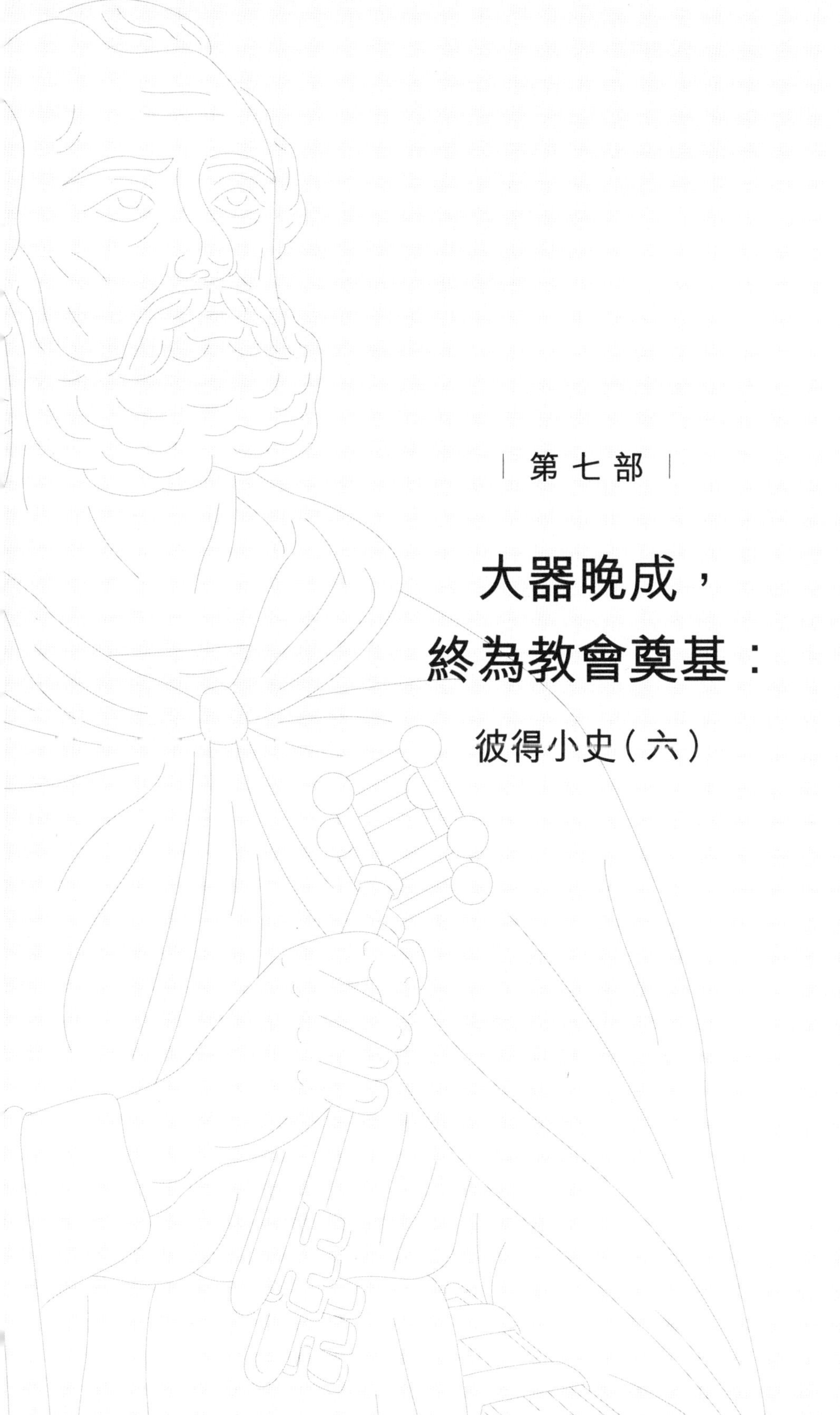

| 第七部 |

大器晚成，終為教會奠基：

彼得小史（六）

23 ｜ 新約書信及傳統中的彼得

自從在耶路撒冷大會中出現及發言之後，使徒行傳再沒有記錄彼得的任何行蹤，他好像從此人間蒸發，銷聲匿迹。

若說使徒保羅的「隱晦之年」(years of obscurity)，是指以下這段時期：他在信主後不久，便被猶太人追殺，以致走上逃亡之路，終回到自己的家鄉大數(徒九 30)，從而待下來有十多年(見加一 18～二 1)，直到巴拿巴從敍利亞的安提阿前來找他，帶他一起到安提阿事奉(徒十一 24～25)。相對之下，彼得的「隱晦之年」，卻是在他已英名遠播，事奉如日中天之後。

當然，一如前文所言，使徒行傳的作者路加在十五章後，主要是記述他的福音伙伴保羅的宣教旅程，他自然不再細說彼得的種種，這是可以理解的。然而，這並不表示彼得的人生從此退下舞台，隱姓埋名不問世事，退居林之深處。相反地，從保羅的寫作中，保羅提及在他宣教的日子裏，他經常遇到一些人及事，是和彼得息息相關的；再加上以彼得為寫信人的彼得前書及彼得後書，在在折射著彼得的影響力，仍然好像漣漪一般蕩漾出去。且看以下有關的個案。

23.1 | 彼得遇見保羅，互激互蕩：加拉太書

這裏指的，是加拉太書二章9至14節所記錄的事情。作者保羅把焦點從耶路撒冷轉移到安提阿。安提阿是敍利亞省的國際都會，也是向外邦人傳福音的最前線地帶。[1] 那時，彼得來到這地，本來是與安提阿教會的外邦信徒一起坐席。然而，耶路撒冷教會的雅各忽然派來了信徒，之後發生了以下的事情：從雅各那裏來的人未到以先，他和外邦人一同吃飯，及至他們來到，他〔指彼得〕因怕奉割禮的人，就退去與外邦人隔開了（加二12）。

從保羅的陳述來看，彼得是做了一件不該做的事，使得在場的巴拿巴及同桌的猶太信徒也一同離座，此舉遭到保羅公開斥責，認為他們都在裝假，是行的不正，與福音的真理不合。於是，保羅就在眾人面前，直斥彼得等人的不是（見加二13～14）。

對於以上事情發生的時間，素來是學者們爭議不休的課題。聖經學者韋特寧頓（Ben Witherington III）用列表方式說明這裏的事件，是發生在使徒行傳十一章25至26節的那個時期，亦即是在耶路撒冷大會出現之前，[2] 巴拿巴和保羅把安提阿教會的捐款，送往耶路撒冷教會（徒十一30）之後。[3] 留意，這時保羅和巴拿巴尚未出發，開始其第一次的宣教之旅（見徒十三1～十四28）。

以上的取向，也是不少福音派聖經學者的見解，例如布魯斯（F. F. Bruce）、朗格尼克（Richard N. Longenecker）及馮蔭坤等；[4] 但亦有持相反意見的，例如是畢爾（Michael H.

Burer)、伯慈(Hans D. Betz)及慕爾(Douglas J. Moo)等,他們主張記載於加拉太書二章 11 至 14 節的事件,是緊隨著「耶路撒冷大會」之後發生。[5] 畢竟,支持以上兩種說法的兩大陣營,學者們的知名度可說旗鼓相當,難分高下,他們都提出了自己的觀點,更陳明其優點。

支持「耶路撒冷大會」之後發生此事的說法的缺點,便是在保羅的斥責中,他對耶路撒冷大會的決定,竟然隻字不提,這是有點奇怪的。畢竟,因為這大會的議決,大可成為他指責彼得的失誤的重要理由。此乃其缺點。

至於「耶路撒冷大會」之前發生此事的說法,即保羅第二次造訪耶路撒冷教會之後(見徒十一 29),其缺點是,此時保羅還沒有進行其第一次宣教之旅。在巴拿巴的帶領下(徒十一 24～25),保羅仍在安提阿教會內默默地事奉,屬寂寂無名之輩,位分不高。我們很難相信他會在眾人面前,敢於狠批聲名已大噪的彼得,更當眾責備帶自己出道的巴拿巴。

不過,事件發生的時間雖具爭議,地點卻是確定的:其發生在安提阿教會,一個以外邦信徒為首的教會(見徒十三 1～2)。

當時的情形,一個可能的情況是:彼得與安提阿教會的會眾關係友好,故跟他們一起坐席,而地點可能是在某外邦信徒的家中[6](大有可能正在進行愛筵)。[7] 但由於他主要是在猶太人當中傳道(見加二 9),故雅各派人來找著他,目的是要提醒他,一旦他與外邦人坐席的事被傳開了,必然會引起猶太信徒的反感,這有礙他日後為猶太人所接納,以達成他服事猶太同胞的目標(參二 9)。因此,彼得不得不接受勸告,察納「忠言」而選擇突然退席。

也許，彼得之後曾向安提阿教會解釋自己為何要如此行，安提阿教會也諒解他的困境，意思是明白他是迫不得已的。在此，更有教會傳統指出，彼得後來成為安提阿教會的第一任主教。[8]若然屬實，則證明安提阿教會最終還是全然接納彼得的。

若然以上的分析和推論正確，則這裏保羅特別提到他當眾譴責彼得一事，目的是要加拉太教會的信徒知道，他所傳的福音，絕對不是來自彼得。在此，一個可能的推測，便是加拉太教會內有人指出(可能來自假教師)，保羅的福音是從耶路撒冷的領袖來的，這些領袖自然包括雅各和磯法。事實上，加拉太書二章9至10節的確指出巴拿巴和保羅，與雅各等人交情甚好，甚至右手行相交之禮。此舉措正讓人質疑，保羅的福音，大有可能是沿襲，或是模仿自彼得等人的。有見及此，保羅才在此處指出，事實並非如此，因為他也曾與彼得意見不合，甚至起了極大的衝突。

留意在經文中出現的可責及抵擋(見二11)，二者都顯出一種極為反感的態度，[9]在在顯示在保羅眼中，彼得的行徑是不可接受的。因此，保羅惟有不留餘地予以譴責，直接了當地質詢，不留情面地表態。[10]再者，此衝突更公開為眾人所知，因其是發生在眾目睽睽下。按此理解，保羅的意思是，雖然彼得的地位崇高，他仍敢直言不諱，公開指責彼得，可見他是沒有理由從彼得那裏竊取福音的。[11]

總而言之，保羅所傳的福音，不是從人來的，乃是從耶穌基督啟示來的。他鏗鏘有力地在自辯（見一 11～12）。

以上的推論，符合了加拉太書全書的脈絡：保羅的福音被別人質疑，指其是從別人領受的（一 12）；[12] 保羅殫精竭力，盡己所能，維護他所傳的福音，力陳那並非從別人領受的（包括鼎鼎大名的彼得）。[13]

23.2 | 彼得帶著妻子往來：哥林多前書

一如上文所言，離開了使徒行傳，我們便缺少關於彼得行蹤的實據，如此，我們只有從其他的新約書卷及教會傳統去推測。在此，除了以上加拉太書二章 9 至 14 節的經段外，保羅書信中另一處有提及磯法的，便是哥林多前書。且看以下有關的經文：

> 我的意思就是你們各人說：「我是屬保羅的」；「我是屬亞波羅的」；「我是屬磯法的」……。（林前一 12）

> 難道我們沒有權柄娶信主的姊妹為妻，帶著一同往來，彷彿其餘的使徒和主的弟兄並磯法一樣嗎？（林前九 5）

哥林多是一座典型的希臘城市，曾因戰火摧殘而成為廢墟，後因凱撒決心重建，於公元前四十四年此城終得著重建。重建後，哥林多被定位為一殖民城市，意即此城的居民，其社會地位，與住在羅馬城的居民無異。[14]

在地理環境上，哥林多城位處南北交通要道，貿易繁盛，商賈雲集，自然吸引了不少前來這城市尋找機會的追夢者。[15] 亦因如此，這城市的福音需要也極大。保羅在第二次宣教旅程中來到此城，逗留了十八個月之久，建立起教會（徒十八11）。[16] 後來，亞波羅也前來，進行培訓及跟進工作（徒十九1）。此外，由於保羅在致哥林多教會的信中，多次提及磯法（即彼得），我們有理由相信，他也曾來到這地方，並且在教會作過福音工作，為教會所熟悉。由此可見，彼得的事奉足迹，不單遍及耶路撒冷及安提阿，遠至希臘半島的哥林多，他也曾踏足，還和妻子同行。夫妻二人同心事奉，實在美好。所以，雖然加拉太書二章9節表示他和雅各、約翰等人主要是在受割禮的人（即猶太人）當中事奉，但這並不表示他只能長駐耶路撒冷及猶太全地，畫地為牢，動彈不得。事實上，羅馬帝國各地都有他的同胞，他們自然成為彼得服事的對象。

話說回來，除了彼得外，我們不排除還有其他的傳道者曾到哥林多城傳福音，只是他們的名字未曾出現在保羅的書信中（值得留意的是，連自命為「超級使徒」的假教師也曾前來，企圖混水摸魚）。[17]

｜末了的話｜

團隊合作：天國使命的正道

由於使徒行傳下半部的主要人物是保羅，彼得往後的事奉軌迹有點難於確定。但按哥林多前書所示，彼得大有可能曾在哥林多傳道，並且帶了一些人信主，以致教會內出現了屬磯法（即彼得）的派別（林前一12）。再者，由於保羅指出，磯法和巴拿巴等人是和妻子一起事奉（林前九5），我們可以推想，他們都曾到過此地，並且是帶著妻子同去，故保羅才有此言。

由是觀之，哥林多的需要很大：藉著保羅的開荒工作，建立了教會，然後如上所指出的，來了亞波羅和磯法，甚至巴拿巴及其他的傳道者，他們相繼來到，作跟進及培訓的工作。按此了解，雖然我們說保羅和彼得對廣傳福音的貢獻極大，然而，其他人的付出也絕不可小覷。神的工作，大部分都是靠合作和互動而成就的。

一個在中東以福音廣播方式服事的機構，在一次宣傳聚會上表示，他們的事工是多樣化的，不單直接向穆斯林傳福音，還設有一個部門，專責回答各地向他們求助的聽眾所提出的問題，包括戒酒、戒毒、受虐、被家人迫害、親子問題、家庭問題及職業問題等。他們因而聘用了二十多人，能操不同語言，好接受這挑戰，然而，他們又往往缺乏輔導技巧及經驗，故需要訓練，才能較為妥貼地承擔起此任務。由於需要極大，機構也接受各方的幫助，包括基督教的各宗派，甚至東正教與天主教等，好能集結力量，成就向穆斯林傳福音的使命。

我們看到了神所託付的工作，往往需要極大，要好好完成，很多時不離團隊的合作。所以，請不要自命不凡，自以為可以獨領風騷，又或者妄自菲薄，或者孤芳自賞，這均非成就天國使命的正道。我們要成就天國的工程，必須與各方志同道合者通力合作，建立起聯動的羣體，才能馬到功成。這正是初期教會及以上的例子向我們示範的事奉路徑。

留意一個名為 SAT-7 的基督教廣播組織，其領導人雅斯覺特（Terence Ascott）如此形容地中海沿岸一帶穆斯林國家的實況：「中東和北非的情況繁雜，不能簡單一概而論，不過大多數國家還是有一些共通點，例如青少年人口偏高，功能性文盲（functional illiteracy）處處，年輕人失業率高，婦女權益被漠視，新聞自由度低……基督徒和少數族裔受迫害。」[18]

這些羣體正是 SAT-7 服事的對象，其中包括了中東、土耳其、北非及歐洲各國收容的難民等。這些地區經常地緣政局緊張，種族衝突不息，宗教極端主義冒起，而且難民處處，生靈塗炭。因此，愈來愈多人對於原本自己的信仰大感失望，轉而自命為無神論者，或是改信基督教。以伊朗為例，據估計當地起碼有超過五百萬的基督徒。

用以上的情況來形容初期教會時代的羅馬世界也很合適，當然細節有所不同，但同樣福音需要極大。例如羅馬帝國的老百姓大都終日打拚，才得糊口，卻仍感朝不保夕，而且文盲處處，活在貧窮線下者眾。在信仰上，各處神廟林立，但可惜的是，不論這些敬拜者是多麼的虔誠，是如何的古道熱腸，他們內心依然空蕩蕩的。如今福音縱然來到了，但如果僅憑保羅、巴拿巴或彼得等人，採取單打獨鬥、孤軍作戰的方式，絕對不可能滿足以上的龐大需求。端此，團隊的參與，一方面能匯集力量，互補不足，另一方面藉著多元化、多維度的付出，才能真正滿足各方的需要，改變老百姓的命運，成就福音的使命。

末了，在我們的事奉中，視工作伙伴為「使命共同體」，實在是一值得深思的理念。

24 獨領風騷話彼得

24.1 教會傳統

教會傳統指出，離開耶路撒冷教會後，彼得很快便被任命為羅馬教會的第一任主教。[1]「主教」（bishop）一詞，來自希臘文 *episcopos*，此字眼的字義是「從上面俯視下去」，[2] 意即監察；提摩太前書三章 1 節譯作「監督」（overseer），其是指地方教會的最高領導人，[3] 等同於今天自由教會傳統慣用的「堂主任」這名銜。

此外，天主教更進一步主張，建立羅馬教會的，便是使徒彼得。他甚至是教會的首任教皇，並且按「使徒統緒」（apostolic succession）一說，他的無上權威，傳承了給後來的歷任教皇。

其實，歷史上自封為教皇者，始於公元六世紀末的貴格利一世（Pope Gregory I）。他不單自封為一教之皇，並且干預羅馬帝國的政務。他更揚言，教皇的無上權柄，是來自第一任教皇彼得（彼得被他奉為第一任教皇）；因為耶穌曾表明，彼得是教會的磐石，他更手握天國鑰匙，即被賦予赦罪的權柄。換言之，他擁有決定誰能進入天國的屬靈權柄（見太十六 17 ~ 19）。觀此，他的判斷必然是精確無誤。他代表著不在世上的耶穌，領導著教會，監督著所有信徒，他的教言有無上的權威；以後的歷任教皇亦然。羅馬教廷更於一八七〇年宣告：教皇是無誤的。

在此，我們大都不贊成教皇無誤論，更質疑使徒權可傳承下去的說法，其只可算是羅馬天主教的一廂情願。無論如何，以上的現象，足見彼得對日後教會的影響實在巨大。在此，我們只能輕歎：「興一利，生眾弊」矣。

教父優西比烏（Eusebius of Caesarea）有此說法：「彼得是敍利亞安提阿教會的第一任主教，然後是伊格那丟（Ignatius of Anitioch），繼而是赫倫（Heron；編按：亦即 Herodion of Antioch），即第三任主教。」他更表示，彼得是葬在羅馬附近的梵蒂岡山（Vatican Hill），在其附近有一石碑，上面刻著："Peter prays to Christ Jesus, for the Christian people who buried at your body."（意即彼得成為葬在他附近的、死了的眾信徒的中保。）換句話說，彼得的禱告，能使他們得著父神的恩寵。事實上，埋葬彼得的地方附近，出現了不少類似的塗鴉。總言之，以上考古學的發現，在在表明了門徒彼得雖然死了，其影響力猶存。[4] 如今，羅馬城內還矗立著聖彼得大教堂，其前身乃建於公元四世紀，稱為古聖彼得教堂；此建築物舉證著基督教由一猶太地的信仰更新運動，華麗變身為一世界性的宗教。[5] 這也是說，在這轉化的過程中，彼得儼然是一不可或缺，舉足輕重的大人物。

回到新約聖經，留意門徒彼得又稱磯法、西門，或西門．彼得。事實上，「彼得」一詞共出現一百八十一次。按次數計，是遠超於其他所有耶穌的門徒（包括保羅在內）。這樣看來，彼得的赫赫威名，起碼是與使徒保羅不相伯仲，星月輝映。

此外，教會傳統指出，因自感極度不配，彼得是自己要求以倒釘十字架的方式殉道的。古希臘名哲亞里士多德有這樣一句名言："No great mind has ever existed without a touch of madness."（凡偉大的思想，無不帶著幾分瘋狂。）事實上，在世的耶穌也曾被視為癲狂的（可三21），保羅亦然（徒二十六24）。但癲狂不是犯傻，更不是低智。彼得選擇倒釘十架，絕對是他深思熟慮後的決定。

在此，我們只能說，彼得本來只是在世主耶穌的馬前卒，可跌宕起伏的一生，使年邁的他雖洗盡鉛華，卻仍為信仰而瘋狂。他愛主的心澄明如日月，亦正因這份殺身成仁、捨身取義的無畏精神，才被眾教會所敬佩和傳頌。他死後，更陸續出現多部以他為作者的作品；且看以下的臚列：

(1) 《彼得福音》（*Gospel of Peter*；約寫於公元二世紀初）
(2) 《彼得行傳》（*Acts of Peter*；公元二世紀末的作品）
(3) 《彼得講道》（*Preaching of Peter*；公元二世紀的作品）
(4) 《彼得啟示錄》（*Apocalypse of Peter*；寫於約公元二世紀中期）
(5) 《哈馬迪文獻》（*Nag Hammadi Library*）中與彼得相關的作品（公元二及三世紀）[6]

由是觀之，只活到公元六十六年（即他殉道之時）的彼得，其影響力延續到公元三世紀。數百年後，仍有人冒他的名寫作，作用是要表示其乃權威之作，讀者們不容錯過，不可不讀。

總而言之，早期教會將彼得描繪為一能人異士，反映他們對他是尊崇備至，也足見彼得對教會的影響，是深長久遠的。

説到底，彼得是鶴舞九天，影響後世，至深極遠。

悠悠歲月，物換星移。一如前文所言，彼得離開耶路撒冷教會後，周遊天下，曾到過敍利亞的安提阿、希臘的哥林多、小亞細亞的本都和加拉太一帶，即今土耳其東北及東面區域，最後事奉於帝國首都羅馬城，更在羅馬寫了馬可福音、彼得前書及後書。這一幅彼得事奉藍圖，勾勒出一偌大的地域版圖。我們可以推想，彼得大有可能是在這區域裏遊走，足迹遍及各地方教會，可説是波瀾壯闊，其情況大可與使徒保羅四次宣教之旅所走過的地方相媲美。

24.2 ｜ 對後世的影響

畢竟，人生不論有多大成就，一旦大歸，一切歸零，一無所有（此謂之「三一人生」）。然而，我們細察彼得的回憶錄（即馬可福音），並從福音書及整本新約中窺探他的其人其事，從中可獲得寶貴的靈感，彷彿先與他相遇，後而相交，再進而相知，從而學習跟隨主的心法，洞悉生命成長之道。如此，本來平平無奇的人生，便因而變得閃亮奪目。總的來説，彼得的影響力不止於主後數百年，更是一直延續下去，歷代讀者皆能從中獲益，而我們亦然。

在此，有前輩曾告訴我，一個真正擁有屬靈智慧的人，不單能讀懂文字，更能讀懂身體語言、內在情緒、生命能量和日常生活的點點滴滴。他們的觸覺極其敏銳，雖然言語不多，卻深諳萬物真相。

有道是「條條大路通羅馬」，然而，生於羅馬，與對比起耗盡大半生才來到羅馬，兩者卻大不相同的，因為後者看來更為寶貴。幾經滄桑，年邁的彼得終於來到羅馬。他悉心培育馬可，透過他寫成馬可福音，但其實，彼得才是這部福音書的原作者。有傳統更指出，他亦培育了羅馬的革利免（Clement of Rome）成才，助他成為羅馬教會的主教，並寫下膾炙人口的《革利免一書》（*1 Clement*）。彼得無疑是一位屬靈智者，更為當之無愧的一代師尊。

教會傳統指出，彼得為信仰倒釘十架而死，死得轟烈，被視為烈士。然而，對他而言，此壯舉只是向著永生彼岸推進的一大步。換言之，凡跟隨主，並因此付出生命，都被視作大步向前行，好得著永生。

進言之，彼得的死，也是在作示範。也許，初期教會的所有忠信者，皆抱持這樣的心志。換言之，彼得的一生都在作示範，目的是要表明其他人也可如此。緊靠著復活主，接受祂那巧手的塑造，敏銳於聖靈的感悟，我們亦可從心靈躍動開始，以探險的心志，憑信大步向前，並靠著復活主，活出一個閃亮奪目、迢耀千里的人生。

香港有一社企名為「廚尊」，來自新加坡，專營大排擋式餐飲，其所雇用的，都是一些殘疾人士，甚至是精神病康復者，員工總數達數十人之多。有一次，負責人回答訪問的記者，言詞確鑿地指出：「我很重視培訓員工，人們到我這裏來，不是因為這餐室是一慈善組織，而是因為這裏的食物真的很美味。」

在此，彼得的力量，不在乎他擁有崇高的教會地位，而在於他那強大的、屬靈生命的魅力——他是以實力取勝。歸根究柢，這是一條「內聖外王」的生命成長之路。昔日如巍峨巨人的彼得如此，小人物如我們亦可如此。

一言蔽之，彼得的人生起伏跌宕，在困難中靠著主終能展翅高飛，榮神益人。按我們所知，他的傳人有寫下馬可福音的馬可（見彼前五 13），還有羅馬教會的長老革利免。有高人曾告訴筆者，當一個人在自身掙扎中仍願意幫助你時，他付出的，不單是援手，更是愛心。彼得的一生都在作示範，所示範的，是一個敬神愛人的事奉模式。

| 靈思小品 |

「行中有悟，悟後力行」的生命工程

耶穌基督的使徒彼得寫信給那分散在本都、加拉太、加帕多家、亞細亞、庇推尼寄居的。（彼前一1）

以上的信首語，表明發信人是誰，受書人又是誰。

受信人，是分散在本都、加拉太、加帕多家、亞細亞、庇推尼等地的人，其範圍差不多遍及整個小亞細亞地區，足見作者彼得是如何深切地關心各地教會，從而寫下此信（大有可能彼得後書的受書人也是同一羣人），欲教導他們真理，闡明生命之道。

話說開了，在疫情前，筆者曾和三十多位神學生和神學院校友，一起參加一個新約考察團，旨在探索昔日保羅宣教旅程行經的重要城市，並啟示錄的七教會遺址。儘管行程相當緊湊，但過程卻趣味盎然，現在回想起來，仍令人回味。

走訪完哥林多古城及其衞城後，第二站便是雅典古城及其衞城上的帕特農神廟。期間，導遊將昔日保羅跟雅典哲士討論哲理的亞略．巴古指給我們看。按路加的記載，保羅帶了亞略．巴古的官丟尼修歸主（徒十七19～34）；而初期教會歷史家優西比烏更指出，這位丟尼修最終成了雅典教會的第一任主教。

話說回來，昔日的雅典能享負盛名至今，成為旅遊勝地，原因一定很多。但也許其中一個最明顯的，便是其學術水平冠絕當時代，且其思潮文化不單影響著當時代，更延展至今。

回首昔日的希臘城邦，與雅典齊名的還有斯巴達（Sparta）。舉世皆知的是斯巴達人驍勇善戰，戰功驚人，例如參與抵抗波斯數十萬大軍的三百斯巴達戰士，他們那份昂揚的戰意，誓死效忠的英勇表現，不時成為電影的題材。事實上，斯巴達的海軍，比起雅典可說有過之而無不及。斯巴達的步兵，更堪稱「史上最強」。只可惜，今天的斯巴達，留下來的只一細小城鎮，昔日的輝煌已不再，更遑論成為旅遊勝地了。

有人說，相較於雅典，斯巴達自軍事力量滑落後，便好像完全走出了人類的視線，反觀雅典卻仍舊光芒四射，耀眼奪目。究其原因，昔日斯巴達雖曾叱吒風雲於一時，但隨著時間過去，卻好像沒留下甚麼；對比之下，雅典是當時代第一大城，人口約五十萬，人才輩出。例如，賢哲柏拉圖（Plato）於公元前三百八十七年，在此城創立了西方最早的高等學府雅典學院（Academy of Athens）。後來的亞里士多德在此學府學習凡二十年，更創立了自己的學府呂克昂學園（Lyceum）。留意，雅典學院的遺址保留至今，遊人絡繹不絕，反觀斯巴達則是一片空蕩蕩的。

深度反省

斯巴達及雅典，就好比世上兩種不同的人。斯巴達式者，能叱吒風雲於一時，建功立業，春風得意，威風八面。然而，「一時」終必過去，正是「人面桃花」，其對後世的影響，也漸漸歸於無有。

在此，第一位取得諾貝爾文學獎的印度詩人泰戈爾（Rabindranath Tagore）曾有此言：“The one who plants trees, knowing that he will never sit in its shade, has at least started to understand the meaning of life.”（植樹之人，明知無緣乘涼，實卻開始領悟生命之真諦。）所言甚是。我們也說「前人種樹，後人乘涼」。

按此了解，我們不妨試試另一種活著的方式，便是默默耕耘，以生命影響生命。若能如此，即使我們離世，親朋好友也許仍會懷念我們，效法我們的嘉言懿行，而他們也可能會用生命影響生命，傳承後世。這便是代代相傳了。如此，請稍停下來，想一想，我們是否要對自己人生的抱負作甚麼檢討？請不要只求為自己建功立業，而忘記了「生命工程」的重要。

有曰：「真正的領袖，不是製造更多的粉絲，而是打造更多的領袖。」換言之，提拔後輩，把自己美好的生命傳承下去，絕對是事奉人生的焦點所在，也是屬靈領袖的真正本色。

生命工程是一種「以生命影響生命」的畢生事業。說到底，我們自己必先建立起紮實的屬靈生命，活出「有諸內而形諸外」的屬靈範式，正是一個先有 being，自然衍生 doing 的事奉模式。進一步而言，事奉的人生，是時而韜光養晦，時而忘情工作，在忙與閒之間找平衡的人生。畢竟，事奉的歷練，必加增我們對屬靈事物感悟的深度和廣度。

說到底，那是一種「行中有悟，悟後力行」的事奉生態。

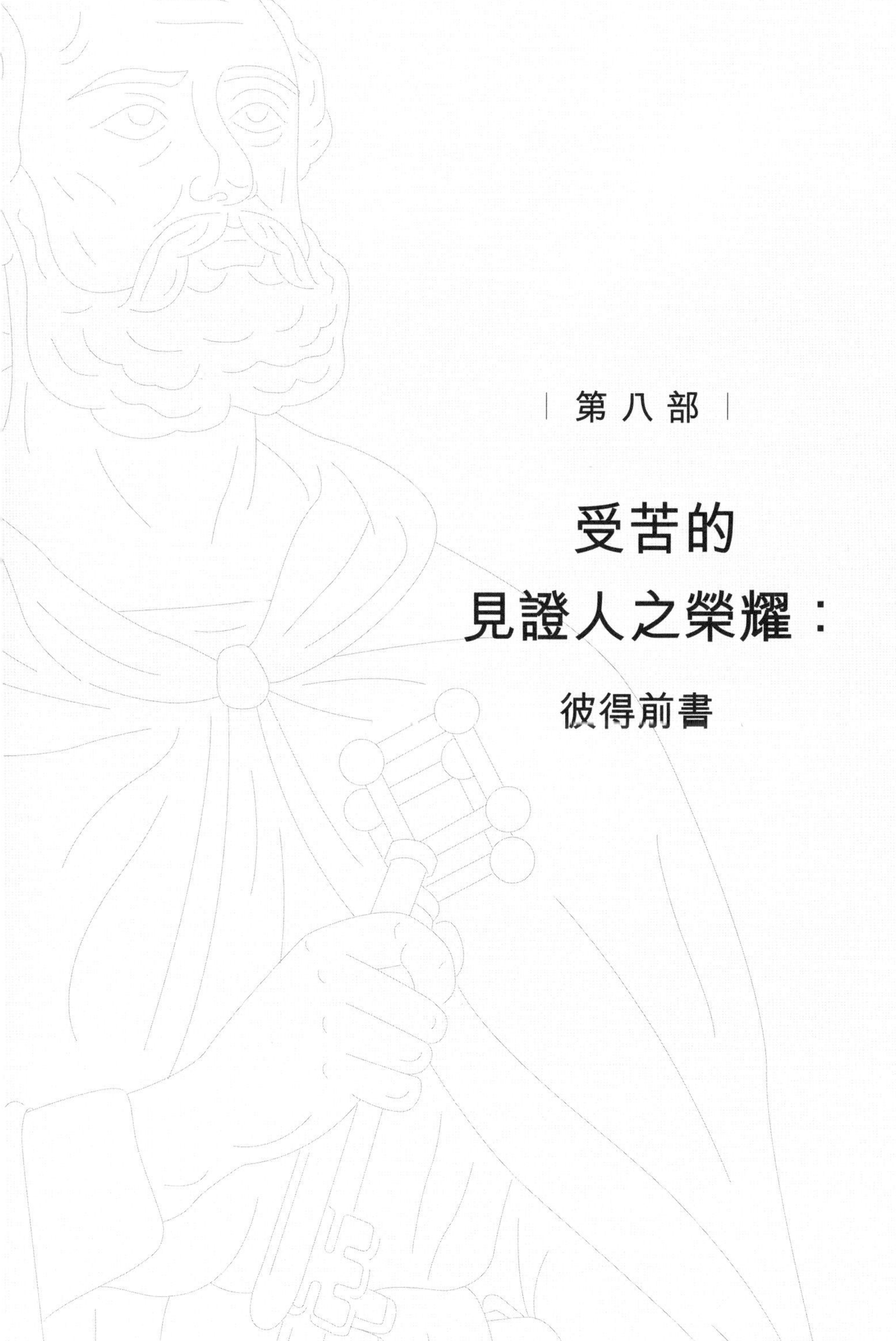

| 第八部 |

受苦的見證人之榮耀：

彼得前書

25 導論：作者與受書人

以彼得為寫信人的新約書信共兩卷，是為彼得前書及彼得後書。

雖然有學者認為，兩卷書都不是彼得的作品，然而，對於彼得前書，早期教父皆異口同聲地表示，其主筆乃是彼得（彼得後書的作者問題，見本書第三十章的相關討論），[1] 其中如帕皮亞（Papias of Hierapolis）、亞歷山大的革利免（Titus Flavius Clemens）及優西比烏（Eusebius of Caesarea）等。[2] 而優西比烏更力陳，彼得前書是寫於羅馬城（見彼前五 13）。[3] 新約學者張略更把使徒行傳中彼得的宣講，跟彼得前書的主題作比較，發現二者存在很多相同之處（他更表列之）。[4]

至於寫作時間，大概是在公元一世紀六十年代初，也即是在作者彼得於公元六十六年殉道之前。[5]

總括而言，除了福音書（馬可福音）及使徒行傳外，耶穌的門徒彼得，以彼得前書及彼得後書著書立說，寄意宏遠。這也是本書的立場。

由於彼得前書及彼得後書的文筆有別，[6] 要相信兩封信都是來自同一位作者，確實是有點困難。然而，古時文盲處處，能讀能寫者寡。人儘管能夠書寫，可能也會因著欠缺寫作機會而漸漸生疏起來，解決方法便是以代筆人代勞。在此，我們有理由相信，彼得前書是找代筆人寫成的。至於彼得後書，則大有可能主筆仍是彼得本人（找來另一位代筆人也有可能）。

談及前書的代筆人，西拉是極有可能的人選，這是基於五章12節的一句：我略略地寫了……託……西拉轉交……。按《和合本》的文意，此句似乎是指西拉是送信人，然而，其原文直譯意思是：**藉著西拉……寫了**。[7] 亦可參《新譯本》的譯法：我藉著我認為忠心的弟兄西拉，簡略地寫了這封信勸勉你們，這便把西拉作為此信的代筆人，多於作為信差。[8]

事實上，另一位新約作者保羅，他寫了共十三封信簡（如果有人以希伯來書為保羅作品，則是十四封了，不過不少學者都否定此說），有部分明顯是以代筆人寫成的（見羅十六22；林前十六21；加六11；帖後三17）。按此了解，找來代筆人這回事，當時相當普遍。當然，我們不排除這裏的西拉，同時是代筆人及送信人這可能性。[9]

有人說，對於任何信息，都要看兩件事：（1）信息的內容；（2）誰發放的。由於以上兩封書函都內容可觀，言詞確鑿，鏗鏘有力，寫信人又是門徒彼得，因此，兩者最終都一一被納入新約正典內。

25.1 | 受書人的身分

受書人是來自多個地區的信徒羣體，即本都、加拉太、加帕多家、亞細亞及庇推尼的教會（彼前一1）。此次序大有可能便是信差送信的方向，[10]而這一帶地方並非羅馬帝國的核心地帶。這些地方住的都是外邦人，故我們相信受書人大都是外邦信徒；[11]這一點從書中的一章14節的一句有所反映：你們……就不要效法從前蒙昧無知的時候那放縱私慾的樣子。

這裏反映了受書人在信主前是外邦人，因為猶太人受摩西律法約束，即使未信主也不至於會放縱私慾。[12]在此，我們不能肯定彼得是否曾在這些地方的教會出現，並在那裏事奉及教導。當然，周遊各地，四海為家，和妻子一起事奉的彼得，也曾來到這一帶地方進行牧養，絕對不足為奇。

在此，我們不妨如此推想：當保羅和西拉進行他們的第二次宣教之旅時，來到了庇推尼，路加在使徒行傳中寫道：……耶穌的靈卻不許（徒十六7）。於是，保羅等人便轉而向西行，終因著馬其頓異象，跨越博斯普魯斯海峽（Bosporus Strait），即由亞洲地區，踏進歐洲土地，開展了希臘半島及後來羅馬半島的福音工作。在此，路加沒有明言，為何耶穌的靈不許保羅等人向東發展，一個可能的原因，便是彼得正在這地區做福音工作，而不必有所重複，一如保羅在羅馬書十五章19節立志所言：我立了志向，不在基督的名被稱過的地方傳福音，免得建造在別人的根基上。保羅於是便順勢打消了向東推進的念頭。

若然屬實，則其符合了這裏的一羣受書人曾經受教於彼得的構想。他們受教於彼得，為他所牧養，如今這位牧者更藉著彼得前書，進一步履行其牧養的職事。

事實上，新約眾書信，都是出於牧養的需要而寫成。意思是，當寫信人不能親身在受書人當中牧養他們，便以書信代行，十三封保羅書信於是應運而生，彼得前書及彼得後書亦然。[13]

我們相信此時的彼得，是身在羅馬城（見彼前五13），[14]卻心繫本都、加拉太，及加帕多家等地的教會。如今因工作繁多，他未能抽身前往受書人當中，於是便找來西拉，透過西拉的代筆，修書以言情寄意。

25.2 受書人的處境

25.2.1 政治現實

受書人處身於小亞細亞之東北地帶，其屬羅馬帝國管治範圍。當時羅馬帝國的版圖遼闊，範圍包括巴勒斯坦、北非、小亞細亞、希臘半島、羅馬半島，西班牙半島及英倫三島的不列顛等。在此，有人對使徒行傳一章8節的地極作了細緻的研究；地極其實是指：東臨印度邊界，南至埃塞俄比亞，西至西班牙，北至英國的不列顛；亦由此可見幾乎整個歐洲，疊加以北非和近東，都是羅馬帝國的管治範圍。

在這片遼闊的土地上，住著不同的民族，操著不同的語言及各擁相異的文化等，[15]儼然是一個多民族共同體。說實話，羅馬帝國要長期維持其統一，誠非易事。於是，羅馬採取了懷柔政策，意即只要各地人民服膺於帝國的統領，帝國便容許當地人以自治的方式生活，此舉一方面能安撫被征服的國族，同時也能展示凱撒的寬大為懷，大有提升君王威望的作用。

在這懷柔政策下，猶太人的自治，便是以猶太公會為其最高管治中心。端此，帝國內的各民族必須互相尊重，和平共處才好。然而，基督徒卻經常強調「只此一家」，排他性強，予人有點惟我獨尊之感，再加上各地猶太人不時對教會進行攻擊，醜化其形象，指斥他們是反動派（見徒十七5～6，十八12，十九26），這在在都對基督教構成不利的因素。

在此，我們從「鏡讀法」（mirror reading）的方式了解到，在彼得前書內，並沒有映現出信徒已面對政治性的迫害。換言之，當時的苦難並非來自政府的打壓。此看法同時是大部福音派學者的看法，也為福音派名儒顧登（Wayne A. Grudem）所支持。[16] 此看法亦進一步支持此書是寫於尼祿王（Nero）對教會進行迫害之前（即公元六十五年之前），也即是在彼得殉道之前便寫下此書的看法。

25.2.2 宗教差異

首先，羅馬帝國奉行多神敬拜，[17] 意即人可以同時敬拜多於一個神祇，例如拜宙斯同時也可拜君王，兩者並無衝突，也互不矛盾。但基督教卻反對這種做法，信徒不能敬拜真神，即尊基督為救主，又同時敬拜偶像，或尊凱撒為王。這一點構成了基督教難於融入當時社會的格局。

事實上，多神敬拜無疑也是有利於各地方的經濟發展的，如以弗所的亞底米女神一例。當時保羅來到此城，逗留了近三年的時間，殫精竭慮地傳揚福音（徒二十31），不少人因而信主，但這一點卻大大影響了因敬拜這女神而帶來的商機，且看使徒行傳十九章24節：有一個銀匠，名叫底米丟，是製造亞底米神銀龕的，他使這樣手藝人生意發達。

這句反映一個事實，就是偶像敬拜為不少人帶來了財富，這關乎其生計。由於保羅的福音工作使多人信了主，這大大影響了敬拜偶像所帶來的生意。於是，銀匠便奮然起來，他們凶神惡煞，怨控保羅，煽動人羣起圍攻他（徒十九 25～29）。我們不排除此情況也在其他地方發生，其中大有可能包括受書人所居住的城市。

此外，古時的宗教往往與民族掛勾，即猶太人信奉猶太教，希臘人信奉希臘的神明（如宙斯、亞底米、亞波羅等），埃及人則敬拜埃及的神祇等。這情況猶如今天的印度人信奉印度教，阿拉伯人敬拜阿拉。然而，基督教卻是跨國族的，開始時是以猶太信徒為主，但隨著時間的推移，不少外邦人也加入教會，而且教會發展神速。這樣一來，外邦社會自然大感威脅，對教會存有戒心，於是一有機會便公開指摘信徒的種種不是，有時更無所不用其極，務求抹黑教會，對信徒進行誣衊和攻擊。

我們相信，以上的情況，或多或少曾發生在受書人的身上（見彼前三 6，四 4）。

25.2.3 文化衝突

信徒都奉行聖經的教導，若有違法者，教會必然執行紀律。本為外邦人的信徒，信主後生命起了巨變，生活方式也隨之變改，開始過一種有修養，與未信主時截然不同，高水平的道德生活。至於未信主的外邦人，他們縱是信奉眾多神明，但這多神信仰大都沒有明文規定，他們要過棄惡揚善的道德生活，且因著教規鬆散，監察亦幾乎等於零。如是者，他們大都過著放縱的生活。這正是不少外邦信徒在信主前的生活方式。在這兩種全然對立的生活方式下，衝突自然頻生，矛盾難於避免（四 3～4）。[18]

一如上文所指出的，此信內並沒有反映使徒正面對從政府而來的迫害，故此，我們有理由相信，彼得前書是寫於尼祿王焚燒羅馬城之前，即公元六十五年之前。福音派聖經學者奧斯邦（Grant R. Osborne）更進一步推斷，彼得前書及彼得後書的成書日期，分別是公元六十二至六十三年及公元六十四至六十五年，[19] 也就是在公元六十五至六十六年間彼得殉道之前。[20]

26 | 苦難的意義：全書主題（一）

作為基督徒的受書人，活在當下，面對著生活的困難，信仰的挑戰是多維度的。長期活在壓力下，出路看來渺茫，前路更測不透，信徒自然是身累心更累，受書人的羣體也會因而士氣低落，沮喪得很，極需要牧者的鼓勵。這便構成了彼得寫下彼得前書的主因。

26.1 | 自視為寄居者

在此，彼得前書作者的教導，展現著一套屬靈的苦難觀。他首先指出受書人在世的真正身分：

> 耶穌基督的使徒彼得寫信給那分散在本都……寄居的。（一1）

> 親愛的弟兄啊，你們是客旅，是寄居的……。（二11）

以上兩節指出受書人應視自己為寄居的、為客旅，這便是他們真正的身分，他們務必要有這樣的認知，才能恰如其分地活在當下。

寄居的及客旅，在這裏大概是同義詞，[1] 其是指生命猶如一趟旅程；在這旅程中，受書人要視所發生的事是暫時的，一如旅程中的中轉站。如此，受書人才能稍為抽離現場，客觀地回望。這份抽離感，能使他們較為雲淡風輕地看人生的不幸，從而走出不利他們的困局。

此外，受書人必須緊記，當旅程結束時，他們便可回家。這家是天家，正是他們所敬拜的救主耶穌再來時為他們所預備的華美天鄉。

且看以下的一首聖詩的歌詞：「我是客旅，在世寄居者，我能停留只一夜；請莫再挽留，我要往前走，到那快樂地活水永長流。美麗天鄉，我如今前往，救贖主，我路之光；那裏無歎息，也沒有憂傷，不再有眼淚，不再有死亡。」

誠然，受書人所受的苦難是千真萬確的，有時更會「苦不堪言」。然而，儘管他們是「客旅」，卻不等於他們只是過客，即視人生所發生的事，所遇見的人，都如鏡花水月；他們所要做的，卻是視天家為永恆的家，塵世則是自己的「他鄉」，即是「第二故鄉」。這情況正如哲人周國平所言：「我相信，如果靈魂不死，我們在天堂，仍將懷念留在塵世的這個家。」[2] 換言之，塵世的這個家是堪足正視，投放以精神和力量的。端此，受書人仍須正視世上的苦難，以之為活在這塵世的鍛鍊，旨在考驗他們的信心，修整他們的信仰，預備他們進入那永恆的故鄉。且看作者在一章所言：……在百般的試煉中暫時憂愁，叫你們的信心既被試驗，就比那被火試驗仍然能壞的金子更顯寶貴（6～7節）。

作者彼得是以煉金為喻，表明凡要成為上等的金子的，經過如火的爐煉是少不了的，目的是要叫受書人那信靠神的心堅如精金。這樣，可以在耶穌基督顯現的時候得著稱讚、榮耀、尊貴（一7）。

以上作者的意思是，眼前的苦難，是有著深長久遠的意義的，受書人要視苦難為磨煉，視危難為考驗，且務必堅持到底。換言之，只要不被打倒，生命必然更為強大。

26.2 被揀選的族類

作者特意提到稱讚、榮耀和尊貴；這些用詞是針對特定處境的。受書人因著信仰，常被人排擠、咒罵、詆毀，甚至誣衊，然而，他們將得著至高神的稱讚，這不是更好嗎？再者，他們被社會排擠，被人譏笑為「基督徒」（等同於「基督的走狗」；四16）。對於外邦人來說，「基督徒」竟然跟隨一個被釘十架，即死於羅馬極刑的重犯，實在可笑。基於此，彼得強調，死在十架上的耶穌死而復活（一3、21），足見祂是被錯判而死，而祂如今更戰勝了死亡，榮登天界：耶穌已經進入天堂，在神的右邊；眾天使和有權柄的，並有能力的，都服從了他（三22）。由此可見，耶穌是何等榮耀和滿有權能的天地的主。

然而，受書人畢竟因信基督而遭白眼和調侃，而且情況往往是有點有理說不清。他們必然大感屈辱；留意當時的羅馬社會甚為重視人在社會上的榮辱。這一點，必然令不斷被譏諷的受書人更自慚形穢，在人面前抬不起頭來。然而，作者卻指出，這只是暫時的，有朝一日，當主再來時，祂必為他們平反，接他們進入榮耀裏，其中尤其是那些為羣羊捨身取義的教會領袖，彼得向他們保證：你們必得那永不衰殘的榮耀冠冕（五4）。

接下來是尊貴。受書人可能都只是凡夫俗子，在社會排擠下，地位更顯卑微。然而，真正的事實倒是，他們是被揀選的族類，是有君尊的祭司，是聖潔的國度，是屬神的子民（二9）。[3] 其情況是有如，耶穌是活石，受書人也是活石，其組合起來，共建那榮美的靈宮（即屬靈的聖殿，亦即是教會；二4～8）。由此可見，受書人每個都很重要，是不可或缺，缺一不可的。

當然，在世人眼中，受書人那榮美的身分是隱藏著的，但卻是「真人不露相」。有朝一日，當主駕臨地上，便是受書人的出頭天，是享受生命的崢嶸歲月。那時，他們真正的身分才顯露無遺。

說白了，活在世上的信徒，雖然是客旅，是寄居的，但卻不是「過客」。作者要求受書人積極投入生活，勇於面對逆境，更要迎難而上，乘風破浪，直到靠進永生的彼岸，正是「勇者不懼」！因為在世的耶穌基督也是這樣受苦，祂甚至是殺身成仁，捨身取義，死於十架（四1）。在此，作者如此勸勉受書人：……因基督也為你們受過苦，給你們留下榜樣，叫你們跟隨他的腳蹤行（二21）。[4]

有見及此，受書人的受苦，應被視作為與基督一同受苦，這才是實至名歸的基督跟隨者，不論在人生的取向、生活的態度和目標上，都與在世的基督看齊。[5] 正如信中所說：有火煉的試驗臨到你們……倒要歡喜；因為你們是與基督一同受苦……（四12～13）。

由此可見，受苦是有意義的，受書人如果能夠看懂箇中道理，自然能洞悉人生，看透苦難，化悲為喜，破涕為笑。

26.3 美好生命的見證

另外，作者指出，人活在當下，是要與別人（甚至是未信主的人）建立良好關係的。受書人不應以逃避的方式應對。作者以被稱為「家庭法則」（household code）的教理，[6] 指出受書人理應在家庭中作良好的見證，例如如何作稱職的丈夫和妻子（三 1～7），作僕人亦然（三 18～25）；如何看待在上管治他們的君王（二 13～15）；信徒之間應如何相愛相攜，互諒互讓，甚至放下身段，彼此服事（二 8，五 6）。留意這一句：所以，你們要自卑，服在神大能的手下，到了時候，他必叫你們升高（五 6）。

在此，彼得的勸勉，與在世的耶穌所教導門徒的：凡自高的，必降為卑；自卑的，必升為高（太二十三 12），收異曲同工之效。

至於在教會裏，作領袖的更應恰如其分，甘心樂意地牧養羣羊，切忌貪財（因為假教師們都是貪財之徒；見彼後二 3；提前六 9～10）。他們的賞賜大日，便是在大牧人耶穌顯現時榮耀的一刻（彼前 1～4）。也許，最重要的，便是在未信主的人羣中，如此處己處人：只要心裏尊主基督為聖。有人問你們心中盼望的緣由，就要常作準備，以溫柔、敬畏的心回答各人（三 15）。

換言之，在一個不利的環境下，要主動分享信仰，實在困難，因其大有可能帶來進一步的迫害。反而，心中敬畏主（此乃基礎），[7] 從而活出美好的生命（例如活出信、望、愛），[8] 這美好生命的見證，觸動別人的好奇心，甚至是傾慕心，使其作出追問，這樣，便更能放心地，早有準備地，[9] 為主作見證。

話說開了，不少在穆斯林羣體中的宣教士，都是以這種低調和忍耐的生活態度，把基督獨有的馨香之氣散發開去的。

今天信徒要做的，便是活出一個更好的自己，作好準備，隨時分享見證。

說白了，信徒本身，便是「福音的化身」（embodiment of Gospel）。當時社會上大部分人都生活困苦，貧病交迫，怨聲載道；然而，信徒卻能活得從容自在，心存感恩，活出喜樂的生命。這種看來異於常人的表現，自然引起旁人的注意。在好奇心的驅使下，他們便主動追問受書人何以會如此。[10] 這時，受書人便可從容不迫地分享信仰。

總的來說，受書人真正的家園，是那彩虹盡處的天上宮闕，是為永生。作者指出，正是這份永生的盼望，深刻地影響了他們的當下，叫他們得以面對人生的種種困難和挑戰，承受各方的壓迫。

｜末了的話｜

受苦何意

人生不如意事十之八九，此話映現了一個不爭的事實，就是苦難與人生是如影隨形，是我們所揮之不去的。

面對苦難，較常見的應對方法，可能有二，其為一積極，一消極。就積極而言，既然苦難常存，就必須學習和苦難共舞。正是遇強愈強，即逆境自強，憑著自己意志的堅強，抱無堅不摧、無敵不克之心，以求突出重圍，殺出人生的一片天，然後以勝利者的姿態，顯在人前，自豪感滿滿，然後再接再厲，以祈攀上人生另一高峯。然而，能夠達到此境者幾稀矣。

方法二，也即是從消極面而言，以苦難為全無意義，有如鬧劇一場，那不如胡胡混混地活下去，莫理人生的得與失，無慾無求，晃悠人生好了。這樣，人看似活得超然、灑脫和自在。亦因而有人選擇退隱林之深處，以隱士自居。在此，詩人李白在官場失意時便寫下「人生在世不稱意，明朝散髮弄扁舟」，盡現這想法的神韻。

在此，且看一齣筆者很喜歡的電影《絕命線阱》（*On the Line*）。電影由金像獎得主米路．吉遜（Mel Gibsen）主演，劇情緊湊，故事峯迴路轉，驚喜不斷，扣人心弦，結局更反轉再反轉，使人意想不到。

男主角已婚，有妻子及一個小女兒。他主持電台節目已久，以幽默見稱。其後，他請來一個新人，連同女助手，組成了運作三人組。在一次聽眾來電中，對方表示要向作為主播的男主角報復，因男主角開罪了對方的女友，女友更因而喪命。對方聲稱已捉住了男主角的妻女作人質，更要求男主角在節目中公開向他及女友道歉，又承認他本人與女助手有婚外情等。男主角惟有就範。然而，對方更進一步要求男主角從高處跳下自殺。接下來，還出現了一宗凶殺案，驚動了警方。不幸緊接著不幸，事情看似沒完沒了。

擾攘多時後，男主角突然表示，這是他自編自導自演的一場綁票及凶殺案，目的是要給新人拍檔一場「絕命驚嚇」，根本就是一場惡作劇（prank）。那新人看來被嚇倒了。他毫無表情，退了出去。此時，男主角追上了他，告訴他這只是惡作劇一場，無傷大雅，無需在意。然而，新人並不領情，在不斷往後退之時，不慎滾下樓梯，因而喪命。此時到男主角被嚇倒，他的上司此時出現，斥責他的所作所為實在太過分，如今搞出人命，如何是好？男主角極之懊悔，不知如何是好，只好沮喪地上了上司的車，一起回上司的家再算。

當男主角步入門堂，四周卻傳來歡呼聲，原來屋內已擠滿了人，全都是電台的同事，他們一起高呼：「生日快樂！」原來為了慶祝明天男主角生日，眾人構思了一場頂級的惡作劇，戲弄男主角，好給他留下一個難忘的生日。至於那新人，其實是特技演員（stuntman），他向後倒下樓梯一幕，純屬一場「沒有難度」的表演。在電影結束時，男主角雖心中釋然，卻揚言要以一場更為可怕的惡作劇報復。

這齣電影是否在嘗試告訴我們，人生種種難以解釋，看來極不公平的苦難和不幸，實為鬧劇一場？若此，受害者只能慨歎自己時運不濟，默默承受一切？還是看透受苦根本全無意義，一心學懂放開，對一切一笑置之？還是如文首所言，無論如何總要殺出重圍，永不放棄？

然而，彼得並不是這樣解讀人生的苦難。按彼得前書所言，苦難和人生的種種不幸，並不是偶然而生，更非鬧劇一場，全無意義。苦難是人生的磨礪，好使我們經歷千錘百煉後，生命變得猶如精金，堅強韌勁；正是經得起考驗的信心才是真信心，這樣的信心比金子更寶貴（彼前一7）。說到底，世上的金銀財帛都可以失去，惟堅毅不屈的生命，卻無人能夠奪去。

這其實正是使徒彼得自己的經驗之談，人生寫照，因他正是在人生的起伏中跌跌碰碰地成長。事實上，這也是不少聖徒的自身經歷。

苦難的問題是所有信徒都要面對的。[11]不過，在迎戰苦難這課題上，知道是一回事，是否能夠做到勇毅和滿有動力地與之抗衡，又是另一回事，正是「說話像巨人，行動像矮子」。所以，作者彼得教導受書人要活出信、望、愛的生命的同時，也要深度認識那位三一的神，深深感悟祂怎樣在精神和實質生活方面恩助他們，供應他們，要我們學曉從神那裏支取力量，使內在生命得以茁壯長進，有力迎向苦難，活出真信心。

27 ｜ 踐行信、望、愛及認識三一的神：全書主題（二）

27.1 ｜ 信、望、愛是要活出來的

除了要如何視苦難為生命的磨煉和成長的挑戰外，彼得進一步指出，在積極的層面，受書人要活出信、望、愛的人生。

信，是指受書人要信靠父神，抓緊主的應許。在面對苦難時，這信心將備受考驗：叫你們的信心既被試驗，就比那被火試驗仍然能壞的金子更顯寶貴……（彼前一7）。此句的靈感，可能是來自箴言二十七章21節：鼎為煉銀，爐為煉金……。[1] 端此，經得起考驗的信心才是真信心，這樣的信心比金還堅固，比任何寶物（例如黃金）都高貴。如是者，受書人便得著信心的果效，就是靈魂的救恩（彼前一9）。進而言之，信心使人活出新生命，信心更使他們走過人生的萬水千山，逢山開路，遇水搭橋，內在生命依然堅挺，終登上永生的彼岸。[2]

至於愛心，其作用便是要受書人留意他們的羣體，在苦難中，他們更應學習相愛相攜之道。這一點，能使受書人在備受衝擊的生活中得著支持，彼此勉勵，好叫在困境中的受書人，不會讓低落的情緒暴走，為其所吞噬，更不會向惡勢力低頭，被世俗的洪流沖散，甚至離開信仰。這便是愛能遮掩許多的罪（四8）

的意涵。

當然，一如聖經學者高姍莉絲（Catherine G. González）所言，真正的愛心也應延及教外人。[3] 畢竟，一個以愛為宗的羣體，彼此體諒，實踐互相寬恕之道，相敬相攜，是必然的。[4]

至於盼望，在面對苦難時，這一項屬靈美德更是寶貴。心中有主，知道並相信主必再來，到那時，一切都不再一樣。受書人生命中的種種不平等事都必得著平反：……可以在耶穌基督顯現的時候得著稱讚、榮耀、尊貴（一7），[5] 再者，惡人也必受審判：他們〔指詆謗受書人的惡人〕必在那將要審判活人死人的主面前交帳（四5）。

整體而言，彼得指出，只要心中的盼望常存，盼望永生的思念澎湃，此推力已足以使受書人走出陰霾，闖出人生的一片天。換言之，心中常存信、望和愛，在面對苦難時，哪怕是山之巔，海之角，也能淡定地駕馭。

末了，彼得要受書人同時以宏觀和微觀的角度回望人生，從而撥開雲霧，得見青天，心靈振奮起來，迎向未來；迢耀千里，自也可期。

27.2 | 認識三一的神[6]：聖父篇

說白了，受書人的信心和盼望，是源於深度認識三一真神。畢竟，一如高姍莉絲所指出的，早於一章2節時，作者已提及三一的神，是與活在世上的受書人有著密不可分的關係。[7] 事實上，在整卷彼得前書中，作者不斷把受書人的目光焦點，帶回認識神、並注視於祂的奇妙及奇妙作為的意識上。惟有這樣，才能使他們心力加強，信心和盼望亦得以強化，愛神愛人之心油然而生。

總的來說，聖父的主要工作是計劃和定旨，聖子是成就救恩及順服，聖靈是信徒成聖生活的動力。[8] 作者如此行，旨在提醒正在受苦的受書人，自怨自艾的顧影自憐是沒有用的。既然他們都是信主的一羣，便不要忘記神及祂的奇妙作為。

在本章餘下部分，以及本書第二十八章〈認識三一的神：聖子篇〉和第二十九章〈認識三一的神：聖靈篇〉，我們將分別檢視聖父、聖子和聖靈，如何保守在水深火熱中之受書人的生命。以下將先探討彼得如何表述聖父與受書人的關係，從而讓他們得以真正認識神。

神一字在彼得前書中出現凡三十九次，可見彼得所寫的，是以神為中心的教導。作者指出神是父神——稱呼神為父，旨在表示神是愛念受書人的，因為受書人跟祂有著一份獨特的、親厚的父子關係。祂是父，表示祂是生命之源和救贖之源，換言之，一切好處都從祂而出，這便是父的意涵。

再者，父神是先見的神：就是照父神的先見被揀選（一 2）。在此，先見一詞於一章 20 節又再出現：基督在創世以前是預先被神知道的……。要留意，預先被知道……，原文即是先見一字的被動語態，並且排於句首，故有強調之意。在此，聖經學者貝寧（M. Eugene Boring）認為，這裏的先見和揀選，顯出了彼得的理念與保羅的預定觀是一致的（見羅八 29 ~ 30），目的都是要告訴受書人，他們所受的苦難，看似是隨機的，是沒有意義的，事實倒是其乃神所容許的，好達成祂的美意，[9] 例如叫受書人的生命因飽受磨礪而不斷成長。

換句話說，先見是指神早已知道誰是祂揀選的子民。[10] 再加上被揀選，在此作者明顯是要告知受書人，他們能夠成為神國的子民，成為基督徒，其實是神永恆旨意的實現。神的計謀是算無遺策，永不落空，一切發生在神子民身上的事，都不是出於偶然；苦難亦然。[11] 此外，按著以上的理解推論，由於神是全能的，世間上沒有任何的人及事，能阻礙祂的旨意成就；也由於祂的揀選是不會落空的，所以受書人的前路，雖然看似困難重重，但在神的慈愛信實的帶領下，受書人必能否極泰來，反敗為勝。由是觀之，先見和揀選，是支持著「聖徒蒙保守」（perseverance of the saints）的神學理念（即在神的護理下，信徒是一次得救，永遠得救）。[12]

端此，受書人在世上的確是有如客旅和寄居者（彼前一 1，二 11）。作為社會上的小眾，難免會被大眾視作為異鄉人，備受歧視，活得孤苦。然而，受書人其實是神國的子民，是被父神揀選和成聖者（一 1、2），身分地位是獨特而尊貴的（二 9）。

說白了，作者是要受書人視自己為非一般的凡夫俗子。他們其實是「大智若愚」而已。苦難雖從四方八面襲來，但受書人不要因而驚惶失措，亂了方寸。因為：你們這因信蒙神能力保守的人，必能得著所預備、到末世要顯現的救恩（一 5）。

換言之，受書人只要忍耐到底，試煉終必成為過去，未來是可期的，因為在主顯現的榮耀大日裏，他們必得著稱讚、榮耀、尊貴（一 7）。

按此了解，儘管受書人如今被奚落，遭外人砌詞誣陷，被譏笑為基督徒，看似是飽受屈辱，但他們仍要放開懷抱，心存喜樂，活在當下。

此外，父神也是呼召受書人的父神，祂的屬性本是聖潔的，因此受書人也應活出聖潔的生命（一14～15）。[13] 在舊約，神要求以色列人，作為一個與神建立恩約的民族，其首要的任務便是要聖潔（利十一44～45，十九2，二十7、26），[14] 惟有這樣，他們才能配合聖潔的神，藉著活出聖潔，以聖潔的生命為祂作見證。在此，作者彼得呼籲受書人：那召你們的既是聖潔，你們在一切所行的事上也要聖潔（彼前一15）。一如聖經學者史納拿（Thomas R. Schreiner）所力陳的，受書人要聖潔的召命，是彼得前書的重要主題。在這裏，作者表明，受書人要遠離邪惡，活一個聖潔的生命為是。[15]

神的旨意此措詞，在信中共出現四次，其都是與信徒因受苦而得益有關（二15，三17，四2、19）。由此可見，在聖潔的事上，父神容讓苦難試煉信徒的生命，藉此幫助受書人成長，使他們在熬煉過後顯得更為聖潔。[16]

至於那些誣陷受書人的異教徒，他們終必被聖潔公義的父神審判：他們必在那將要審判活人死人的主面前交帳（四5）。這裏將要……交帳是未來時態，故是指當主再來時，神對世人所施行的，那白色大寶座上的終極審判（見啟二十11～15）。[17]

畢竟，神是樂於啟示真理的神。按著所領受的啟示，舊約眾先知預告了基督的來到、其受苦及得榮（彼前一10～12）。神也藉著聖靈，開啟受書人的心，使他們明白真道，從而重生得救（一3、12、23）。換言之，神的啟示，即祂的話語，是活潑常存的道（一23）；活潑常存即「永不會失效和落空的，亦是充滿了創造的能力，能不斷改造信眾羣體的素質，使之更臻完美。」[18]

在此，作者以靈奶為喻，勸勉受書人要像嬰孩愛慕奶般愛慕靈奶，以使生命茁長（二1）。[19] 作者提醒受書人，因著他們曾順服神的道，即接受福音，從而潔淨了自己的心（一22）。由於聖潔的生命是從領受福音，即順從真道而來，受書人更應持續地順服神的道，以致愛弟兄沒有虛假……（一22）。在此，真道產生真愛，如果受書人果真受教於真道，情真意切地愛弟兄之心必油然而生。

總之，受書人宜舒坦地活在當下，千萬不要因著暫時的苦難便退下火線，甚至放棄信仰。

28 | 認識三一的神：聖子篇

當然，不可或缺的，便是父神藉著聖子耶穌，實現了拯救世人、包括了受書人得蒙救贖這豐功偉績。作者更引經據典地闡明耶穌基督的重要，也就是父神藉著耶穌基督的救贖，把過去、現在和未來串連起來。[1]

作者首先指出，基督早於創世以前已存在。祂按著父神的安排，在這末世被差遣，君臨人間，成就救恩。祂從死裏復活、升天及得榮，成為受書人信靠神的基礎，也成為受書人那終極的盼望，也即是救恩的終極：進入永遠的榮耀裏（彼前一20～21）。

早於一章2節，彼得已表明受書人是一羣蒙他〔指基督〕血所灑的人——即因著基督那代贖的死，進入神的恩約，得蒙拯救，從而成為神國的子民，並且是順服耶穌基督的人。既然如此，受書人被別人稱為基督徒（四16），雖然是語帶貶意，倒也算名實相符。

在此，作者提醒受書人，藉基督從死裏復活，乃重中之重，因為其給予了受書人一份永不磨滅的、活潑的盼望（一3），並讓其得著天上的基業（一4）。雖然受書人因著信仰而受苦，其也許涉及財富上的損失，但作者在此表明，受書人將來會得著永存的基業，所得著的，比現今失去的是多而又多，故此他們無需感到遺憾或可惜。

基督也是拯救的主（一2），作者於三章18節提醒受書人：因基督也曾一次為罪受苦，就是義的代替不義……；義是指基督本身（祂本無罪；見一19），[2] 相對於不義（眾數），而不義是指受書人。作者又於二章24節如此說：他被掛在木頭上，親身擔當了我們的罪，使我們既然在罪上死，就得以在義上活。因他受的鞭傷，你們便得了醫治。此乃從主而來的救贖之恩。

而主的受死而復活，產生了以下四大功效。

首先，祂既在肉身受苦……就已經與罪斷絕了（四1）。此句意思大概是指基督的死，妥善地解決了罪的問題。從此，蒙赦罪之恩的神的兒女，便無懼於將來主再來之時，會因自己所犯的罪而被審判，遭重罰。

第二，作者以靈宮為喻（二4～8），表明在這屬靈的房子裏（是指聖殿），基督乃活石，更是房角石。[3] 接著，作者說信徒也像活石；像表明因著信徒與基督的關係，基督既是活石，信徒便自然也是活石了。換言之，信徒成為構成靈宮的組件。宮的原文是房子，這裏是指聖殿。[4] 但這既是靈宮，表明其是屬靈的殿，與猶太人地上的聖殿截然不同。作者更對受書人如此說：惟有你們是被揀選的族類，是有君尊的祭司，是聖潔的國度，是屬神的子民……（二9）。祭司表明了這是在靈殿中服事神的職事，君尊的祭司則奠定了受書人那君王和祭司的雙重身分，是無比獨特和尊貴的。國度即表明受書人是神國的子民，聖潔是他們的本色。由此可見，神莫大的恩典已臨到受書人。在這裏，作者旨在鼓勵受書人不要忘記自己那尊貴有如王者的身分，要他們切勿因著別人的譏笑（即被嘲笑為基督徒）而自慚形穢，更加不要忘記自己本為異教徒，本應被擯於神子民這羣體以外，現在卻作了神的子民……現在卻蒙了憐恤（二9～10）。

第三，基督的死、復活和升天，使祂曾去傳道給那些在監獄裏的靈聽（三19）。此言曾被誤以為是指基督曾降到陰間（見《使徒信經》〔The Apostle's Creed〕），[5]向已經死去的人傳道，使他們有機會聽福音。[6]然而，聖經其實從來沒有以監獄裏的靈，來形容那些落在陰間、未信主的人。對比下，猶大書6節這樣說：又有不守本位、離開自己住處的天使，主用鎖鍊把他們永遠拘留在黑暗裏……，此句則在在支持這裏是指著犯罪的天使而言，其作為靈體，被神拘禁（這裏便是在監獄裏的意思），等候終極的審判來臨。[7]

綜觀理解，這裏是指復活主向這些靈體宣示祂那全然得勝的權柄，表明祂已在宇宙掌權，[8]就如馬太福音二十八章18節復活主向門徒宣稱：……天上地下所有的權柄都賜給我了。事實上，保羅也有提及升天的主向靈界宣示祂那無上的權柄，以顯示復活主是天地的主，復活升天的祂才是宇宙最高的掌權者（見弗一20～21）。

與以上有緊密關連的，便是四章6節的一句：為此，就是死人也曾有福音傳給他們，要叫他們的肉體按著人受審判，他們的靈性卻靠神活著。這一節被認為是整封書信最難詮釋的經文。[9]如果三章19節詮釋的取向，是指耶穌曾降在陰間，向死了的人傳道，那麼這一節便進一步支持此說法。[10] 也許，這一節的焦點，是如何詮釋死人所指涉的意思——到底其是指現已死了，其靈魂活在陰間裏的人（這些人雖然死了，仍有福音傳給他們），還是指那些生前曾有福音傳給他們，現已死了的人？如果死了的人，還有福音傳給他們，這便等於說，人死後還有機會因聽福音，信主得救，超越陰間，榮登樂園。

這種詮釋違反了整個救恩神學的邏輯，也是福音派學者們所反對的。其實將這句話解作如今死了的人，生前曾有福音傳給他們，好叫他們死後免受審判的刑罰，[11] 也符合彼得前書作者的處境；他之所以如此表述，旨在安慰那些因信仰遭受凌辱、已死去的信徒的眾親友，告訴他們那些死去的親友不是枉死的，他們的靈性卻靠神活著。活著便是指得著永生，意思是神會為他們伸冤辯屈，使他們得著平反。

回到這裏，復活主已經進入天堂，在神的右邊；眾天使和有權柄的，並有能力的，都服從了他（三 22）。換言之，這位有無上權威的主，便是受書人所敬拜的神。由此可見，如此全能及滿有威榮的主，實在配得受書人心裏尊主基督為聖（三 15），並且他們不應介懷於為了祂的名受辱（即被稱為基督徒），反應因著深深明白神的安排，尤其是按著祂慈愛和大能的揀選，及救主耶穌的救贖厚恩，順從神的旨意在世度餘下的光陰（四 2）。

第四，成為受書人的榜樣。在世的救主耶穌受苦，固然是要拯救罪人，即以義的代替不義的（三 18），同時亦是要成為受書人的榜樣。彼得表示：你們也當將這樣的心志作為兵器（四

1），受書人惟有按著神的旨意受苦，即是一心為善，將自己靈魂交與那信實的造化之主（四 19），如此便可心中釋然，舒坦地活在當下。因為心中敬畏主，主必知道，祂必主持公道，賞善罰惡（四 5、19）。

主必再來。那是榮耀的大日，更是受書人，即神子民的出頭天。到時，天地的主必賜與受書人一份不能朽壞、不能玷污、不能衰殘、為你們存留在天上的基業（一 4）；天上的基業便是永生。

靈思小品

千真萬確的死亡觀

……他曾照自己的大憐憫，藉耶穌基督從死裏復活，重生了我們，叫我們有活潑的盼望，可以得著不能朽壞、不能玷污、不能衰殘、為你們存留在天上的基業。（彼前一 3～4）

信徒那重生的生命的一個特點，便是滿懷盼望，因為基督已戰勝了死亡，為跟隨祂的人帶來了死而復活的新生命。換言之，世間無疑充滿苦難，但信徒與世人的其中一大分別，便是前者有活潑的盼望，因為彩虹盡處，有一不能朽壞的屬天基業為我們存留，等候著我們前往承受。[12] 這一點，可以證諸於救主耶穌基督從死裏復活一事。意即，救主如何，經歷重生的我們，也將如何。

生死之謎，向來是歷代賢哲激烈討論的話題。論到死亡，筆者想起多年前於美國福樂神學院（Fuller Theological Seminary）進修，接觸神學領域中的「死亡神學」（thanatology；這是演變自希臘文的「死亡」，即 *thanatos* 一詞）。這一課讓我對死亡有了更深的鑽研及理解，正好有助我牧養垂危的病人及其家人。

上文提過，二〇二三年筆者攜妻遊覽秦始皇兵馬俑，其位於陝西省的古城西安（古代的長安）附近。西安與昔日秦朝首都咸陽距離只在咫尺，正所謂「聞名不如一見」。話說秦始皇自登基以來，花了多個年頭，為自己建造陣容龐大的兵馬俑，其氣勢之浩蕩，更反映出秦始皇帝對死亡的看法。自秦到漢，為君王者都相信人死後的生活，有如在生時的一樣，乃生前光景的延續，此信念促成了兵馬俑及日後如漢朝皇陵等的建成。

我們亦參觀了西安市北郊渭河畔漢景帝陽陵博物院，據說此博物館是我國最大的博物館，其為西漢景帝及其王后的陵墓。考古人員在當中發現了多道陪葬坑（可稱為地宮），坑內反映了景帝在位時他的所見所聞。坑道「長」的，例如廚房及食材庫等，表示內裏的東西乃他所看重；坑道「短」的，則有太監府，也有妃子因失寵而被迫終老於那裏的冷宮等。

由於景帝是不可多得的賢君，他推行「無為而治」，還富於民，使老百姓能休養生息，他不願大費周章地為自己建造墓陵，因此我們見到的所有仿製品，都小於實物十倍，足見景帝用心良苦。一方面他需為自己安排死後的「生活」，另一方面又怕勞民傷財，權衡之下，惟有這樣應對。

相比之下，秦始皇並非如此。據說每一個兵馬俑石像，都找來了全國上下最健碩的將士為模特兒。工匠亦必須殫精竭力地雕刻仿製，偶有差池，不單會惹來殺身之禍，還會累及家人。據聞，酷似兵馬俑的坑洞共有四百多個，而至今只開發了其中三個特大的，其誇張的「盛況」可想而知。換言之，秦始皇必然是一窮兵黷武之人，盼望死後仍如在生時一樣，以龐大的軍事力量稱霸陰間。

當然，也許對於一般的平民百姓而言，死後的「生活」如果是在世生活的延續，那自是十分可悲的，畢竟黎民百姓大都朝不保夕，一窮二白，活得苦澀。也許，以上這種身後還要繼續延伸其權力的死亡觀，只流行於帝王和統治階層之間吧。

深度反省

沒有父神的特殊啟示，在普通啟示下，人死後還有生命的這種想法，流行於古今中外。不過，若果死後的情況只是今生的延續，那麼跟聖經所言的，那是一個更美好的，沒有病患的，存到永遠的不朽生命，便大相逕庭了。

基督徒這種生命之可能，是因為凡接受神的兒子耶穌基督的，便有基督的同在，而祂是創造一切的生命之主，生命之源。有了祂的同在和守護，我們得著永遠的生命自是順理成章。

按此了解，生命中最重要的事，便是接受基督，得著永生，靠祂活在當下，蒙祂守護和祝福。換言之，信主的人經歷了「重生」，生命可說是來了一趟華麗轉身，自當胸懷變得豁達，常存浩然之氣，活力四射，長風萬里。這才是千真萬確的死亡觀。在此，秦始皇等人的一切努力，是徒勞無功的；兵馬俑及皇陵等宏偉建設，如今亦只能供人憑弔。

29 認識三一的神：聖靈篇

彼得前書論及聖靈的經文不多，主要來自三處：一章2節，一章10至12節及四章14節。

首先，作者於一章2節表明受書人是蒙神揀選的一羣，因著聖靈的工作，受書人才能成為聖潔。[1] 換言之，神的揀選，即祂拯救世人的大計，其執行是藉著聖靈。作者於一章3節表明，父神是藉著從死裏復活的主，重生了受書人。[2] 作者沒有清楚表明父神及從死裏復活的主是如何重生受書人，他旨在強調受書人的重生，全出於神的大憐憫。不過，按使徒行傳二章所記的五旬節聖靈降臨的情況，在彼得的宣講中，他曾表示聖靈是耶穌基督從父神那裏領受，並且將之澆灌下來的（徒二33）。這正好應驗了先知約珥所預言的，在末後的日子，神要把祂的靈澆灌給祂的子民（見珥二28～32）。觀此，聖靈的臨格，本是得勝的主耶穌基督所賜與眾信徒（包括受書人）的恩物。按此了解，父神差派耶穌基督，耶穌基督也從父神那裏得著聖靈，從而把聖靈差下來；這足見三一的神在救恩的事上的分工。

此外，在宣講結束時，彼得勸告眾人：你們各人要悔改，奉耶穌基督的名受洗，叫你們的罪得赦，就必領受所賜的聖靈

（徒二38）。總之，受書人的重生，是因著耶穌基督所賜的聖靈才成的。

聖靈又稱為基督的靈（彼前一11），因祂不單是為基督所差派，祂的工作也是為基督作見證。[3] 事實上，復活主便是藉著居住在人心的聖靈，實現祂的同在和同行。接著，彼得指出聖靈是天上差來的聖靈（彼前一12），天上差來映現著昔日聖靈降臨於五旬節，聖靈從天上驀然臨到彼得等人身上（徒二1～10）。從此，彼得的生命起了翻天覆地的變化。彼得如此形容聖靈，在在反映著昔日聖靈降臨，實乃天大盛事，其深深地烙印進彼得的心內，一切猶如昨天，使人念念不忘。

事實上，受書人也是如此。因著同一位聖靈的工作、引導和感動，他們得以過成聖的生活，更朝全然成聖的目標進發。彼得又進一步提醒受書人，聖靈又是神榮耀的靈常住在你們身上（彼前四14）。此言的用意是，聖靈既常與受書人同在，便印證了神的保守；祂守護著其子民，不論是春暖花開、盛夏嬌陽、秋風送爽、冬雪苦寒，祂必同在。此情不變，直到永遠。

彼得特指聖靈是榮耀的，這也許反映了昔日五旬節聖靈降臨時，場景是極其震撼，彼得更因而毅然佇立，向羣眾放膽宣講，即時便有三千人回應，表示信主，隨即接受水禮；這是何等榮耀的大事！彼得銘記於心，故有此措詞（見徒二41）。

畢竟，因為榮耀是神的本性，故聖靈是榮耀的靈。再者，由於受書人有這榮耀的靈的同在，他們實應感到自豪，[4] 如今雖然受書人被異教徒辱罵（彼前四14），其只是出於別人的誤解和錯判，受書人不必感到不安。

神的救恩，是從過去，穿越現在，而直到將來主的再來。作者要求受書人堅信他們必蒙三一神的保守，在飽經人生的試煉，歷盡坎坷之後，終必得勝，必能度過萬水千山。作者更要受書人明白，神是極其看重受書人的，因為三一的神有分於拯救受書人的行動。受書人宜應自重，切勿輕視作為基督徒的身分。

｜末了的話｜

抗逆，以神為中心

綜觀上論，歷世歷代的信徒大都活在異教徒的環境中，被世俗文化潮流包圍是平常的事。觀此，我們必須深度認識三一的神，認識祂的屬性及感悟從祂而來的莫大能力。意即是說，在祂大能的守護下，在祂恩情的護航下，路雖崎嶇難行，前路也看似茫茫，但我們務必緊緊跟著主，抓住祂的應許，並且以信心為馬，馳騁前行，心中常存愛心和盼望，靠著手握的聖靈寶劍（即是神的道；弗六 17），奮戰江湖。若能如此，我們不單能攻堅克難，戰勝逆境，還可換來一個不斷成長的生命。

如是者，我們攀上屬靈生命的高峯，正是站得高才看得遠，「欲窮千里目，更上一層樓」。當我們在遠眺未來，心中盡是憧憬，感到榮耀在望，我們的心靈自然豁然開朗，精神得以大振，好像站在一制高點，居高而臨下，一切一目了然。如此，眼前的困局自變得清朗起來，受困的感覺自也鋭減。我們終必發現，原來自己已經走出困局，並且與一個更好的自己不期而遇。此驚喜之情，實難以言表。

最後，不少人都知道，人要逆境自強，在面對困難苦難時，務必堅毅不懈，拚搏到底，才能殺出一片天。然而，「説時容易做時難」，能夠有此修為者寥寥可數，達成者寡。在此，彼得指出了能耐和動力是來自信仰，來自對那位創造主和救贖主之倚靠，而又藉著內住於信徒生命裏的聖靈，可以得著源源不絕的從上頭來的能力。如是者，心動才有行動，這才是抗逆的王道。

説到底，一如聖經學者屈臣（Duane F. Watson）及郭寧（Terrance Callan）所言，彼得前書是以神為中心的，[5] 目的是要我們仰望為我們的信仰和人生創始成終的三一神。在此，我們的回應是：「主啊，是的，你真偉大，又極愛我們。從今以後，我要憑爾意行，不再憑己意行。」

| 靈思小品 |

內外的挑戰

我勸你們要禁戒肉體的私慾；這私慾是與靈魂爭戰的。（彼前二 11）

聖經學者史納拿指出，私慾代表了世人的一切軟弱；[6] 其危險之處，在於當引誘出現，信徒會被自己的私慾驅動，由此構成了一內外夾擊的困局，很多時便只能選擇妥協、就範和屈服，致最終被攻陷、同化。

按此了解，自己的慾望是信徒活在世上的一大挑戰。請坦誠面對自己，承認自己的軟弱；在世俗潮流的衝擊下，保持頭腦清醒，堅守信仰立場，不隨波逐流。惟此，才能立身安命，守著在自己生命深處的那一片被神潔淨的心園，正是「吾日三省吾身」，經常清理心園，徹底修整，「有諸內形諸外」，裏外更新，才能活出美好聖潔的生命。

綜觀上論，彼得前書的受書人正身處一個價值觀與信仰截然不同的社會，壓力也是四方八面的。在這樣的衝擊底下，受書人很容易會遷就讓步，向世俗洪流妥協，而致最終被同化。事實上，世俗的洪流如狂潮般拍打著受書人和今天的我們。

畢竟，還看今天這末世，不能不以「荒誕」來形容。法國作家、一九八五年諾貝爾文學獎得主克羅德．西蒙

（Claude Simon）力陳：世界只是存在，沒有意義。他以人類喻作螞蟻，他的意思是叩問：這世界除了渺小如螞蟻像戰敗的軍隊還在雨夜下行軍之外，還有甚麼？[7]

事實上，現今的世界硝煙四起，現代化戰爭，疊加以貿易戰、網絡戰及經濟及生命科技上的比拚，可真的是鬥過你死我活方休。人類的前路茫茫，可說是一片迷濛。有見及此，身為天國的子民，我們必須時刻提高警覺和保持清醒。且參考以下的兩大建議：

(1) 不少人指出，我們有必要團結同路人，彼此照應，相互依存（來十 25），這樣，才能「入世而不屬世」（in the world but not of the world）。按此了解，與志同道合者結伴同行，互勉互勵是重要的。

(2) 留意奧古斯丁（St. Augustine）的《懺悔錄》（*Confessions*）裏的一句：「你是為自己而創造了我們，我們的心焦躁不安，只有在你裏面才能安息。這便是我們人性的真相。」換言之，作為「被造之物」（creature）的我們，必須與「造物主」（creator）聯上（connected），用信心倚靠，如此，我們的內心才能不再焦躁，不再惶惶不可終日，不再感到形單隻影。

有曰：「大自然值得敬畏，造物主值得歌頌」。因此，請走進大自然，感悟造物主的美善，揚聲讚美祂，踏歌而行，正是走一趟心靈朝聖之旅，使心境開朗，一切變得從容自在。若內在的生命強大了，何懼世間的狂風暴雨，何懼世局的荒誕無稽？

說到底，要用信心投靠創造我們的主，與祂同行，與祂成為密友。有主同行，在地若天，直至我們進到永生的彼岸。

| 第九部 |

在恩典和知識上長進：

彼得後書

30 導論：作者身分

關於彼得後書的作者問題，聖經學者張略表示：「……是新約書信最多難題的其中一卷。」[1] 事實上，有不少學者都認為此書的主筆不是彼得；[2] 張略則表示，其乃在彼得殉道後，後人按著他的遺言，照著他的指示著墨成書。[3] 換言之，雖然有代筆人發出此信，但背後的主筆仍是彼得。[4]

畢竟，這封書信乃被納入新約正典內，再加上信中有力的證據（尤其是一章16至18節所言及的，在世主耶穌的登山變像；作者表示自己念念不忘此事），[5] 是以，將彼得視為原作者，實乃合乎情理的說法。[6]

留意彼得後書一章13至14節所言：*我以為應當趁我還在這帳棚的時候提醒你們，激發你們；因為知道我脫離這帳棚的時候快到了，正如我們主耶穌基督所指示我的。*這句話顯示，彼得後書便是作者的遺作及遺言。[7]

在猶太的傳統裏，聖賢之死，及其死前的話是重要的，原因有二：

(1) 這些說話濃縮自其畢生的經歷，且盡是肺腑之言，旨在勸勉後人，起傳承的作用。

(2) 由於聖賢與神的關係十分緊密，在離世前，神大有可能要藉著他們發出警告或作出應許，指示後人應如何生活。實有啟示的作用。[8]

由是觀之，聖賢的遺訓絕對是不容忽視的。正典聖經以外的猶太文獻有《摩西遺訓》(*Testament of Moses*)，基督教文獻則有《十二使徒遺訓》(*Didache*)，二者皆屬遺訓類作品。而在新約書卷中，只有彼得後書及提摩太後書可稱為遺訓，因為二者都明言作者本人離世在即，如提摩太後書四章6至8節保羅便曾言：我現在被澆奠，我離世的時候到了。那美好的仗我已經打過了……從此以後，有公義的冠冕為我存留……。

回到彼得後書這裏，全書共三章，看來不算長，但其在學術界引起有如千尺巨浪的爭論，至今仍未停止。意思是說，在作者是誰，其與猶大書的關係，及書內所指斥的假教師到底是誰等議題上，直到現今，學者們仍爭論不休，難達共識。[9]

至於受書人，信內沒有提及。也許，其與彼得前書的受書人是同一羣體，即在本都、加拉太、加帕多家、亞細亞及庇推尼的信眾(見彼前一1)。支持此看法的，是基於三章1節所表明的，此信乃作者寫給受書人的第二封信。[10] 不過，由於其是遺言，故受書人大有可能是彼得所牧養的教會，也即是羅馬教會的信眾。當然，該書信的讀者羣，也大有可能是帝國各地的教會。

事實上，當我們細讀此書，接下來再讀猶大書，便不難發現，二者在措詞上是極為相似的(如彼後二1～18及三

1～3，對照猶4～13節及16～18節），其酷似程度，不禁使人推測，二者中必然有一方是參考對方的。

問題是誰參考誰？還是二者都參考同一資料，才會如此？[11] 議論紛紛下，可能大致有三：（1）主張猶大書參考彼得後書；[12]（2）主張彼得後書參考猶大書；[13]（3）認為二者參考同一份資料（或是口傳資料，或是書面文獻；相關抄本至今已遺失）。[14]

按此了解，意見是分歧的，結論是莫衷一是的。然而，更有可能的情況，是彼得和猶大等人，曾一起商討假教師的問題，並其對教會的衝擊如何處理等，然後達成共識（此謂之「聖徒相交」〔*koinonia*〕，或稱「相互澆灌」〔cross fertilization〕），所以，彼得後書和猶大書才有如此相近的內容。[15] 這種推測也是本書的立場。

30.1 | 作者身分：外部因素

雖然這封信與彼得前書都以彼得為發信人，但二者之間不單內容迥異，文筆亦有差異。例如，彼得後書內出現了一些獨有的字眼，是全本新約聖經皆未曾出現過（共五十七個）。[16] 再者，此書的希臘文寫作水平，亦較彼得前書為差。[17] 因此，不少學者都認為，彼得後書並非使徒彼得的作品，而是在二世紀時，有人冒彼得之名而寫，類似流行於當代的啟示文體的偽名作品（但問題是，如果有人真的在冒彼得之名寫作，他理應模仿彼得前書，採用相同或類似的措詞書寫才是）。[18]

至於託名一事，其用意是，儘管不是信中所言的發信人所寫的，但其內容在在反映著發信人的精神和心意。也許，作者是發信人的傳人，這些傳人把其發展成為洋洋大觀的學派（school），而信內所言，便是這學派的思想。按此了解，彼得後書便是來自彼得學派（Peter's school）的。

誠然，這種冒名作品本意是好的，其旨在把學派的創始人（這裏是彼得）的學說發揚光大。所以，儘管是冒名的作品，也具相當參考價值。然而，以上的理論犯了三大毛病：

(1) 是否真的有彼得學派的存在，實在不得而知。
(2) 古時的寫作，其處境與今日的，實有霄壤之別，到底文筆的差異，主題的不同，能否構成以上的推論，是有待商榷的。
(3) 如果作者真的是模仿彼得而寫下此信，他著墨時理應仿效彼得前書的文章風格及主題等才是。

進言之，反觀全書內容，作者是言詞確鑿，鏗鏘有力，更直來直去，不留餘地發言，這豈不正是使徒彼得的作風嗎？（至於內證，請參本章稍後討論）。

在古時，人們如要傳送信息，大多由家僕代勞，一如上文所提及的羅馬百夫長哥尼流的事件。哥尼流見到異象後，誠邀彼得前來，目的是要讓自己及家人能因而受教得益。此時，他並沒有修函彼得，而只是派了家僕及兵丁前往彼得那裏，代他傳話（徒十 7～8）。這一事例正好反映，古時傳遞信息最普遍的方式，是以人傳言，甚少人想到要寫信。按此了解，新約書信的出現，其實是有以下的主要原因：

(1) 發信人不能出現在受書人那裏，故修函以代之，故見信如見其人。

(2) 由於要傳講的內容太重要，要交代的事情也較複雜，故權衡之下，親自修函比僅僅派人傳話，更為可行。

(3) 信件的內容極其重要，甚至有必要讓各地的一眾教會傳閱，如果僅靠人傳話，恐怕會因人的失言而誤事，反而，用文字寫下，正是「白紙黑字」，信息一清二楚。

(4) 在送信的同時，送信者亦可在場回答受書人的提問，這種文字跟信差之間的聯動，並其跟受書人之間的互動，實能收牧養之效。

根據以上分析，我們有理由相信，無論彼得前書抑或彼得後書，都大有可能是由不同的代筆人修函而成，才會導致文章風格有所不同。

事實上，書信都是針對受書人面對的問題而寫的，故針對性極強，這可稱為「時際性文件」(occasional document)。彼得前書所處理的問題，與彼得後書所處理的問題明顯有所不同，書中的內容和涉及的主題自然也迥異，這是可以理解的。

論及代筆的方式，當時是如何代筆的呢？是以默書式，即一字不漏地按著發信人的措詞而寫？還是只按著作者的大意而寫？若是後者，則代筆人自然有更多空間自由發揮。在修畢書函後，他們先向發信人宣讀一遍，待發信人作出微調，再而定稿。在此，「默書式」與「大意式」的代寫方式，自然都影響著書函的文章風格。

30.2 作者身分：內部因素

支持彼得後書作者乃彼得本人的，其內證亦很充分，且看以下的臚列：

(1) 信首語表明了使徒彼得為發信人（一1）。

(2) 作者表明他的大歸，在世的耶穌早已向他預告，此情況記載於約翰福音二十一章18至19節：我實實在在地告訴你，你年少的時候，自己束上帶子……但年老的時候，你要伸出手來，別人要把你束上，帶你到不願意去的地方。（耶穌說這話是指著彼得要怎樣死，榮耀神。）……。

(3) 作者表明他曾在山上親眼見過救主的榮光，其情況正正是指耶穌的登山變像（彼後一17～18對照太十七1～8）。[19]

(4) 作者表明他是在寫第二封信給受書人（三1）。此言表示，受書人與前一封信的受書人，是同一羣讀者。至於第一封信，其大有可能便是指彼得前書。[20] 換言之，作者向受書人提及這是寄給受書人的第二封信。那麼，受書人必然已收到第一封信。否則，作者如此說便顯得沒意義了。有見及此，聖經學者基恩（Gene L. Green）表示，這封信的受書人，大概便是彼得前書的受書人。[21]

(5) 那時，保羅的作品已流傳於眾教會，致有人胡亂詮釋之（彼後三15～18）。有人認為保羅書信流傳於各地教會的情況，要到一世紀末，甚至是二世紀才出現；然而，這推論是有待商榷的。

舉例說，保羅於帖撒羅尼迦後書二章2節已表明，在保羅早期事奉之時，已有人冒他的名寫作：我勸你們：無論有靈、有言語、有冒我名的書信……。由此可見，當時保羅的作品大有可能早已於各地流傳，並且廣為人知，才會有人冒他的名寫作。

不過，這裏彼得所指保羅的作品，並不一定是指十三卷保羅書信，即所謂的「保羅文集」（Pauline corpus），其可以是指保羅早期的作品，如加拉太書或帖撒羅尼迦書信而已。

總括而言，反對原作者是彼得者所舉證的理由，都不足以否定作者便是彼得這看法。[22]

31 成長的重要：全書主題（一）

在開始時，一如其他新約書信，作者表明他的身分、信的受書人及作出問安。之後，作者便直接了當地以古希臘修辭法中的「階梯法」（gradatio），表明受書人生命成長的重要性。

在新約作品中，出現這種修辭階梯法的經段包括羅馬書五章3至5節，[1] 其目的是要給人有一步一腳印，穩步前行，拾級而上的感覺。階梯的終端，便是其巔峯了。[2] 在此，彼得後書的作者表示：正因這緣故，你們要分外地殷勤；有了信心，又要加上德行；有了德行，又要加上知識；有了知識，又要加上節制；有了節制，又要加上忍耐；有了忍耐，又要加上虔敬；有了虔敬，又要加上愛弟兄的心；有了愛弟兄的心，又要加上愛眾人的心（一5～7）。

殷勤是一農耕工作的措詞，故作者乃要求受書人要勤奮如農夫。[3] 然後，便要拾級而上，登上屬靈生命的頂峯，如是者，愛眾人的心便是頂峯了。在此，我們不妨了解這登峯階梯的每一級的意義為何：

(1) **信心**：此詞可作信仰，或是信德解，[4] 而這裏大概是指信仰。[5]

(2) **德行**：聖經學者張略指出，此詞用作形容道德上的優秀和卓越。[6]端此，卓越是指品德上而言。[7]如是者，作者表明，真信仰不可能只是一大套理論，即讓人可以說一套，做一套。觀此，假教師雖然說得動聽，但其不堪的德行，證明了他們乃不學無術之騙徒。

(3) **知識**：基於此詞，曾有指這假教師便是二世紀的諾斯底主義（Gnosticism）人士，因其重視知識，不過，這看法未免有言過其實之處。這裏知識應是指思想上的認知，尤其是屬靈上的認知。因著有正確的基督教教理知識，帶來了正確的行為，達成類似我們所說的「知行合一」的境界。

(4) **節制**：即控制自己，不去做不正當的事。這裏明顯是針對假教師那極度荒唐的淩亂生活。

(5) **忍耐**：指因信靠神而堅毅不屈，勇往直行，直到目標達成，成就神的應許。

(6) **敬虔**：此詞用作形容被信仰深深影響的人的心態及生活。如果其是指心態，便是心中敬畏神；如果其是指生活，便是其處人處身都謙和恭謹，絕不造次，總以合乎真理為出發點。

(7) **愛弟兄的心**：原文只有一詞，意即**弟兄相愛**（*philadelphia*），此詞用作形容人倫中的骨肉之親，手足之情，實乃血脈相連。按耶穌的教導，信徒的羣體是以弟兄姊妹相稱，大家均是屬靈的天國兒女（即以神為父；見太十二50）。在此，作者強調了受書人這羣體要彼此相愛，凝聚合一，切勿被假教師的蠱惑之言分化。

(8) **愛眾人的心**：原文只有 *agapē* 一詞，即**愛**，故其是指信徒內在生命的素質，重點不在於其外顯的德行，乃在乎其內在的修為，是否一有善心和愛心的人。換言之，受書人要成為「愛的化身」(embodiment of love)，即以愛為本地愛神和愛人。

由於 *agapē* 是在這階梯的頂端，可見在成長的生命裏，愛才是信仰的最高峯。[8] 這一點，與保羅所強調的，愛心成全了律法(羅十三 10)，且跟信及望相比愛是最大的(林前十三 13)，可說不謀而合。

在此，如聖經學者戴維斯(Peter H. Davids)所力陳，愛不是來自感覺，即興之所至，而是指美德(virtue)。[9] 一如神愛世人，其重點是指愛是神性的重要部分，這愛策動祂作出了愛世人的行動。一言蔽之，神就是愛(約壹四 8)。

對比之下，假教師卻是別有用心，是殘民以自肥(彼後二 3)，更遑論愛心。所以，受書人切勿聽取他們的虛妄之言，著了他們的道兒。

在此，請留意這一句：要分外地殷勤；有了信心，又要加上……，此句直譯是「以一切的熱心，在信心上提供德行」。《呂振中譯本》則作十二分的熱切來……供應。簡言之，其可譯作「火熱地在信心上提供德行」，意即保持如火挑旺的成長動力，不斷向前挺進，心態是孜孜以求，好學不怠，內在生命茁長不斷。

在結束這段時，作者力陳：你們若充充足足地有這幾樣，就必使你們在認識我們的主耶穌基督上不至於閒懶不結果子了（一8）。在此，聖經學者基斯（Curtis P. Giese）指出，彼得指出受書人不單應擁有以上的品德，還要是充足的，深厚的。受書人要藉著生命的成長，活出他們在基督裏那新的身分。[10] 除此以外，有人更指出，人生要活得好像今天是最後一天，但學習心志則要以之為無盡無了的歲月，即好學不倦，樂此不疲。有道是：「書山有路勤為徑，學海無涯苦作舟。」屬靈的學海更是如此。

話說回來，在初期教會時期，異端對教會的衝擊巨大，為禍至深。信徒對付異端的最佳方法，便是在信仰知識和行事為人上不斷精進，這樣才能無後顧之憂，大步向前，拓展福音工作。這亦正是此書卷在其開始部分，作者所直言不諱的：只要信徒能習練成長之道，生命茁壯，他們不單能抗衡異端，擊退假教師，更能結滿生命的果子榮耀神。作者以極具穿透力的一句作結：這樣，必叫你們豐豐富富地得以進入我們主——救主耶穌基督永遠的國（一11）。

總的來説，單憑彼得後書這一經段的立論是何等精闢，言詞是何等鏗鏘有力，擲地有聲，便足見其儘管是彼得的遺言，卻完全沒有顯出作者因年紀老邁而思想混亂，文筆不濟。這實屬難得。由是觀之，使徒彼得果真是「大器晚成」！

｜靈思小品｜

以愛對抗荒誕

> 正因這緣故，你們要分外地殷勤；有了信心，又要加上德行……有了愛弟兄的心，又要加上愛眾人的心。你們若充充足足地有這幾樣，就必使你們在認識我們的主耶穌基督上不至於閒懶不結果子了。（彼後一5～8）

如上文所闡釋的，這是一種修辭上階梯式推論的寫作手法，作者的意思是信徒應該不斷成長，不要自滿自足。其屬靈的最高峯，便是愛眾人的心。留意愛眾人的心，其實只有「愛」（*agapē*）這詞，表明基督徒生命蛻變的終極，原來是蛻變了的信徒的本我，即其成了「愛的化身」。[11] 不論是面對主內的弟兄，還是教外的人，信徒都應以愛心為本，活一個使別人得益處的生命。換句話說，信徒便成了從神而來的愛的使者，舉證著自己是真正認識主耶穌基督的人。他們的生命也必結滿果子，也必能成就其人生使命。

筆者想起一位法國作家潘達（Harold Pinter）。他在一本書中講到兩大殺手，他們共住地窖，等候上頭透過升降機下達指令，然後執行任務。在這段等候的時間中，他們開始交流，談天說地，無所不談。但因著彼此的怪異性格，加上多年來以殺手的職業維生，二人都不信任對方，愈來愈彼此猜忌。

有一天，殺手甲如廁去，這時殺手乙接獲升降機傳來的指令，要求他槍殺第一個入屋的人。那時，殺手甲剛從洗手間出來進入屋內，於是殺手乙便以槍指著他，要求他棄械投降。此時，這兩名殺手同時接獲命令，表示他們的任務便是等待，如今已等候畢，即任務已經完成。

潘達在故事所要表達的有二：

(1) 人間只有「社會關係」，沒有人際關係。
(2) 命令不單前後矛盾，更使人費解，近乎荒誕。易言之，這是一個「等候沒結局」的結局，實在荒謬。

還看今天這一場場沒完沒了、也沒有贏家的戰爭，在無止盡的仇恨中，大家都進入一個了無意義、萬劫不復的循環，而這竟然發生在現今這個我們自命先進的文明，科技發展一日千里的世界中，那不是荒誕至極嗎？

我們有的，是先進的網絡體系，卻令網絡犯罪頻生；我們全力發展航天科技，甚至都把普通人送上太空去，星際旅行指日可待，卻同時把精細的炸彈裝在小小的裝置內，又以超幾倍音速的導彈狂轟濫炸，以高科技互相摧殘，有時甚至殃及無辜。這不也是荒謬至極的事嗎？

回到現實當下，有一天筆者正在小區的遊樂場耍太極，突然下起細雨。眼見場內的人都快走光了，惟獨有一父親，仍在追逐他那年少兒子；又有一位年輕母親，仍在和剛學會走路的兒子嬉戲。眼前這一幕幕景象，煞是可愛。

筆者隨後坐上港鐵，對面坐著一對年輕夫婦，他們中間還坐著一個四五歲的小女孩，眼睛大大的，明亮照人，父母則在興致勃勃地聊天，期間女兒望望這，望望那，大概不明所以。父親或許發現自己冷落了小女兒，便和女兒聊起來。他瞪眼凝望著女兒，臉上充滿笑容，女兒回望以淺笑，笑得像心中開了花。在此，一份濃濃的親情之愛，盡入我眼簾。當時筆者打算去探病，看望一位已畢業多年的同學。最近聞得她身患重病，入了醫院。我更得知入侵她身體的，便是當年入侵我肝臟的細菌。於是，在聖靈的感動下，我決定探望她，跟她一起禱告。到了港島，當我在巴士站欲轉乘巴士之際，一位帶著女傭的年長女士竟主動關心我這個「長者」來，當她知道我住在九龍，不諳港島交通，竟然和女傭伴我上車，助我路途。

深度反省

以上這些畫面，叫人窩心之餘，也讓我有此感悟：在這荒誕的末世，我們大可以愛抗衡。這愛可以是親情、友情、師生之情，甚至男女間的愛情；但於我們基督徒而言，更有基督忘我的大愛。

畢竟，在這末世，以主愛立身安命者少。在別人看來，我們實屬異數。事實上我們乃真的是「餘民」（remnant）。按聖經教導，「餘民」就是一班在末世帶來復興的忠心神的子民。

「餘民」的特色，便是以愛立人。說到底，在這亂世，在這近乎荒謬的末世中，作為天國的子民，我們還有夢可追。所追的，就是實現主愛於人間這一天國夢，直到主再來。

32 | 假教師的謬誤：全書主題（二）

假教師的謬論，往往只能吸引教會中那些游離分子，或是信仰膚淺之輩。這些假教師實乃蕞爾之輩，看來力量微小，然除彼得後書之外，猶大書也同樣發出假教師來襲的警告；再加上加拉太書、歌羅西書、哥林多後書、教牧書信、約翰一書及約翰三書等眾書簡，都映現著假教師對教會所帶來的不良影響。可見在當時，異端邪說的威脅是不容忽視的。

這些假教師是誰？曾有學者相信，彼得後書是寫於公元二世紀，是針對在二世紀狂襲教會的諾斯底主義而寫的，故其所指責的，便是散播諾斯底主義思想的假教師。[1] 說實話，這看法只出於個人臆測，多於來自具說服力的舉證。一如上文所指出的，假若我們相信此書的原作者是彼得，是寫於他殉道之前，或死後不久，那麼假教師的特質，便應該與威脅著一世紀眾教會的學說特點相吻合。

綜觀而言，威脅著初期教會的異端，其可分為由猶太教，或是外邦希臘哲學思想這兩大思潮所孕育出來的學說。從猶太教出來的，最明顯的是割禮派（徒十五 1～2），不過彼得後書的內容並沒有這樣的記述。那麼，餘下來的，便是那些來自希哲的思想的了。在此，聖經學者指出了兩大可能：

（1）來自詭辯學派（sophist）。此派的特點，便是投其所好，旨在譁眾取寵。例如他們強調自由的重要性，支持解放性慾，盡情吃喝玩樂，因這物質的花花世界是永存的，所以不必顧後果，只管盡情享樂便好了。

（2）來自以彼古羅學派（又可作伊壁鳩魯〔Epicurean〕）。[2] 此學說混入各派別中，以一融匯的言論和生活方式展現在人前，其中例如猶太人的撒都該派，他們不相信復活之說，大有可能便是受以彼古羅學派所影響。

在此，聖經學者黎尼（Jerome H. Neyrey）認為彼得後書所反映的，屬詭辯學派的思想。[3] 他提出了以下有力的證據。

32.1 | 教義的偏離

詭辯學派相信，神創造了世界，之後祂便不再理會之。所以，主是不會再來的，最後的審判也不會發生。在此聖經學者張略則指出，這些假教師主張這世界自創造之後，便一直存在到永遠（即物質永存）。[4] 事實上，假師傅認為，直到此時，主再來的應許並沒有實現，這世界還沒有結束，足見主再來的應許是不可信的（彼後三 4）。總之，神是不會理會人間事的。[5]

針對此說法，彼得則反駁，指主的再來是必然的，祂的審判必如烈火般臨到，這世界必因而被消滅殆盡，之後便是最後的審判，屆時無人能倖免（三 10）。

至於主所應許的尚未成就（三9），意思是指至今主還未再來。[6]這並不是耽延，耽延只是人的看法；從神的角度看，主看一日如千年，千年如一日（三8）。再者耽延並非耽誤，所謂耽延，其實是出於神對人的憐憫，把自己再來的時間順延，好給予世人悔改的機會，因祂不願有一人沉淪，乃願人人都悔改（三9）。留意，作者此言是要提醒受書人，要敏銳神的安排，伺機領人歸主。[7]

｜靈思小品｜

終極審判的必要性

假教師主張這物質世界永存，人只管吃喝玩樂、隨心所欲好了。然而，彼得卻力陳主必再來，祂將審判世界。若沒有最終的審判，世界的不公也實在難耐。

美國有一窮小子中了彩票，稅後獲一千七百萬美元彩金。由於美國法例列明，中獎者名字必須公開，於是他的名字便公告天下。如是者，窮小子的父親、親朋好友，甚至本不相熟的遠方友好，紛紛擁至，名義為問候，實則只想分一杯羹。

這窮小子性情單純，且為人十分慷慨，結果來者不拒，都跟他們分享這筆巨款。結果，那一千多萬美元很快便剩下數百萬。而最叫他失望的，是他發現即使自己的父母也都只是為錢而來，真心待他的竟無一人。有日，卻突然來了一位自稱是記者的女子，登門造訪，聲稱要為他寫傳記。窮小子思想單純，難得有人不是為錢而來，便欣然接受她的訪問。過了好一陣子，二人建立起友誼，他更信任這位女士的殷切和真誠，便決定跟她組建公司，並讓她打理業務。

過了不久，他父母發覺好一段時間都未能跟兒子聯絡上，兒子像是人間蒸發了般，於是報警求助。警方經一番調查，竟在這女子的後園掘出了窮小子的屍體，疊加以其他的人證物證，終以謀殺罪起訴這女子。可是這女子卻多番表明，自己只是謀財，並沒有害命。她甚至把殺人的罪推給她年少的兒子。此事在網上熱傳，大家都愣住了，心想怎會有人如此喪心病狂，究竟天理何在？

但願以上的破事，純屬單一事件。當然事實卻不。最叫人譁然的是，雖然罪證確鑿，她仍不住就案件上訴，按美國的司法制度，女子實確也未必沒有脱罪的可能。

在此，我們便明白，若沒有主的再來，並對世界進行終審，實現「善有善報，惡有惡報」，為義人討回公道，那將是一個怎樣的世界？尤記起俄裔美國作家安・蘭德（Ayn Rand）有此言："We can ignore reality, but we cannot ignore the consequences of ignoring reality."（我們可以忽視現實，但無法忽視「忽視現實」所帶來的後果。）漠視最終的審判，必自食惡果，到那時候，這些人必被擯於救恩之外，追悔莫及，哀哭切齒（見太十三50，二十五30）。[8]

話說開了，歷世歷代有不少人為公義付出生命，我們又如何理解？以下是另一個真實個案：在青海、西藏和新疆之南，有一偌大的草原荒漠，名叫可可西里，那被稱為中國四大無人區之一。當中有一個自然保護區，所保護的是一眾稀有動物，如藏羚羊、野犛牛、藏野驢和藏瞪羚等大型有蹄類動物。這裏可說是一自成一格，好一處鮮為人知的小天地。

有一次，以著名演員胡歌及劉濤為首的攝製隊，親訪了這片土地。他們走過這地方，親身體驗在這裏擔任保護區護衛員的生活，然後又採訪了這羣從事這一獨特職業的護衛員。其中有一個訪問實在教人動容。受訪的護衛員已任職凡二十年，他的表親亦是這裏的護衛員，後來卻因公殉職，這亦是驅使他投身這工作的原因。訪問他的演員胡歌，對其表親為何會殉職大感詫異。護衛員表示，常有一些膽大妄為的捕獵者，違法進入保護區，非法捕獵羚羊。持槍歹徒一旦被護衛員發現，便會開槍，甚至射殺護衛員。他表親是因盡忠職守而殉職。胡歌聽到這裏，眼裏盡是淚光；在場的劉濤亦然。

筆者在想，可幸將來在審判台前，有打開了的案卷（啟二十 12～13；原文案卷是眾數，意即沒有人能逃脱這全人類的終審）。世上一切的人，不論是達官貴人，還是販夫走卒；不論是智是愚，是貧是富，都無法逃避。因此，這看似枉死的表親，終必得著平反。而為他平反的，也即是為世上一切無辜受害者伸冤，為那些遭受不公義對待的義人伸冤的那一位——那位至高無上，公正不阿的父神！

32.2 道德的錯謬

假教師指出，由於神不理世事，故人活在當下，只要按著心中的慾望而行便可。因此，他們醉酒荒宴、放縱情慾等（二10），而認為此本乃人之常情，順心而行才真的享有自由。在此，留意這一句：他們〔假教師〕應許人得以自由……（二19）。[9] 這句舉證著假教師在曲解如何獲得真自由。

畢竟，能夠無拘無束、自由自在地為所欲為，卻沒有任何不良後果，不用對任何事負責，對於某些人來說，這說法實在是太吸引了。[10]

事實上，論及自由這回事，基督教的確是有所謂「靈裏自由」（liberty in Spirit）的教導。其是指，在聖靈的引導下，信徒不用為舊約律法所約制，尤其是猶太人的那些飲食法及祭禮。羅馬書六章，記載了在保羅傳福音的歷程中，曾有人提出質詢，質疑外邦人本已生活放縱，任意妄為，如今保羅又傳一套不用守律法、只講靈裏自由的福音，這豈不是縱容了外邦人，容讓他們仍舊過著放任無道的生活？[11] 有見及此，保羅於羅馬書六章1至2節直接了當地回應：這樣，怎麼說呢？我們可以仍在罪中、叫恩典顯多嗎？斷乎不可！然後，保羅便作出反駁及闡釋（參羅六2～23）。[12]

畢竟，保羅以上的指控並非空穴來風，因為彼得後書所反映的假教師們，便是主張：「活得自由，為所欲為」。然而作者強調，這只是假教師的一廂情願、偏離真道的說法。事實上，這物質世界是有盡頭的。此外，人若作惡，神必究察。在此，作者援引一些歷史先例，言之鑿鑿地指出：舊約時代，洪水臨到，要毀滅當時敗壞的世界，但傳揚義道的挪亞及其一家八口，卻蒙神保守，倖免於難。再則，看看那罪惡之城所多瑪和蛾摩拉，二城都為天火所焚毀。這些例子，在在作為後世不敬虔人的鑑戒（見彼後二5～6）。[13]

總之，有朝一日，審判必臨，信主的人若活得聖潔，必如主的應許，進入新天新地中。此新天新地的特點，便有義居在其中（三13）。[14] 義，是要對比今世的不公不義。換言之，不義者與未來的新天新地是無緣的；假教師們更是如此。[15]

最後，彼得鼓勵受書人：……就當殷勤，使自己沒有玷污，無可指摘，這樣便能無畏無懼，活得舒坦，安然見主（三14）。換句話說，這才是真自由。

說到底，假教師背後的動機，其實便是一顆貪得無厭的心。他們貪圖逸樂，貪戀美色，利慾薰心，殘民自肥：他們因有貪心，要用揑造的言語在你們身上取利（二3）。[16] 他們自以為是混世魔王，其實是鼠目寸光之小混混而已。

以上的剖析是具說服力的，其支持著假教師是來自詭辯學派的看法，此看法由聖經學者黎尼所提出，更得著另一聖經學者基恩的大力支持；[17] 這也是筆者的立場。

總的來說，作者是直言不諱，直接了當地揭穿假教師的種種問題，並指出，當面對異端，教會必須進入作戰狀態，攜刀帶棒，捍衛真理，務求杜絕異端，撥亂返正。細讀此彼得的遺作，心靈頓感振奮，大有蕩氣迴腸之感。

話說開了，即使不再有異端，面對末世的世情險惡，我們仍是在戰。

| 靈思小品 |

莫被貪慾這隻怪獸所吞噬

> 他們因有貪心，要用捏造的言語在你們身上取利。他們的刑罰，自古以來並不遲延；他們的滅亡也必速速來到。（彼後二3）

在談及入侵屬神羣體的假教師時，彼得後書作者指出，這羣人本來自屬神的羣體，其後卻偏離真道，愈走愈遠，終必自取滅亡。這些人能言善辯，常以譁眾取寵的方式吸引聽眾，[18] 看似道貌岸然，但骨子裏卻是貪得無厭，其真正的目的是要圈錢圖利。這是古今皆有的現象。

於此，想起上古三大奇書之一的《山海經》，當中描繪了一隻名叫「饕餮」的怪獸，跟這裏的主題相關。《山海經》載有一些今人看起來是千奇百怪的奇異故事，實質卻蘊含著古人的創意、想像力和智慧。饕餮此怪獸外表奇特，身體是羊的身體，臉和手是人的臉和人的手，聲音像嬰孩的叫聲，但牙齒卻鋒利無比，當牠的口大張，有如虎口，能把任何食物撕碎。

當饕餮還幼小之時，甚為幼弱，要依附在父母身旁；到長大後，便要獨自覓食。牠先吃掉了菜蔬，卻仍感到飢餓，於是打算捕食小動物來充飢。牠心想，小動物見到牠自然會拔足逃跑，那如何能捉住牠們呢？看來事情並不好辦。然而，奇怪的是，小動物見到牠竟不逃跑，原來饕餮外表像羊（羊是最溫純的動物），小動物便沒有了防範之心。於是，牠不斷捕食小動物來充飢，可不知怎的，牠的飢餓感總是揮之不去。於是牠開始捕吃所有能找到的動植物，以填滿牠那永不滿足的肚腹。直到一天，再沒有剩下任何東西可供牠獵食，牠竟連自己的手腳都吃掉了。換言之，牠是在貪慾中自取滅亡。

一些古時的器皿也有刻上饕餮的紋飾，按傳統講法，其目的是要警示世人，小心這異獸，牠無所不在。無庸置喙，此怪獸正代表了人類的貪慾，喻指人類無窮無盡的慾望，正所謂貪得無厭。説白了，饕餮帶出的警示可能是：貪念有如怪獸，會把人類（自己）吞滅。

在此，如彼得指出，假教師的結局也如此，聽從他們謬論妖言者亦然。還看今天，譬如人類有時為了謀盡暴利，或所謂「賺盡」，無視對生態環境的破壞及別人的福祉，至終把寶貴的資源耗盡。看來，饕餮這巨獸，如今仍以不同的面相出現。由是觀之，這些故事著實也反映出古人的智慧。

深度反省

最後想説的是，無論是距今超過二千年的古書《山海經》中的饕餮，新約時代耶穌十二門徒中的猶大，初期教會中四處招搖的貪財假教師，還是現今世界形形色色的貪婪亂象，在在都告誡著我們貪之惡。端此，請小心提防潛藏在我們四周、也在我們生命裏的貪念。惟今之計，是多加留神，但更重要的是靠著聖靈的提醒與力量，力拒貪之惑。

回到彼得後書的遺訓性質。在這最後之言中，彼得先向受書人表示生命成長的重要，再直斥假教師的歪理及敗行，最後鼓勵受書人要好好認識保羅的作品。全卷書的內容，句句雋永，字字珠璣，盡顯彼得的神來之筆，以點睛之能，寫下曠世真言。事實上，彼得後書的教導，確被後世教會視為不可多得的良言，正是「良言一句三冬暖」，這也是彼得後書被納入新約正典的主要原因之一。

既然彼得後書是彼得殉道前寫下的遺訓，其便顯出了一位屬靈老兵，是怎地至死仍心繫教會，寫下了凡三章的書簡，向眾教會進言。端此，使徒彼得終於成就了在世的主耶穌所囑咐他要牧養羣羊的使命(約二十一 15～17)。

在世的主耶穌曾向彼得預告，他晚年必因信仰殉道。於彼得而言，此話必然是刻骨銘心，永存他記憶的深深處，而按世人之常理，當驅使人趁早退下火線，以圖安享晚年才是。然而，對彼得來説，正是「滴水之恩，湧泉相報」，結果他以命相酬，以死明志。

按此了解，未來非青雲路，卻是峭壁崖，然彼得不負主託負，不忘初心，竭力成就畢生使命。如今，他終功成身退，預備回家，向他的恩主覆命去了。一言蔽之，彼得的生平事迹，成了我們的精神財富，亦將繼續成為神子民的鏡鑑。

第十部

結語：
投入彼得的世界，
感知父神的作為

33 彼得在示範

在世的主耶穌招聚了十二位近身的門徒，其中以彼得背景最為顯赫。

新約聖經記錄了彼得的其人其事，但見福音書的他，總是犯錯纍纍，莽撞行事，幸終能翻篇，成就天國的豐功偉績，活得閃亮奪目。這一點，是要使作為讀者的我們，在細讀彼得的生平後，易生共鳴，好代入他的處境，好明白我們自己也是極其不堪，但隨著時間巨輪滾動向前，我們的生命，是有機會漸漸改變，變得謙虛受教的；當我們翹首雲天，是成聖可期，在父神的保守帶領下，終能與更好的自己不期而遇的。

換句話說，我們要緊靠著復活主，即仰望我們主耶穌基督的憐憫（猶 21 節），習練生命之道，活出主的樣式。一如聖經中的門徒彼得，在主的培育及守護下，終活出一個意想不到、精采絕倫的人生。

在此，臉書上有這一句："The more you sweat in training, the less you bleed in battle."（訓練時流汗愈多，戰鬥時流血愈少。）回首耶穌的眾門徒，尤其是彼得，他必然流過汗水，疊加以淚水（可十四 72），但這都只是主的培訓而已，旨在為他打造一個更好的自己，好成為天國的戰士。如此看來，彼得活得踏實，貼地氣，教我們思之念之，頓生共鳴。

從彼得的身上，我們如果能夠因而發現，原來自己都很微小，微小得像黃土地上的螻蟻，從而謙卑下來，臣服於造我們的主，把生命的全部交給祂，就如昔日彼得目擊在世耶穌的神能時，便俯伏在祂面前，然後說：主啊，離開我，我是個罪人！（路五8）之後聽到主向他作出肯定：不要怕！從今以後，你要得人了（路五10）。

但問題是，信心從何而來？在此，馬可福音五章36節耶穌有此勉勵之言：不要怕，只要信！信心是來自耶穌的應許。於祂而言，世上沒有難成的事，祂能使看來不可能的變成可能。因此，對祂投以十足的信心，絕對錯不了。

話說回來，智慧的果實，便是人知道自己一無所知；人能有此自知之明，其實已有大智慧。發現自己原是個罪人，從而信靠順服主，降服於心中聖靈的指引及啟導，生命自日益強大，順境時盡情展翅高飛，逆境時憑信心奮戰江湖。

有救主在生命裏，情況就有如站在枝頭上歌唱的小鳥，牠能無懼地昂然而立，引吭高歌，不是因為牠相信枝子，乃是相信牠自己有一對能展翅高飛、遨遊天際的翅膀。當然，這一對強而力的翅膀，乃造物主所賜與。

在此，知識與智慧實有不同。知識是關乎事物，智慧是關乎人生。如何把從書本上，或從學校裏學回來的知識，轉化成人生的智慧，實乃一大學問。

說實話，轉化的程度和深淺，就建構出一個人的格局和結局。

34 ｜「母親地球」

按創造主的安排，我們都存活著，而存活的地方稱為「地球」，又可稱之為大地，有人更稱之為「母親地球」（mother earth）。

留意創世記一章表明，我們是與其他一切動物一起被造的（一24～26）。再此之前，神把大地建成，有天和地，山和水，陽光和空氣，月亮和眾星，然後最後造人（一3～23）。在眾多被造之物中，人那獨特之處，在於其有神的形象和樣式，於是，人類的聰明智慧都遠超眾生，神也因而特派他們管理大地（一24～26）。如此看來，他們掌握超乎眾生的能力，於大地而言，他們便是王者。

不過，儘管這樣，人仍只是「大地之子」。我們與這物質界的大地，本都是被造的，在神眼中，在本質上，我們都應該活在大自然裏，與大地共存共生，這樣才能活出真正的自己，自由自在，從容淡定，享受人生。

然而，時至今天，我們卻把這「大地之子」的身分遺忘了。

於是，在我們所建造的石屎森林裏，大部分人都是奔走於生活，但到頭來，卻沒有了生活。我們都好像影子，浮游於塵世上，被人及事吹拂，飄到這裏，浮到那邊，直到夜闌人靜，才如塵埃落下，躺在沙發上或睡在牀上喘息。尤有進者，我們每天都走同樣的路程，日復一日，年復一年，沒有意識地在沒有意義的循環中打轉。

筆者知道自己是「大地之子」，走進大自然，仰觀無際的藍天，凝視浩淼無垠的大海，但見水光粼粼，微波輕泛，心境開朗了；駐足於綠油油的青草地，進入莽莽綠林中，胸懷開闊了。吸一口新鮮空氣，踏著軟綿綿的泥土，泥土的氣息，田野的原始，心情也煥然一新了。如此，從容和自在，衍生了創意和活力。於是回到日常，活在當下，在面對每一天的人和事時，一切都感覺截然不同了。

有人說，走進大自然，思考人生，這實在太不切實際了。然而，想一想，所謂「實際」(即現實)其實本來就是人造出來的，與其要壓迫自己，遷就現實，何不嘗試一下，為自己創造「現實」?

「實際」是，當你走進大自然，然後走出來，你活力充沛了，思想敏銳了，看人及事都深入了，於是，你活得更從容，更有層次，更務實，做事亦更有效率。這樣活著，不是更具立體感，更實際嗎？

換言之，能如此活著，不就是在享受人生嗎？這生活模式的特點，是不單求達標，還享受其過程。

我們活在這大地上，享受其給予我們的一切資源，包括食物和礦產。其實，空氣和陽光早已成為我們存活的紐帶。這一點，無疑是提醒我們要尊重自己活在其上的地球，稱呼其為「母親地球」是一點兒也不為過。不過，不知怎的，我們把這大地母親，變成了為滿足我們那所謂「文明」的奴隸。換言之，大地不再是母親，因為敬重沒了，珍惜沒了，更遑論回饋她。如今，說實話，大地母親病重了，更到了末期。

生病的大地，天氣惡劣，污染處處，更可悲的，便是人類不單不團結在一起，殫精竭慮，出謀獻策，挽救地球，反倒是相悖而行地過分開採，更發動戰爭，令原野變戰場，田地成荒野，城市變廢墟。難民潮及糧食荒等問題，全面性地狂襲全球；我們是在坑自己啊！（we are digging our own graves!）

說白了，我們的母親大地病重了，凡靠她賴以為生的都有難了，我們這「大地之子」又怎能倖免呢？

35 我們的生活

大城市的人每天都在奔忙。不少人以為，奔忙才是好的，當然，若游手好閒，飽食終日，無所事事，自然有問題。然而，人可以忙於生活，卻又沒有了生活。

這話是怎麼說的呢？

生活，離不開人及事。趕生活的人，以要幹的事，遇見的人為生活的一部分而已，只要平順地處理之便可以。但真正有生活的人則非如此。他們以所幹之事，所見的人為生活重心，甚至以之為生活的價值，為存在的意義。

舉例說，親友都會為我們的生日而慶祝。在生日會上，除了接受祝福外，筆者更重視的，是能夠藉此接觸在場的他們，和他們談談近況；如可能，關心一下他們的工作和家人，如果能夠談心更好。這樣，不但能拉近彼此的關係，還能拓闊眼界，了解多一點世間人、塵世事；同時也可牧養他們。

在工作上，以寫作為例，筆者經常在想，到底自己寫下的，能否給既定讀者羣予靈感？能觸動他們的思潮嗎？自己的文筆優雅嗎？文字具穿透力，立論具說服力嗎？見解有前後矛盾嗎？整本書會帶給讀者們裨益嗎？裨益又是在哪一方面？

一有靈感，筆者便即時放下手頭上的工作，把所思所想寫下來，因為靈感總是「稍縱即逝」。而為了寫得更通順、優雅，言簡意深，筆者努力飽覽羣書，從作者的思路和文筆學習，好提升自己的境界：把深奧的道理，熔鑄成精簡易明的要義。筆者常對自己説，所寫下的，總要有一些地方是獨特的，是前所未有的，這樣才能保證這作品的價值。常在遊説自己，不單要成為基督教的作家，還要作一個文化人，寫下有文藝氣息的文章。

每次在定稿後，和出版社洽談時，筆者總表明自己寫作從來不是用來謀生，只要能造就讀者便好，其他的一切都不重要。

留意約書亞記十三章1節，耶和華神如此挑戰年事已高的約書亞：你年紀老邁了，還有許多未得之地。有見及此，夕陽紅的筆者，仍在不斷挑戰自己。

換言之，生活中所遇到的人和事，都應是我們生活的目的，我們為此而生，為此而活，目的是要成就父神藉著我們所遇的人和事，所要成就的美意。

請放慢腳步，把生活中那些慣常出現的人及事，鄭重其事地跟它們邂逅、相遇。事後更要找來時間，讓其沉澱和融通。若能這樣，你會有最少以下七方面的發現：

(1) 你因而見多識廣和視野開闊了。
(2) 如果是人，對方會因遇見你而得快樂和益處。
(3) 如果是事，那件事變得更有質素，因為其蘊存著你的心意。
(4) 你的感受是：生活充實。

(5) 你明白父神讓你活在世上，原是為此。

(6) 感恩之心油然而生。你不單看懂父神給你此生的意義，更學懂萬事信靠祂，惟祂命是從，才能活好一生。

(7) 最後，你必發現，祂實在滿有慈悲憐憫，更獨行奇事，因為祂使你活一個非常獨有的人生。

於筆者而言，心中常懷著對生命的敬畏和熱愛，這是出於常存敬畏造物主的心。這便是幸福的生活。因此，請不要只忙於追趕生活，結果反而沒有了生活；這實在是太可惜了。

舉例說，筆者有幸住在香港一個靠近海邊的小區，為了身體健康，每週有兩三個下午，都會走到海旁，任海風吹拂，欣賞沿途紅花綠草的美景。有時陽光普照，便來一個日光浴；有時斜風細雨，便在雨中漫步，四野朦朧，浪漫得很。

在合宜之處，筆者會稍停下來，耍耍自創的太極，然後掌上壓一番，再加以拉拉筋，伸伸腿。曾有人告訴筆者，少林寺藏經閣內的易筋經，其實是與拉筋有關。於是，筆者更勤加拉筋，以之為習武之道。心在想，適度的運動，必能收強身健體之效。

其實，此舉不單與身體有關，心靈也受益。進入大自然，小鳥啁啾，海景也浩淼無垠，恬靜無波。遠眺天際線，日間的萬里無雲，黃昏的彤雲滿天，皆壯大了自己的胸懷，盡感大自然的奇偉，父神的匠心獨運。寫作的靈感，往往是孕育於此。

筆者經常走進大自然，為要欣賞「母親大地」的神韻；置身於她的懷中，好像重拾本位，重回家鄉。其情況是一如德國哲人海德格（Martin Heidegger）所指出的，我們有必要從千篇一律的文明社會中走出來，重投大自然的懷抱，因為在那裏，我們找到了家園。[1]

末了，這些年來，因深深感到主的同在，筆者活得很幸福，心中充滿愜意，感覺很夢幻（dream-like）。偶遇困難，便視之為考驗，並在自忖：透過這苦困，父神要我學習甚麼功課？祂要教育我甚麼呢？

36 何謂教育

畢竟，人的一生都在接受教育。

在學校的，可稱為「強制性教育」。離開學校進入社會，其是另一種教育方式，由「社會大學」授予，其可稱為「街頭式教育」。

問題是，從孩童開始，直到成年，即由幼稚園直到大學畢業，期間我們都在接受強制性教育，都被迫習慣了這種教育方式。每一個級別，每一個階段，都由某教育機構擬定課程，學子們別無選擇地，藉著用功獲取好成績。在學習的過程中，很多時候都是不假思索，按著既定流程奔忙，只要達至既定的目標，便大功告成，以成績表及畢業證書為成功的標誌。

走出了學堂，進入社會，我們同時進入街頭式教育的模式。但問題來了。我們都不習慣這類教育方式，不少人更未能在社會大學中有所學習，因而活在一個冗長而沒有意義的循環中，直到心力交瘁，心志消磨殆盡。

不少人的人生就是在這樣的循環中不斷地重複，時間同時亦不斷地消逝。就是這樣，終其一生。

也許，學校的老師們必須提醒學子們，學習乃一生之久，因為人的成長也是一生之久，尤其是在這高度競爭的社會裏，不思進取，停止學習，必然被擯於局外。

再者，老師們不妨點出，社會大學的課程大概是些甚麼：陶造我們的性格，使我們活得更堅韌、冷靜、能耐、仗義和謙和；並且能以多角度看事物，視野既高亦遠，能以建立強大的人際網絡和團隊精神等。也許，最重要的，是使我們了解自己的優點和缺點，接納並妥善應用之，在過程中有所頓悟而促成生命成長。

筆者活了超過半個世紀，回望過去，如果要把所學習的東西稍作評估，大概會有這樣的結果：強制式教育提供了基礎，是日後進入社會大學的切入點，可見強制式教育有其重要性。然而，筆者大部分的學習和知識，都是在求學時期之外獲得的——是為「街頭式教育」。由是觀之，如果人能早一點醒悟這一點，並且常存高度警覺和受教的心，在社會大學中全力以赴地學習，必然活得更具優勢，碩果也自可期。

知名的電視主持人奧普拉（Oprah Gail Winfrey）曾有此宣言：「整個世界就像一個大學堂，等著我去上課、學習、考試及拿取學分⋯⋯在面對考試時，我毫不猶疑地打開試卷，用真實的我面對之⋯⋯從中學直到如今，我都在學習，追求更深層次的理解、被理解及生命成長。」

當存受教的心，不斷學習，更樂此不倦，不論那是強制式還是自學式。畢竟，學海無涯，惟那些孜孜以求的終身學習者，才能換來生命的成長，活得強大，成就自可期。

走過人生的天南海北，不斷地揣摩和琢磨真理，眼界開闊了，胸懷壯大了，目的便是要為自己建立紮實的生命工程。

易言之，學習成了我們的畢生事業。

願足下在讀畢這本關於彼得的人及事的書後，能多點默想思考，融會貫通。惟願大家能養成閱讀的習慣，終必成智慧達人，活一個更好的人生。

開卷總是有益的。

本書試圖把理性、感性和靈性集於一身。理性是指把關於彼得的經段作分析和綜合，旨在觸發思潮；感性是指投入彼得的世界，感同他的人生；靈性是指進一步感知父神的作為，感應彼得是如何示範作主門徒；感悟自己如何能因而活好此生。

末了，生命沒有 take two，我們只有此生可活，必須珍而重之，活好一生。

還有，我們要的，不是一時的快感，而是終生的幸福。

祝君幸福一生。

附錄：軟弱者的回憶——重讀馬可福音

筆者多年前寫了馬可福音註釋，[1] 今再論此卷書，故曰「重讀」。

雖然學者們對於四福音成書日期有不同意見，但整體而言，馬可福音被公認為最先出現的福音書，即所謂「馬可居先論」（Markan priority），倒是不爭的事實。[2] 後馬太福音及路加福音都大幅參考馬可福音，從而才著墨成書。由於這三卷福音書的佈局相似，尤其是皆把在世耶穌的事奉，劃分為三個階段，即加利利、往耶路撒冷的路上，及在耶路撒冷的最後一天，這可稱為「三幕劇」（drama in three acts），故三卷福音書被稱為「符類福音」（Synoptic Gospels）。

在研究馬可福音時，早期教父帕皮亞（Papias of Hierapolis）以下這番話，是不可不知的：[3]「馬可是彼得的詮釋者，他準確地，不按次序地，按著他所記憶的，記錄一切關於主的言行。雖然他（指馬可）從來沒有親身跟隨過主，但後來如我所指稱的，他跟隨了彼得。而彼得對他的教導，是按當時所需，而不是按主說話的次序。所以，馬可在按記憶寫書時，並沒有寫錯任何東西，因他惟一關注的，便是將所聽聞的，不紕漏地，不虛假地作出報導。」[4]

以上的論證，其可信性得到不少早期教父支持，[5] 成為研究馬可福音的一大進路。至於馬可是誰，大部分人都相信他便是那稱為約翰的馬可（徒十二12），他曾是保羅宣教的助手，後因某種原因，在第一次宣教途中毅然離隊（徒十五38），而此舉不為保羅所接受，他聲言自此不再錄用馬可。

時間不斷向前推移，當保羅第二次遭監禁時，他卻要求馬可到他那裏去，因為馬可的出現，有助自己的福音工作（提後四11），可見，此時的馬可已進步了很多，不再是昔日思想幼嫩的追風少年。留意，馬可與彼得同樣感情深厚，因彼得稱他為兒子（意即屬靈的兒子；彼前五13），可見馬可深受彼得信任，且以兒子視之。

著名新約學者陶德（C. H. Dodd）指出，[6] 在研讀彼得在使徒行傳十章36至41節的講道內容時，細察其思路模式，並將之對照馬可福音的模式，不難發現二者是極為相似的。[7] 按此了解，教父帕皮亞以上所言，可信性極高。[8]

接下來，我們要問的便是：為甚麼彼得要藉著馬可，寫下其福音書？[9] 當然，一如本書上文所論及的，彼得前書由西拉作代筆人（見彼前五12），[10] 而彼得後書文筆獨特，也許是請來了另一位代筆人代勞。故我們有理由作出推論，就是找代筆人寫作，是使徒彼得的慣常做法（亦如前所述，在當時，找代筆人代勞是很普遍的事，保羅十三卷書簡中，亦有不少由代筆人寫成；見羅十六22）。觀此，彼得找來馬可，作為福音書的代筆人，在當時代可視為一慣常做法。

事實上，正典中福音書之出現，受著一些重要的環境因素影響。例如其中一個共同因素，便是耶穌的第一代門徒，即使徒們，其所傳的福音自然成了第一手資料，得眾人信任，然而，當他們都一一大歸，如何保留耶穌故事的真實性，儼然成了一大挑戰。其實，當時坊間廣泛流傳著不同版本的耶穌故事，有些更互相矛盾，真假難分。按此，一旦使徒們離世，便再沒有任何權威人士可作出裁決。因此，使徒們必須把他們所跟隨過的、在世的主耶穌的事迹準確記述下來，而這需要顯得愈發強烈。如是者，四卷福音書便應時而生了。

當然，在研究四卷福音書時，我們深知其各自必然有自身的寫作緣由，就馬可福音而言，我們要問的是，到底彼得找來馬可代筆，寫下耶穌的生平事迹，凡十六章之長，是否有其獨特的原因？

另一個研究馬可福音時常遇見的問題，便是其古抄本有所謂短版本和長版本的分別。雖然大部分學者都以短版本為原版本（因為長版本中十六章9至20節的措詞和風格，跟前面的經文迥異），[11] 但問題是，短的版本，即以十六章8節為全書結尾，看起來實在使人詫異；且看8節：她們就出來，從墳墓那裏逃跑，又發抖又驚奇，甚麼也不告訴人，因為她們害怕。

以逃跑、害怕和甚麼也不告訴人，作為婦女們目擊耶穌空墳墓及遇見報信天使時的反應，無庸置疑是未如理想的了，而這樣的結尾，也實在叫讀者們難以接受。[12] 於是學者們便推想，有抄寫員加上了十六章餘下的部分（9至20節），好叫全書有一個較為完美的結局，[13] 於是，長版本的古抄本便出現了。[14]

以逃跑、害怕和甚麼也不告訴人作為全書的結尾，乍看之下，確實有點莫名其妙。不過，如果我們明白原作者（即彼得）找來馬可，大費周章地以十六章經文寫下耶穌的生平的本來意思，便不難明白，何以全書會如此結束。在此，筆者下文將說明箇中原委。[15]

我們可如此推想：誠然，福音書的主角是耶穌；配角是十二門徒，其中又以彼得為首。既然馬可福音的原作者是彼得，我們便有理由相信，馬可福音可說是他的回憶錄。學者們相信馬可福音寫於約公元一世紀七十年代初，即成書於彼得殉道前的日子。那時，彼得身在羅馬，名氣雖如日中天，英名遠播，但也已年屆六十左右。在古時，六十歲已屬垂暮之年。觀此，在這時寫下回憶錄，倒是件合理的事。

一、回憶錄中的主耶穌

對於彼得跟隨過的，在世的主耶穌基督，彼得朝思暮想。他想起祂教導英明，對門徒等人不離不棄，為世人奔忙一生；後來，祂更捨身取義，死在十架上，儼然成了僕人領袖的極致。馬可福音的其中一大特點，便是把耶穌描繪成一世紀的「大忙人」：祂馬不停蹄地事奉，不分晝夜地服事世人。一如六章31節對耶穌及其門徒的形容：這是因為來往的人多，他們連吃飯也沒有工夫。

事實上，馬可福音的「金句」是：因為人子來，並不是要受人的服事，乃是要服事人，並且要捨命作多人的贖價（十45）。此話出自耶穌。人子所指的，便是祂自己。[16] 而祂所說的，祂確實做到了：死在十架上，救贖眾罪人。所以，馬可福音的主角，是在世的主耶穌基督；當中所描寫的，是反映著彼得眼中的主耶穌，而這正是他所追隨的主昔日給他留下的印象。

易言之，耶穌的傳奇故事，於彼得來說（其他眾門徒大概也是這樣），是一種回憶，是一份陪伴，是一股莫名的提振生命的力量。而於眾讀者來說，耶穌的故事，則是不老不死，說不完的一個故事。

二、回憶錄中的門徒

對比之下，門徒等人卻很不濟事。彼得以自己為例，表明自己經常在耶穌面前說錯話，表錯情，甚至做錯事。事實上，在那段跟隨主的日子裏，他和當時的門徒都表現不濟，經常辜負主的厚愛，未能從過去的人和事中汲取教訓，生命成長緩慢。

由此觀之，相信彼得在寫福音書時，已清楚讓代筆人馬可知道，以上便是他寫福音書的原因。正因此故，十六章8節的逃跑及害怕，表面看來只是那羣目擊空墳墓的婦女們的反應（這羣婦女其實是女門徒），其實也是當時眾門徒的反應。按此了解，作者的用意是昭然若揭的——他旨在鼓勵讀者們，信仰路上稍有失腳，甚至跌倒，是不足為怪的；因為在那段耶穌在世的日子，門徒等人也是跌跌碰碰，做事冒失，表現不濟。彼得乃要讀者們讀完他的福音書後，千萬不要因處境困難，自己表現不濟而灰心喪志。

雖然彼得是在帝國的首都羅馬城寫下馬可福音，但他的讀者羣，範圍一定超越羅馬的信眾。我們更有理由相信，由於馬可福音的成書日期，與彼得前書的相若，[17] 故馬可福音指向的讀者羣，大有可能亦是彼得前書的羣體，即分散在本都、加拉太、加帕多家、亞細亞及庇推尼等地寄居的人。[18] 當然，以那時彼得的赫赫威名來說，他大有可能是寫給一個更大的讀者羣。而按彼得前書所示，那時的讀者羣所處身的社會環境，信徒是備受社會排擠的，例如被調侃為基督徒（見四16：若為作基督徒受苦……），慘遭誣告和毀謗，承受四方八面而來的壓力。在這不利的大環境下，信徒必然大感灰心，患得患失，甚至心中糾結著應否繼續跟隨主。正因此故，彼得便寫下其福音書，以鼓勵這些萌生退意的信徒。

事實上，在跟隨主的路上，彼得自己也很不如意。他經常失言，處事失當，行為失誤，表現不濟。然而，他之後仍能昂然站立，並成為教會的領導，乃全是救主耶穌那無限的大愛所使然。可見，灰心喪志只是暫時的，信徒實不必慌張。

話說回來，當我們能深入了解馬可福音原作者的寫作目的，便不難明白，何以馬可福音十六章8節作為全書的結尾，是一合乎情理的寫作手法。[19] 下文將對馬可福音的結尾的爭議，作進一步的討論。

三、門徒不濟的事例

且看馬可福音以下的一些例子，以舉證門徒的不濟，及其帶給讀者們的教訓。

(1) 作者以愚頑一詞，形容門徒的心靈狀況（見可六52，八

17)；愚頑又可作頑固、遲鈍、沒有感覺，其本意指如石頭般堅硬，有難以變改的意思。[20] 留意這兩節經文中愚頑一詞的原文，是完成時態被動語態分詞，[21] 原文也可直譯為**他們的心被愚頑了**。

在此，聖經學者法蘭斯(R. T. France)指出，心是指人的思想和感悟；[22] 可見其強調了門徒因著自己的限制(屬靈觸覺的魯鈍)，未能領悟箇中的道理，心眼仍是封閉的，而此狀態是持續的。換言之，當時門徒等人的屬靈心竅尚未打開，未能領悟所發生的事。[23] 換言之，他們是與常人無異。要留意，作者也用此詞形容法利賽人(他們的心剛硬；三5)。[24]

(2) 耶穌初出道時，事奉繁重，疲於奔命。於是，一章35至37節有此記述：次日早晨，天未亮的時候，耶穌起來，到曠野地方去，在那裏禱告。西門和同伴追了他去，遇見了就對他說：「眾人都找你。」這裏表明耶穌知所進退，在忙碌中擠出時間，堅持與父神相交，好能重新得力。然而，西門(即彼得)卻只留意人羣的需要。他向救主說：眾人都找你；此言略帶貶意，含不滿之情，亦顯出彼得關注的重點。由此可見，彼得完全不明白耶穌的心意，也不看重禱告；他不明白事奉要進退有據，張弛有度。[25]

此外，留意六章30至32節再論到耶穌事奉繁忙時，記述他主動帶著門徒暗暗地到曠野地方去歇一歇，這是因為來往的人多，他們連吃飯也沒有工夫(六31)。由此可見，時而工作，時而休息，這便是作者要告訴他的讀者們的，活在當下的套路。

(3) 當耶穌和門徒在船上遇上大風浪時，門徒怕得要死，向在熟睡中的耶穌求救。耶穌便起來，把風浪平靜了，祂向門徒說：為甚麼膽怯？你們還沒有信心嗎？（四 40）對於福音書的讀者們，耶穌此言是一個提醒：不要因環境的惡劣而膽怯，膽怯顯出他們的小信，即信靠主的心志不足。彼得又好像在挑戰讀者們：難道小小的人生風浪，會把天地的主難倒了嗎？

(4) 耶穌常以比喻教導眾人，但門徒的心竅未開，未能有所感悟，於是被主責備：你們也是這樣不明白嗎⋯⋯（七 18）。在此，彼得是要讀者們知道，生命成長是要假以時日的，因為人的思想修為，屬靈領悟力，是需要在人生路上飽經歷練，疊加以聖靈的感化，才能得著提升。換言之，事奉路上雖然是歷經滄海橫流，風霜滿途，但作為主的門徒，必須勇者無懼，即靠著內住的主，無懼風雨，風雨兼程，勇闖明天，因為天涯盡處便是父家。

(5) 當耶穌快要榮進耶路撒冷時，門徒便爭論誰為大（這情況其實發生了兩次；見九 33～37，十 35～41）。在其中一次地位「爭奪戰」中（十 35～41），耶穌的兩位得力門徒：雅各和約翰，更一心要成為那快登上王位的主耶穌的左右手，而他們的自薦，亦引起了其他門徒的不滿，引發了內哄。其實，耶穌和十二門徒，當時只是一個組成不久的幼嫩羣體，如今內部不和，再加上從政府而來的迫害，以及羣體的領導耶穌基督快要捨身取義，其可說是外憂內患。但門徒竟然是一無所知，危機感全無，實在無知。此役當然亦是提醒讀者們必須同仇敵愾，抵禦外敵，此乃求存的萬全之策。

(6) 當耶穌詢問門徒到底祂是誰時，彼得表示：你是基督（八29），而此言被主稱讚。然而，轉過頭來，當主表示祂要上耶路撒冷受難時，彼得卻極力阻擋；他本從後面跟著主走，現繞到主前面攔著主的去路，拉著他，勸他（八32），著他切不可上耶路撒冷去，隨即換來主的痛責：撒但，退我後邊去吧……（八33）。在此，耶穌是給彼得來一個面質（confrontation），[26] 這意味著如今彼得成了撒但的工具，破壞神的救贖作為；[27] 他是「好心」卻做錯事，糊塗至極。此役是提醒讀者們要留心自己的想法，出於己意，一廂情願的匹夫之勇，其不單無補於事，更有可能誤了天國的大事。

(7) 面對狂風怒吼的衝擊，門徒便害怕起來（見四40，六49），尤其是耶穌被捉拿之時，門徒都怕得要死，爭相逃命，四散得無影無蹤：門徒都離開他，逃走了（十四50）。到全書終結，即到了主從死裏復活時，實乃大喜的信息，可門徒等人（以目擊事件的婦女們為代表）不但沒有大感興奮，反而保持緘默，驚慌得全身發抖，心中害怕，逃走了事。真令人哭笑不得，啼笑皆非，盡顯門徒的無能。

由此可見，那時的門徒等人的視野狹隘，領悟力微弱，表現不濟。總之，在跟從主，作在世主耶穌的門徒時，論成就，他們是一事無成；論生命成長，則靈命疲弱，不堪回首。然而，讀者們應該牢記，復活主是得勝主，山雨欲來風滿樓的日子終必歸於平靜。主必再來，苦澀必換來甘甜。祂要為我們成就天國功業的輝煌。

在此，浩浩青天，冥冥大地，讓我們舉目仰視復活主，然後挺身昂首，大步向前，繼續跟從祂，沿著祂的腳蹤行。且看在世耶穌向門徒的應許：你們要為我的名被眾人恨惡。惟有忍耐到底的，必然得救（十三 13）。

(8) 最失敗的，便是原作者彼得曾向主表示，他要與主同生共死，他必誓死跟隨主（十四 31），然而，稍後在面對不利環境時，他竟然三次公開否認主（十四 66 ~ 72），此挫敗必然使彼得自慚形穢。他走了出去，抱頭痛哭，更哭得撕心裂肺（十四 72）。此舉是彼得以身言教，即不論所犯的錯有多大，只要回轉，誠心悔改，未來仍有可為。

話說回來，彼得寫下福音書，本是作宣講之用，[28] 但既然以文字傳情達意，旨在曉諭天下，便尤其寄望讀者們以彼得本人為鏡鑑。抑有進者，雖然他及門徒等人的生命都如此不濟，既愚頑亦小信，但偉大的主，仍牢牢地守護著他們，[29] 假以時日，他們必能騰雲而起，長風萬里，來一個大器晚成。

由是觀之，如今落在眼前困局裏的讀者們必須重拾信心，重新振作跟從主，為真理而奮戰到底，切勿讓低落的情緒失控，被其吞沒。

四、結論

在讀馬可福音時，我們不難發現，作者是以寫戲劇的手法著墨，這正合乎新約學者法蘭斯以「三幕劇」來形容馬可福音全書的佈局。[30]

古時並沒有科技器材，讓作者把所見所聞攝錄下來。在此，福音書的作者們可以做的，便是把他們眼中所見，耳中所聞，與耶穌邂逅的事件，如寫戲劇的劇本般，把耶穌及門徒等人的表現，活畫在讀者面前，從而向我們發出邀請，邀請我們進入他們所處身的天地裏，感應耶穌的壯大氣場，感同於門徒等人在跟隨主路上的起伏不定。失言、失誤、不知所措已成常態；然而，他們所跟隨的主對他們卻是不離不棄，甚至出賣耶穌的門徒猶大，主還是給他機會回頭是岸（十四 17～21），猶大卻回絕之，他的沉淪是自招的。反而，彼得的回轉，換回了耶穌的赦免，他才能東山再起，再戰江湖，建立天國的功業。如今，他更藉著馬可的神來之筆，寫下他的回憶錄。換言之，他破碎的人生得以翻篇，成就未來的輝煌，在此可見一斑。

端此，我們在讀馬可福音時，不妨運用我們的創意，讓想像力騰飛。換言之，透過想像力，我們把馬可寫下的文字，轉化成聲音和影像，好叫福音書中的彼得，能躍然於紙上，好像在向我們招手，向我們發出邀請，跟著他走入他的小天地裏，和他一起感應他所處身的小世界，感受作主門徒的那些年是如何度過的，那些事是如何經歷的。這樣細讀馬可福音，才是作者所期望的解讀法，而這樣的解讀法，更能促進生命的成長。

| 末了的話 |

我本軟弱，終成大我

一如上文所指出，馬可福音結束的一節，大有可能是十六章8節：她們就出來，從墳墓那裏逃跑，又發抖又驚奇，甚麼也不告訴人，因為她們害怕。如上文所言，以害怕作為全書的結尾，乍看下，實在讓人莫名其妙，於是便出現了較長篇幅的版本，好叫全書看來，能有一更為完美的結局。然而，如此大有可能是誤解了作者的原意。

在此，筆者嘗試勾勒一個值得我們參考的詮釋方法，其詮釋的過程雖較為迂迴，卻能觸動我們。詮釋的進路如下：當婦女們得知耶穌復活之事，且由天使告知，可於她們而言，這完全違反常理，不合邏輯。於是，婦女們的反應便是害怕；並且因著不知如何表達這全然出人意表的情況，選擇了緘默。要深入理解婦女們的表現，我們可以嘗試從教會的兩大靈修傳統切入。

對於如何認識神，描述祂的本質及作為，我們的信仰傳統，可分兩大類。第一個傳統以為神是可認識的，人更可以用言語描述之，例如聖經，作為神的啟示，便是以文字的方式來表述神及其作為；又例如道成了肉身的耶穌，活在世人當中，將真理言傳身教。端此，譬如福音派教會便以聖經為其信仰的中心（Bible-centered），藉著認識聖經以實踐真道，並以此為信仰的核心。此傳統被學者稱為 kataphatic；此字乃由 *kata*（意即全然）和 *phatic*（意即強調）組合而成，故 kataphatic 旨在表示神是全然可表述的（這一傳統有譯作「肯定」的靈修進路）。

第二個傳統則被稱為 apophatic；*apo* 意即出去（一如使徒〔apostle〕一詞，字義是被差出去的），引申出逆向的意涵，故其指出神是難於以言語表達的，皆因神是個靈，祂的全能、全知、全在，是我們作為被造之物難於全然參透的（這一傳統有譯作「否定」的靈修進路）。在此，靈修學者潘怡蓉在其專文〈福音派靈修〉指出，這方面正正是福音派靈修所匱乏的。[31]

平情而論，神是甚願啟示的神，祂極渴望人能與祂聯上，建立關係。因此，祂以人所能理解的方式，例如文字；又以人所能理解的方式，例如降世為人，來表達屬靈的真理。按此了解，kataphatic，強調神的可表述性，是絕對有其道理的。然而，神的本質和作為，也是超乎一切被造之物的（當然也包括人類），一如以賽亞書五十五章 8 至 9 節所言：耶和華說：我的意念非同你們的意念；我的道路非同你們的道路。再者，保羅在羅馬書十一章 33 至 34 節也有此讚歎：深哉，神豐富的智慧和知識！他的判斷何其難測！他的蹤迹何其難尋！誰知道主的心？誰作過他的謀士呢？觀此，強調 apophatic 這傳統也有其道理。

在此，apophatic 這傳統解釋了何以婦女們目睹空墳墓及天使，震驚得目定口呆，害怕得很之時，會以保持緘默來回應。

我們要認識神，固然要勤讀聖經，儘可能藉著文字去認識神（尤以福音書的主角耶穌基督），這是一不可或缺的基礎。然而，神的超然及偉大，絕非人的筆墨所能全然形容，更非人的理性所能完全透晰。如果我們能有此領悟，心中對神的敬畏自然會加增，而在渴慕神，追求真理的道路上，必然更加虛懷若谷，孜孜以求，在認識神的不同維度上，均有所精進。

回到婦女目擊空墳墓和天使，心中害怕，語塞無言一事。大文豪卡夫卡（Franz Kafka）有此言：「人只有經歷自己的渺小，才能抵達高尚。」如果我們經驗到神的本質和作為是怎樣無與倫比，我們必然發現，自己實在渺小，而且渺小得可憐，有如螻蟻。換句話說，神從來沒有如此偉大，自己從來沒有如此渺小，正是我們的感悟。易言之，馬可福音背後的主筆，即那飽歷人生滄桑的西門．彼得，他是有意示範：軟弱的本我，靠著超然的主，終成為大我。事實上，對於聖經中出現的一眾人物，不應只在乎他們的所謂成敗功過；要在乎的，更應是他們的故事能否直達我們的內心，觸動我們的心靈，驅使我們成長，叫我們能接受自己的不堪不濟，卻同時能靠著超然於萬物之上的主，展翅高飛，鳳舞九天，共建天國的永恆功業。

進而言之，彼得要告知我們，能經歷復活的主，深度感悟祂同在的妙不可言，是怎樣蒙福，怎樣確幸的一件事，然後便要以「生命影響生命」的方式，活在當下，因為這正是有著神的形象和樣式，作為被造之物的我們，其存在的目的、價值和意義之所在。愛因斯坦（Albert Einstein）的這一句："Don't wait for miracles, your whole life is a miracle."（莫待奇迹降臨，因你的人生，早已是一場奇迹。）[32] 彼得所要示範的，便是他的一生便是神蹟；我和你的一生亦然。若能如此，彼得便做到了「薪火相傳」。話説回來，彼得的確也桃李滿門，受他影響的人更是海量。而其中他便有兩位得意門生，如前所述一為羅馬的革利免（Clement of Rome），另一為馬可。

｜靈思小品｜

請不要太早放棄

話說在清朝乾隆年間，有一九十八高齡的長者，他憑藉個人努力，考取功名，且一考中舉，堪稱「老而彌堅」。在同一年，另有一位上榜者年僅十二歲，堪稱「神童」。此事一時傳為佳話。有人因而寫了一道詩，其中一句：「老人南極天邊見，童子春風座上來。」次年，這位老人又再在會試中高中，官級再升，直到一〇四歲（有說其享年「一百二十歲」）。此人名叫謝啟祚，晚年他膝下五代同堂。他心滿意足，安然逝去。

｜深度反省｜

人生不如意事凡十之八九，挫折挫敗在所難免。但請不要太早放棄，正如九十八歲的老人，哪怕人以為的垂暮之年，仍有可為。只要天時、地利、人和配合上，常作好準備的有能之士，自能在主手中，展翅高飛。

註釋

前言

1 還有兩個門徒；見：約二十一 2。

第 1 章

1 "The most prominent of the 12 disciples of Jesus," *ABD*, 5:251.

2 *ABD*, 5:251.

3 彼得所言，代表了十二使徒的看法；張永信，《使徒行傳》，卷一（香港：天道書樓，2000），頁 374。

4 Thomas R. Schreiner, *1, 2 Peter, Jude* (Nashville: B&H, 2003), 52.

5 "...developed in a house church...goes back to Peter and his family," Martin Hengel, *Saint Peter: The Underestimated Apostle* (Grand Rapids: Eerdmans, 2010), 106.

6 Hengel, *Saint Peter*, 139.

7 Hengel, *Saint Peter*, 99.

8 *NIDB*, 4:475.

9 還好的是 "While the situation is grave, it is by no means hopeless...," Mark L. Strauss, *Mark* (Grand Rapids: Zondervan, 2014), 346。

10 James R. Edwards, *The Gospel According to Mark* (Grand Rapids: Eerdmans, 2002), 216.

第 2 章

1 這裏反映了摩西在西奈山上的情境（出十九 16，二十四 15～16）。

2 R. T. France, *The Gospel of Mark* (Grand Rapids: Eerdmans, 2002), 355.

第 3 章

1 這裏大有可能是反映以賽亞書十一章 2 節的經文；見 Clinton E. Arnold, *Ephesians* (Grand Rapids: Zondervan, 2010), 27。

2 黃浩儀：《以弗所書——在基督裏合一的新羣體》（香港：明道社，2009），頁 38。

3 Andrew T. Lincoln, *Ephesians* (Dallas: Word Books, 1990), 58.

4 " ...military metaphor, " J. Ramsey Michaels, *1 Peter* (Waco: Word Books, 1988), 225.

5 詳參張永信、張略：《彼得前書》（香港：天道書樓，1997），頁 320～322。

6 米哈里・契克森米哈伊（Mihaly Csikszentmihalyi）：《心流——高手都在研究的最優體驗心理學》，張瓊懿譯（新北：行路出版，2019），頁 24～25。

第 4 章

1 *ISBE*, 4:513.

2 James C. VanderKam, *From Joshua to Caiaphas: High Priests after the Exile* (Minneapolis: Fortress, 2004), 137～158.

3 見張永信：《但以理書注釋》（香港：宣道，1994），頁 372～373 的簡介。

4 VanderKam, *From Joshua to Caiaphas*, 137～158.

5 *ISBE*, 4:515～516.

6 Larry R. Helyer, *The Life and Witness of Peter* (Downers Grove: IVP, 2012), 24.

7 作者馬太本是稅吏，故對此納稅事宜感興趣，福音書中惟他記下此事件；Ben Witherington III, *Matthew* (Macon: Smyth & Helwys, 2006), 330。

8 Josephus, *The Antiquities of the Jews*, 16.172, 18.312；公元七十年後，凱撒命令猶太人同樣要納此稅給希臘的神明，這當然引起猶太人的反應；見 Josephus, *The Jewish War*, 7.218～229；又 Edward J. Carter, " Toll and Tribute: A Political Reading of Matthew 17:24～27, " *JSNT* 25.4 (2003): 414。

9 馬太福音有此記述，間接舉證了其是寫於公元七十年之前。

10 參 Sara Mandell, " Who Paid the Temple Tax When the Jews Were under Roman Rule?, " *HTR* 77.2 (1984): 223～232。

11 " ...the temple in Jerusalem was regarded as one of the wealthiest institutions in the Roman world, " David J. Downs, " Economics, Taxes, and Tithes, " in *The World of the New Testament: Cultural, Social, and Historical Contexts*, ed. Joel B. Green and Lee M. McDonald

(Grand Rapids: Baker, 2013), 166.

12 他們的見解是基於出埃及記三十章 11 至 16 節及尼希米記十章 32 至 33 節的教導。

13 因此稅並沒有得到羅馬政府正式的官方認可。

14 *ISBE*, 2:392.

15 也許捕魚被視為不潔、卑賤的工作，然而其需求卻相當大。

16 Helyer, *The Life and Witness of Peter*, 25.

17 見張永信：《使徒行傳》，卷一（香港：天道書樓，1999），頁 343。

18 詳見 *ISBE*, 4:286。

19 這也解釋了為何二人要走到耶穌那裏，要求成為主的股肱之臣（可十 35～40）；在十字架上，耶穌把自己的母親交給約翰照顧，因為馬利亞和約翰有親戚關係（約十九 26）。

第 5 章

1 *ISBE*, 2:392.

2 *ISBE*, 2:391～393.

3 "...make it liable to sudden and violent storm...," *ISBE*, 2:392.

4 即 "throne epiphany," Michael Grant, *Saint Peter: A Biography* (New York: Scribner, 1995), 167。

5 I. Howard Marshall, *Commentary on Luke* (Grand Rapids: Eerdmans, 1978), 204～205；又 Grant, *Saint Peter*, 6～7。

第 6 章

1 作者以三組名單記下十二門徒的名字，見 James R. Edwards, *The Gospel According to Luke* (Nottingham: Apollos, 2015), 187。

2 路加言下之意，便是出賣耶穌的猶大沒有資格擔此重任。

3 留意使徒行傳六章 2 節《和合本》作十二使徒，其實原文意即「那十二位」（the twelve）。

4 張永信：《馬可福音》，卷上（香港：天道書樓，2010），頁 184～185。

5 詳見 James F. Strange and Hershel Shanks, "Has the House Where Jesus Stayed in Capernaum Been Found?," *BAR* 8.6 (1982): 26～37。

6 見張永信：《新約深度行：歷史及神學導論》（香港：宣道，2019），頁 180～181。

7 留意馬可福音六章 48 節指出，耶穌是要走過他們去，而不是走到船上，可見耶穌是要在門徒面前彰顯其神能。

8 留意耶穌以三短句，重複安撫在驚恐中的門徒：放心，是我，不要怕（太十四 27）。

9 "Peter request in based upon faith in Jesus...," Donald A. Hagner, *Matthew 14 ～ 28* (Dallas: Word Books, 1995), 424.

10 彼得同時是好例子，也是不好的例子；卡森（D. A. Carson）：《馬太福音》，周俞雲翔譯（South Pasadena：麥種傳道會，2013），頁 665。

11 Edwards, *The Gospel According to Luke*, 279 稱之為 "Jesus: The Human Tabernacle of God"。

12 祂所彰顯的是 "his pre-incarnate glory and coming exaltation," Matthew Barrett, *Canon, Covenant and Christology: Rethinking Jesus and the Scriptures of Israel* (Downers Grove: IVP, 2020), 132。

13 留意這裏山之前沒有冠詞（article；對比太五 1 及二十八 16 的山之前則有冠詞），可見作者的意思是，哪一座山不是這裏的重點；參 Terence L. Donaldson, *Jesus on the Mountain: A Study in Matthean Theology* (Sheffield: JSOT Press, 1985), 149～151。

14 有指是他泊山（Mount Tabor），如今山上還建有一東正教教堂作為紀念；*ISBE*, 4:88～89；又見卡森：《馬太福音》，頁 737。

15 Howard Clarke, *The Gospel of Matthew and Its Readers: A Historical Introduction to the First Gospel* (Indianapolis: Indiana University Press, 2003), 151.

16 "Mountains in ancient cosmology lie on the border of heaven and earth...," Dorothy A. Lee, "Natural World Imagery and Sublime in the Gospel of Matthew," *ABR* 67 (2019): 73.

17 留意「棚」原文是「會幕」（tabernacle）；Edwards, *The Gospel According to Luke*, 283。

18 你們要聽他引自申命記十八章 15 節；詳見卡森：《馬太福音》，頁 741。

19 這看法也是當時一般人對耶穌的看法，見：太十六 14。

20 "...leaving Jesus alone as the one who must now be heard," Dieter T. Roth, "Transfiguring the Transfiguration: Reading Luke 9:35 *Adversus Marcionem*," *CBQ* 85.4 (2023): 733.

21 參：羅十 15。

22 一如卡森：《馬太福音》，頁 742 所言，當時三位門徒仍未全然了解，但在耶穌復活後，他們將進一步認識神的兒子便是耶穌。

第 7 章

1 "...Peter's confession of Jesus is a classic of primitive Christology," Jacob Neusner and Bruce Chilton, *Jewish–Christian Debates: God, Kingdom, Messiah* (Minneapolis: Fortress, 1998), 196.

2 此城是由分封王希律．腓力所建；卡森：《馬太福音》，頁 701。

3 宣稱耶穌乃神的兒子支持馬太優先論，見卡森：《馬太福音》，頁 703。

4 關於「教會」(*ekklēsia*)一詞的解釋，見 Witherington III, *Matthew*, 312～313。

5 "Over time the interchangeability became more pronounced," John Nolland, *The Gospel of Matthew* (Grand Rapids: Eerdmans, 2005), 669.

6 參卡森：《馬太福音》，頁 707。

7 卡森：《馬太福音》，頁 707。

8 "...Satan, this time working through Peter," Witherington III, *Matthew*, 318

9 *ABD*, 5:255.

10 彼得是一個反面例子，他按著自己的想法，試圖阻撓耶穌踏上十字架之路；邁克爾．威爾金斯(Michael J. Wilkins)：《馬太福音》，卷下，古志薇、陳秀媚譯(香港：漢語聖經協會，2016)，頁 691。

第 8 章

1 必不臨到(太十六 22)顯示了一種強烈的表達；Nolland, *The Gospel of Matthew*, 688。

第 9 章

1 原文即 *mēti egō eimi*；當然這句也反映出門徒的擔憂；Nolland, *The Gospel of Matthew*, 1065。

2 這便是撒但就入了他的心的意涵(見約十三 27)，即他的思想，全被撒但操控，務要出賣耶穌，賺取三十塊錢而後快。

3 「……但後來他悔改，又為其他門徒展示出充滿希望的前景，使他們得著鼓勵。」威爾金斯：《馬太福音》，卷下，頁991～992。

4 Nolland, *The Gospel of Matthew*, 1144.

5 "...his bitter reaction here is taken as a mode of repentance...," Nolland, *The Gospel of Matthew*, 1144.

6 也可能因為先前彼得曾言詞確鑿地表示，他要和耶穌同生共死（可十四31）；張永信：《馬可福音》，卷下（香港：天道書樓，2010），頁313。

7 威爾金斯：《馬太福音》，卷下，頁997。

8 其可能和先前最後晚餐中的杯有關；見 Nolland, *The Gospel of Matthew*, 1100。

9 張永信：《馬可福音》，卷下，頁312。

第10章

1 "Peter, speaking for the disciples, again misunderstands...," Craig S. Keener, *The Gospel of John: A Commentary*, vol. 2 (Grand Rapids: Baker, 2003), 908.

2 有認為是指惟有耶穌的血，及聖靈的洗，才能真正潔淨人心；見 John Gill, *An Exposition of the Gospel According to John* (Springfield: Particular Baptist Press, 2003), 424。

3 "...required a higher level of ritual purity," Keener, *The Gospel of John*, 909.

4 卡森（D.A. Carson）：《約翰福音》（South Pasadena：麥種傳道會，2007），頁720。

5 "There is no parallel in ancient sources to a person of authority doing such a servile work," David F. Ford, *The Gospel of John: A Theological Commentary* (Grand Rapids: Baker, 2021), 255.

6 如此鋪排，是要顯出彼得其實是站在與耶穌為敵的陣線上；Keener, *The Gospel of John*, 1091～1092。

7 見下文的闡釋。

8 馬太福音二十六章69節表明彼得是坐下來，大概因為天冷，他和其他的人一起圍著爐火取暖，這時使女才認出他來。

9 留意，馬太福音二十六章69節記錄了使女的指控之詞：你素來也是同那加利利人耶穌一夥的。

10 Craig A. Evans, *Matthew* (Cambridge: CUP, 2012), 444; Martin Dibelius, *Jesus*, trans. Charles B. Hedrick and Frederick C. Grant (Philadelphia: Westminster Press, 1949), 40; Craig S. Keener, *A Commentary on the Gospel of Matthew* (Grand Rapids: Eerdmans,

1999), 655; Stanley Hauerwas, *Matthew* (Grand Rapids: Brazos Press, 2006), 227.

11 立時原文為 *etheōs*；另參前文二十六章 34 節，這在在指出耶穌的預言沒有半點偏差地實現了，耶穌確是真先知。

12 即 *pikrōs*；見 *LKGNT*, 81。

13 留意馬可福音十四章 72 節的哭乃未完成時態，即哭個不休；彼得當時是淚如泉湧。

14 這是本書讀者們所知道的，這也是作者希望讀者們如此解讀彼得的痛哭；留意哥林多後書七章 10 節保羅所言：……依著神的意思憂愁，就生出沒有後悔的懊悔來，以致得救；又如馬太福音五章 4 節耶穌所言：哀慟的人有福了……。

第 11 章

1 "...were a symbol, pledge, and confirmation...," Gill, *An Exposition of the Gospel According to John*, 618.

2 又或者如 Gill, *An Exposition of the Gospel According to John*, 630 所言，這象徵性地指一切主所拯救的人。

3 "...indicating that no difference of meaning can be attributed to those verbs in John," John Painter, *1, 2, and 3 John* (Collegeville: Liturgical Press, 2008), 62；引自 Keener, *The Gospel of John*, 1236。

4 又例如 *boskō* 和 *poimainō* 等；更多的例子見 Charles H. Talbert, *Reading John: A Literary and Theological Commentary on the Fourth Gospel and Johannine Epistles* (New York: Crossroad, 1992), 261。

5 F. F. Bruce, *The Gospel of John* (Grand Rapids: Eerdmans, 1983), 404.

6 Gill, *An Exposition of the Gospel According to John*, 633 則認為這些是指其他門徒對主的愛。

7 Helyer, *The Life and Witness of Peter*, 61.

8 張永信：《哥林多後書——軟弱的神僕‧榮耀的職事》(香港：明道社，2008)，頁 229。

第 12 章

1 他表明，受書人是提阿非羅（路一 1；徒一 1），此乃外邦人名字。

2 出自公元四世紀著名犬儒學派哲學家第歐根尼（Diogenes Laertius）的觀點；引

自馬可．鮑威爾（Mark Allan Powell）：《福音書導論》，古志薇譯（香港：道聲，2008），頁166～167。

3 "The dominant view in Lukan studies is that Luke–Acts was written as apologetic literature...," Richard P. Thompson, "Luke–Acts: The Gospel of Luke and the Acts of the Apostles," in *The Blackwell Companion to the New Testament*, ed. David E. Aune (Oxford: Wiley-Blackwell, 2010), 326.

4 又參張永信：《新約深度行》，頁132～136。

5 詳參張永信：《新約深度行》，頁132～136。

6 Thompson, "Luke–Acts: The Gospel of Luke and the Acts of the Apostles," 319；使徒行傳九章32節形容彼得周流四方；保羅的四次宣教旅程；二人都如耶穌，遊走四方，弘揚福音。

7 留意路加福音二十四章46至47節的一句：……照經上所寫的，基督必受害，第三日從死裏復活，並且人要奉他的名傳悔改、赦罪的道，從耶路撒冷起直傳到萬邦。此話表明福音書中耶穌的工作，跟使徒行傳中門徒的工作是緊扣在一起的；鮑維均：《路加福音》，卷上（香港：天道書樓，2008），頁26。

8 看來路加是要向當代人解釋，基督教被控告及攻擊，都是出於一場誤會及猶太人惡意的誣告而已；詳參張永信：〈從路加看耶穌：普世救主，一代宗師〉，《Papyrus》第三十三期（2016年2月），頁12～13。

9 *ISBE*, 3:805.

10 "Luke is a consummate historian, to be ranked in his own right with the great writers of the Greek," E. M. Blaiklock, *The Acts of the Apostles* (Grand Rapids: Eerdmans, 1959), 89.

11 Carsten P. Thiede, *Simon Peter: From Galilee to Rome* (Grand Rapids: Zondervan, 1988), 102.

第13章

1 Pheme Perkins, *Peter: Apostle for the Whole Church* (Minneapolis: Fortress, 2000), 88.

2 John Stott, *The Message of Acts: The Spirit, the Church and the World* (Leicester: IVP, 1990), 75.

3 可參 John D. Harvey and David Gentino, *Acts: A Commentary for Biblical Preaching and Teaching* (Grand Rapids: Kregel, 2023), 102 枚舉的例子。

4 張永信：《使徒行傳》，卷一，頁253～254。

5 Terence Ascott：《勇於相信——SAT-7 誕生的故事》，熊黃惠玲譯（香港：Sat-7 Hong Kong，2023），頁 200。

6 希奇此字常用作羣眾對奇妙的耶穌的反應（見太七 28，十三 54，二十二 22），如今卻是耶穌大感希奇，可見百夫長的事件，實在非比尋常。

7 路加福音七章 5 節盛讚此百夫長敬虔及滿有愛心。

8 Marshall, *Commentary on Luke*, 316.

9 留意馬太福音十五章 21 節指出，耶穌是退到泰爾、西頓，由於耶穌在泰爾、西頓不為人所熟悉，這樣，耶穌等人便可暫作休息；詳見張永信：《馬太福音注釋：耶穌基督——多重身分，跨界高手》，下冊（香港：宣道，2021），頁 44。

10 詳見 *ISBE*, 4:303～304。

11 "...abandons her original purpose for coming to the well...for the sake of witnessing to Jesus is also a mark of a disciple," Andreas J. Köstenberger, *John* (Grand Rapids: Baker, 2004), 159.

12 詳見 *ISBE*, 4:500～501, 932～935。

13 馬可福音七章 26 節更表明她是屬敍利腓尼基族，操希臘話的外邦婦人。

第 14 章

1 張永信：《哥林多前書：教會時弊的良方——愛》（香港：明道社，2014），頁 347。

2 見：路二十四 45。

3 房角石（*akrogōniaios*）到底是指甚麼雖存在爭議，但毫無疑問其是指在房屋建造時一塊有如基座的石頭；詳見 *ISBE*, 1:784；又 *TDNT*, 1:791～793。

4 留意馬太福音二十一章 42 節還加上這一句：……這是主所做的，故此是指父神為耶穌伸冤辨屈，使祂從死裏復活；見張永信：《馬太福音注釋》，下冊，頁 242。

5 聖靈被稱為耶穌的靈，舉證著使徒行傳作者的"high Christology," Eckhard J. Schnabel, *Acts* (Grand Rapids: Zondervan, 2012), 668。

第 15 章

1 馬太福音二十六章 75 節指他就出去痛哭，痛指痛苦地，其是形容哭的，即痛徹心扉地大哭；馬可福音十四章 72 節中的哭，其原文是未完成時態，即哭個不休；詳見張永信：《馬太福音注釋》，下冊，頁 452；*TDNT*, 3:722～725；又 *LKGNT*, 131。

第 16 章

1 選舉（見一 23）有異文是單數動詞，故選可以是羣體性，也可以是指由彼得推選；Luke T. Johnson, *The Acts of the Apostles* (Collegeville: Liturgical Press, 1992), 23。

2 這樣，猶大的空缺，便有了接班人了；見張永信：《使徒行傳》，卷一，頁 218～229。

3 使徒（*apostolos*）一詞，字義是被差出的一位，在使徒行傳中兼具狹義和廣義的用法，前者指十二門徒，他們是蒙主親自差派的一羣，如彼得和約翰等；後者指那些被差出去的，代表著地方教會的傳道者，如巴拿巴和西拉等；詳參張永信：《教牧書信：提摩太前後書、提多書》（香港：天道書樓，2019），頁 68～70。

4 Stott, *The Message of Acts*, 81.

5 瘸腿的代表一切被排拒於猶太教外的可憐人（參利二十一 16～18）；Johnson, *The Acts of the Apostles*, 64～65。

6 Stott, *The Message of Acts*, 90.

7 Harvey and Gentino, *Acts*, 119.

8 同時具預防性（preventive）及治療性（therapeutic）。

9 換言之，其是一本源（source）的問題；見 Johnson, *The Acts of the Apostles*, 67。

10 此人被稱為 " faith healer "，今已離世。

11 此奇特現象被稱為「靈擊」。

12 留意這裏的動詞 *egineto* 是未完成時態，即不斷地施行神蹟奇事；Harvey and Gentino, *Acts*, 157。

13 事實上，新約眾作者在引用舊約時都是憑著記憶。

14 使徒們無意貶低社會關懷，只是這並非他們的主要職責；Stott, *The Message of Acts*, 121。

15 Schnabel, *Acts*, 335.

16 見：徒二 41、47，四 4，五 14；Johnson, *The Acts of the Apostles*, 107。

17 引自 Lee I. Levine, *Jerusalem: Portrait of the City in the Second Temple Period (538 B.C.E. ～ 70 C.E.)* (Philadelphia: Jewish Publication Society, 2002), 53。

第 17 章

1 見 Schnabel, *Acts*, 242。

2 "...no formal theological training," Harvey and Gentino, *Acts*, 132.

3 古希臘賢哲蘇格拉底（Socrates）亦有類似的言論；見 Johnson, *The Acts of the Apostles*, 79。

4 張永信：《使徒行傳》，卷一，頁 406。

5 但看 Stott, *The Message of Acts*, 118 的批評。

6 「説之以情，論之以理，力陳事情的利弊……」；參張永信：《使徒行傳》，卷一，頁 412。

7 希里（Hillel the Elder）據説生於公元前一百一十年，死於公元前十年，他的名句是："What is hateful to you, do not do to your fellow: this is the whole Torah; the rest is the explanation; go and learn."（意思大概類似登山寶訓的「金律」〔太七 12〕，或者《論語》所説的「己所不欲，勿施於人」）；John B. Polhill, *Acts* (Nashville: B&H, 1992), 171。

8 公元前一至二世紀，猶太領袖的言論中，以希里留下來的教導最為豐富；見 *ABD*, 5:299。

9 他成為當時法院的主席；Polhill, *Acts*, 171。

10 迦瑪列（Gamaliel the Elder）的兒子於公元六十六年，更啟動反羅馬政府的浪潮。

11 "...as a most prominent member of the Pharisees," F. B. A. Asiedu, *Paul and His Letter: Thinking with Josephus* (London: Fortress, 2020), 10.

12 Polhill, *Acts*, 171.

13 引自 Ben Witherington III, *The Acts of the Apostles: A Socio–Rhetorical Commentary* (Grand Rapids: Eerdmans, 1998), 233。

14 「他兒子同樣是一位在第一世紀末名震遐邇的老師。」見張永信：《使徒行傳》，卷一，頁 411。

15 "Simon ben Gamaliel is the prime mover...," *ABD*, 5:292.

16 詳見張永信：《使徒行傳》，卷一，頁 218～219。

17 即 *angelos*；見 *ISBE*, 1:124～127。

18 詳參張永信：《使徒行傳》，卷二，頁 232～233。

19 故馬可福音是寫於耶路撒冷大會之前，即公元四十九年之前，亦即是公元一世紀五十年代中期；這是有關馬可福音寫作日期的早期説法；詳見 William Lane,

The Gospel of Mark (Grand Rapids: Eerdmans, 1974), 18；然而，最可能的說法，是以公元一世紀七十年代中期，尤以是在彼得於公元六十六年的殉道之前，為其寫作的日期，見張永信：《馬可福音》，卷上，頁 12，註 51。

20 且看本書附錄〈軟弱者的回憶——重讀馬可福音〉一文。

第 18 章

1 關於擘餅是否便是守主餐，見張永信：《使徒行傳》，卷一，頁 277～278 的討論。

2 在獻金的事上，此夫婦可能與教會立下了某種約："...entered into some kind of contract to give to the church the total amount raised," Stott, *The Message of Acts*, 109。

3 見 Richard N. Longenecker 的解釋；參 Frank E. Gaebelein, ed., *The Expositor's Bible Commentary*, vol. 9 (Grand Rapids: Zondervan, 1981), 314 使徒行傳部分（Richard N. Longenecker 撰）。

4 詳參張永信：《使徒行傳》，卷一，頁 377。

5 Schnabel, *Acts*, 285.

6 "unable to earn their own living and had no relatives to support them, the church had accepted the responsibility...," Stott, *The Message of Acts*, 120.

7 因這裏的動詞忽略，是一未完成時態，表示其已出現了好一段日子；見 Schnabel, *Acts*, 330。

第 19 章

1 這裏出現的巴比倫，其實是羅馬的代號；參張永信、張略：《彼得前書》，頁 405～409。

2 Charles H. H. Scobie, "The Origins and Development of Samaritan Christianity," *NTS* 19 (1973): 390～414.

3 按手象徵著能力的傳送；Schnabel, *Acts*, 412。

4 也表示耶路撒冷教會和撒馬利亞的信眾是合一的；Stott, *The Message of Acts*, 27。

5 又如五旬節聖靈降臨時，使徒說起別國的話來（徒二 4）。

6 此人被形容為最早期的異端的發起人，見 Richard N. Longenecker 的講法；參 Gaebelein ed., *The Expositor's Bible Commentary*, vol. 9, 358。

7 關於這人物的研究，見 J. D. M. Derrett, "Simon Magus (Acts 8:9～24)," *ZNW* 73

(1982): 52～68。

8 參張永信：《使徒行傳》，卷二，頁 17～18。

第 20 章

1 “...apparently on a church preaching and visitation tour...,” Darrell L. Bock, *Acts* (Grand Rapids: Baker, 2007), 376.

2 張永信：《使徒行傳》，卷二，頁 113。

3 *ISBE*, 4:451.

4 Schnabel, *Acts*, 467.

第 21 章

1 使徒行傳八章 27 節表明他是有大權的；又參張永信：《使徒行傳》，卷二，頁 44～45。

2 能夠當上百夫長自有其了得之處，詳參 Polhill, *Acts*, 251, n.68。

3 Bock, *Acts*, 385.

4 詳參張永信：《使徒行傳》，卷二，頁 133。

5 心裏敬畏神表示“he fears God and leads his entire household in such devotion,” Bock, *Acts*, 385。

6 故他大有可能是“God-fearer”。

7 Richard N. Longenecker 更加上“drowsy”（昏昏欲睡）一語；見 Gaebelein ed., *The Expositor's Bible Commentary*, vol. 9, 387。

8 見：徒二十二 17；保羅也有類似的經歷。

9 留意他的一句：主啊，這是不可的……（徒十 14）。

10 即 *dienthymeomai*；“to think through and through,” *LKGNT*, 284。

11 故《新譯本》作製皮工人；又 *ISBE*, 4:726。

12 J. McConnachie, “Simon a Tanner (Acts 9:43; 10:6, 32),” *ET* 36 (1924～1925): 90.

13 可見事情是在父神的安排下進行；Stott, *The Message of Acts*, 187。

14 祂在泰爾、西頓傳道，後來更在外邦之地餵飽四千人；見：太十五 21～39。

15 Richard N. Longenecker 稱之為“a wise action”；參 Gaebelein ed., *The Expositor's Bible Commentary*, vol. 9, 390。

16 留意十章 45 節表明，這裏共六位弟兄都是猶太裔信徒，在耶路撒冷大會時，彼得更帶著這六位信徒同去，好為外邦人信主作證。

17 “...instant obedience to the angel's directive,” Schnabel, *Acts,* 499.

18 I. Howard Marshall, *The Acts of the Apostles* (Sheffield: JSOT Press, 1985).

19 Bock, *Acts*, 401.

20 即“Jewish Christians”，見 Richard N. Longenecker 的觀點；參 Gaebelein ed., *The Expositor's Bible Commentary*, vol. 9, 396。

第 22 章

1 彼得再度出現，被形容為“like lighting a match in highly combustible air,”見 Richard N. Longenecker；參 Gaebelein ed., *The Expositor's Bible Commentary*, vol. 9, 397。

2 又稱為“Apostolic council”。

3 參 Alex T. M. Cheung, “A Narrative Analysis of Acts 14:27～15:35: Literary Shaping in Luke's Account of the Jerusalem Council,” *WTJ* 55 (1993): 152。

4 到底此大會是否包括整個耶路撒冷教會，其討論見張永信：《使徒行傳》，卷二，頁 385～386。

5 留意《新譯本》作：經過了很多的辯論。

6 此事件大大影響著彼得，因其出現了共三次（徒十 9～48，十一 4～18，十五 7～9），而保羅在大馬色路上生命改變的相關描述同樣是三次（徒九 1～9，二十二 3～21，二十六 12～16），可說是交相輝映。

7 詳參 Huub van de Sandt, “An Explanation of Acts 15:6 ～ 21 in the Light of Deuteronomy 4:29～35 (LXX),” *JSNT* 14.46 (1992): 73～91。

8 Hans Conzelmann, *Acts of the Apostles*, trans. James Limburg et al. (Philadelphia: Fortress, 1987), 116.

9 關於彼得提及不能負的軛的詮釋，詳見 Craig S. Keener, *The IVP Bible Background Commentary: New Testament* (Downers Grove: IVP, 1993), 364 ～ 365；外邦人不被接納為神的子民，主要是因其在道德上被視為不潔淨，見 Timothy W. Reardon, “Cleansing through Almsgiving in Luke–Acts: Purity, Cornelius, and the Translation of Acts 15:9,” *CBQ* 78 (July 2016): 465～477。

10 “...effectively decided by Peter's speech,” Schnabel, *Acts*, 646.

11 見：徒四 36～37，九 27，十一 22～24、30。

12 參：申十七 6，十九 15；又：林後十三 1。

13 其也可是來自以賽亞書四十五章 21 節，詳參張永信：《使徒行傳》，卷二，頁 396～397。

14 此會議的結果，便是雙方都要作出讓步：猶太信徒必須無條件地接受外邦信眾也是神的子民，與他們平起平坐；外邦信徒必須尊重猶太信眾，在生活習慣上多多顧及其猶太弟兄，以致彼此能和平共處，保守教會合一；參 M. A. Seifrid, "Jesus and the Law in Acts," *JSNT* 30 (1987): 39～57。

15 詳參張永信：《使徒行傳》，卷二，頁 391。

16 Witherington III, *The Acts of the Apostles*, 462.

17 "...to indicate the need for sensitivity," Bock, *Acts*, 507.

18 這也是一項對外邦信徒在生活上的最低要求；參張永信：《使徒行傳》，卷二，頁 391。

19 Bock, *Acts*, 508.

20 Schnabel, *Acts*, 506.

第 23 章

1 「……處於當時福音事工的最前沿」見羅傑・莫朗（Roger Mohrlang）、傑拉德・博徹特（Gerald L. Borchert）：《羅馬書、加拉太書》，吳明姝譯（香港：恩道，2016），頁 406。

2 Ralph P. Martin 亦有此看法；*ISBE*, 3:805。

3 Witherington III, *The Acts of the Apostles*, 445.

4 F. F. Bruce, *Commentary on Galatians* (Grand Rapids: Eerdmans, 1982), 106 ～ 107；Richard N. Longnecker, *Galatians* (Dallas: Word Books, 1990), lxxx～lxxxi; Ronald Y. K. Fung, *The Epistle to the Galatians* (Grand Rapids: Eerdmans, 1988), 61.

5 見 Hans D. Betz, *Galatians* (Philadelphia: Fortress, 1979), 59；Douglas J. Moo, *Galatians* (Grand Rapids: Baker, 2013), 118Frank E. Gaebelein, ed., *The Expositor's Bible Commentary*, vol. 10 (Grand Rapids: Zondervan, 1976), 445 加拉太書部分（James M. Boice 撰）；Michael H. Burer, *Galatians* (Bellingham: Lexham Press, 2024), 164。

6 Burer, *Galatians*, 164.

7 *ABD*, 1:268.

8 見 *ABD*, 1:267；此說法有可能不是真的；又 *ISBE*, 1:143。

9 即 *kataginōskō*, *anthistēmi*；見 *LKGNT*, 505。

10 David A. deSilva, *The Letter to the Galatians* (Grand Rapids: Eerdmans, 2018), 195, n.201.

11 這裏指出，也許因曾被保羅面斥，彼得才堅定地在耶路撒冷大會中發言，支持外邦人因信稱義的看法；*ISBE*, 3:805。

12 留意領受一詞的技術性用法，見 James M. Boice 解釋；參 Gaebelein ed., *The Expositor's Bible Commentary*, vol. 10, 431。

13 "...his gospel was not derived from the Jerusalem church or from those who were apostles before him," Timothy George, *Galatians* (Nashville: B&H, 1994), 168.

14 參 W. Harold Mare 解釋；見 Frank E. Gaebelein, ed., *The Expositor's Bible Commentary*, vol. 10 (Grand Rapids: Zondervan, 1976), 175 ～ 177 哥林多前書部分（W. Harold Mare 撰）。

15 詳參張永信：《哥林多前書》，頁 5～7。

16 留意保羅逗留時間最長的宣教工場是以弗所，凡三年之久（徒二十 31），其次便是哥林多。

17 見：林後十一 13～23。

18 Ascott：《勇於相信》，頁 199。

第 24 章

1 *ISBE*, 3:805.

2 *EDNT*, 2:35.

3 詳參張永信：《教牧書信》（香港：天道書樓，2005），頁 167。

4 詳見 Helen K. Bond and Larry W. Hurtado, eds., *Peter in Early Christianity* (Grand Rapids: Eerdmans, 2015), 273～315。

5 "...testifies the remarkable transformation of the Jesus movement to an universal faith," Heyler, *The Life and Witness of Peter*, 82.

6 詳參張永信：《彼得前書》，頁 430～432。

第 25 章

1 "The authorship of I Peter was never questioned in antiquity," Markus Bockmuehl, *Simon Peter in Scripture and Memory* (Grand Rapids: Baker, 2012), 30.

2 見格蘭特・奥斯邦（Grant R. Osborne）：《雅各書、彼得前後書、猶大書》，李競妍、甘丹、王波譯（香港：恩道，2018），頁 213。

3 巴比倫即是羅馬；詳見 Wayne A. Grudem, *1 Peter* (Grand Rapids: Eerdmans, 1988), 33～35 的討論。

4 張略：《大公書信神學》(香港：基道，2024)，頁 147。

5 Grudem, *1 Peter*, 37.

6 彼得後書的文筆遜色於彼得前書。

7 參《新譯本》;《呂振中譯本》則作我藉著西拉……略略地寫信。

8 賴可中：《彼得前書——經歷苦難進入榮耀》(香港：明道社，2010)，頁 3。

9 詳見張永信：《新約深度行》，頁 373，註 2。

10 C. J. Hemer, "The Address of 1 Peter," *ET* 89 (1978): 239～243；持異議的有 Travis B. Williams and David G. Horrell, *1 Peter: A Critical and Exegetical Commentary*, vol. 1 (London: T&T Clark, 2023), 316～317。

11 Catherine G. González, *1 and 2 Peter and Jude* (Louisville: WJK, 2010), 13.

12 其他相關經文包括：彼前一 18，二 9～10、25；Peter H. Davids, *The First Epistle of Peter* (Grand Rapids: Eerdmans, 1990), 8。

13 詳參張永信：《保羅，攪動世界的使徒——看懂保羅、淬煉生命的 34 堂課》(香港：基道，2022)，頁 213～214。

14 詳細分析見 Travis B. Williams and David G. Horrell, *1 Peter: A Critical and Exegetical Commentary*, vol. 2 (London: T&T Clark, 2023), 642～646。

15 東羅馬的通用語是希臘文，西羅馬則為拉丁文。

16 "...Such assumption is hardly justified by the text itself," Grudem, *1 Peter*, 31.

17 見張永信：《保羅，攪動世界的使徒》，頁 73～83 對多神教的闡釋。

18 "...at odds with the wider society," González, *1 and 2 Peter and Jude*, 10.

19 奧斯邦：《雅各書、彼得前後書、猶大書》，頁 217。

20 傳統指出彼得是死於尼祿王逼迫基督徒期間，即公元六十五至六十六年；Davids, *The First Epistle of Peter*, 10。

第 26 章

1 "...unlikely Peter is making any sharp distinction between...," Michaels, *1 Peter*, 116.

2 周國平：《以智慧看人生，幸福一直都在》(台北：大都會文化，2023)，頁 232。

3 "...without mentioning God directly, he portrayed a race chosen by God, a nation holy

as God is holy and a priesthood belonging to God and the King," Michaels, *1 Peter*, 109.

4 21 至 25 節大有可能是改編自以賽亞書五十三章的「僕人篇」：González, *1 and 2 Peter and Jude*, 78。

5 Michaels, *1 Peter*, 144.

6 又叫「家法」，亦同樣出現在保羅的書信中（見弗五 22～六 9；西三 18～四 1）；又賴可中：《彼得前書》，頁 100～101。

7 "...an inward commitment...is the foundation for maintaining allegiance and dedication," Williams and Horrell, *1 Peter*, vol. 2, 152.

8 "...give to the world is positive and gentle, and respects the other person," González, *1 and 2 Peter and Jude*, 100.

9 "one of the readiness to respond," Williams and Horrell, *1 Peter*, vol. 2, 152.

10 "Christian hope is so real and distinctive that non-christian are puzzled about it and ask for a reason," 參 Edwin A. Blum；見 Frank E. Gaebelein, ed., *The Expositor's Bible Commentary*, vol. 12 (Grand Rapids: Zondervan, 1981), 240 彼得前書部分（Edwin A. Blum 撰）。

11 "...the problem of suffering...all Christians must of necessity deal," Davids, *The First Epistle of Peter*, 30.

第 27 章

1 詳參 Williams and Horrell, *1 Peter*, vol. 1, 391～392。

2 "...the consummation, which therefore will be maintained amid inner struggles," Leonhard Goppelt, *A Commentary on 1 Peter* (Grand Rapids: Eerdmans, 1993), 95.

3 "But love cannot stop at the border of the community. Its flows over...," González, *1 and 2 Peter and Jude*, 121.

4 張永信、張略：《彼得前書》，頁 332～334。

5 稱讚、榮耀、尊貴三者，都是末世的賞賜，是真信心的同義詞；見 Michaels, *1 Peter*, 31。

6 又參張略：《大公書信神學》，頁 194～206。

7 González, *1 and 2 Peter and Jude*, 14～15.

8 Davids, *The First Epistle of Peter*, 22.

9 "suffering...is not mere chance, but fits into the eternal purpose of God," M. Eugene

Boring, *1 Peter* (Nashville: Abingdon, 1999), 54.

10 即 *prognōsis*；見 Schreiner, *1, 2 Peter, Jude*, 53。

11 「他們未來最終的歸宿，已由這位掌管萬有的主宰所確定」；張永信、張略：《彼得前書》，頁 82。

12 此理念帶來"eternal security of the believers"。

13 這是基於利未記十九章 2 節：……你們要聖潔，因為我耶和華──你們的神是聖潔的。

14 詳參 John W. Pryor, "First Peter and the New Covenant (II)," *RTR* 45 (1986): 50。

15 Schreiner, *1, 2 Peter, Jude*, 79.

16 "Even hostility and suffering are part of this loving purpose, intended to produce glory for his own," Philip W. Comfort, ed., *James, 1–2 Peter, Jude, Revelation* (Carol Stream: Tyndale, 2011), 136 彼得前書部分(奧斯邦 Grant R. Osborne 撰)。

17 審判是啟示文體的重要題旨，故彼得前書亦含啟示文體元素。

18 張永信、張略：《彼得前書》，頁 159。

19 當代猶太人對嬰孩的哺乳期可能長達三至四年。

第 28 章

1 作者引用了不少舊約的經文，留意 Davids, *The First Epistle of Peter*, 24 中的表列。

2 基督是義者，這是初期教會對祂的理解；見：徒三 14，七 52，二十二 14；約壹二 1、29，三 7。

3 關於房角石所指的是甚麼，見 R. J. McKelvey, "Christ the Cornerstone," *NTS* 8 (1961～1962): 352～359。

4 張永信、張略：《彼得前書》，頁 183。

5 《使徒信經》的「降在陰間」一句出現在公元六世紀之後；"...not include in the Apostles' Creed until sixth century," Norman Hillyer, *1 and 2 Peter, Jude* (Peabody: Hendrickson, 1992), 118；詳參 Williams and Horrell, *1 Peter*, vol. 2, 215 ～ 221；Schreiner, *1, 2 Peter, Jude*, 184～190 的討論。

6 此看法也由四章 6 節的一句所支持：為此，就是死人也曾有福音傳給他們……。但這一句大概是指死了的人在世上時已聽聞福音，從而信了主。端此，他們是不會錯過主再來時的祝福。

7 此外，《以諾一書》(*1 Enoch*)也用被囚的靈，形容墮落的天使，見 Williams and

Horrell, *1 Peter*, vol. 2, 220～221；詳參 Sigurd Grindheim, "Why Does 1 Peter 3,19 Mention the Spirits in Custody?," *Bib* 105.1 (2024): 113～126。

8 張永信、張略：《彼得前書》，頁 303～309。

9 Williams and Horrell, *1 Peter*, vol. 2, 336.

10 "The interpretation is often connected with 1 Peter 3:19...," Schreiner, *1, 2 Peter, Jude*, 206.

11 詳參張永信、張略：《彼得前書》，頁 324 ～ 339；又 Schreiner, *1, 2 Peter, Jude*, 208。

12 對於基業的闡釋見 Schreiner, *1, 2 Peter, Jude*, 62～63。

第 29 章

1 "...progressive growth of holiness in the lives of Christians," Schreiner, *1, 2 Peter, Jude*, 54.

2 關於重生的背景及可能的意思，見奧斯邦（Grant R. Osborne）的觀點；參 Comfort ed., *James, 1–2 Peter, Jude, Revelation*, 149。

3 參：約十四 26。

4 誠然當主再來，信徒才得著榮耀的身體，但受書人如今已可淺嘗這份末世的榮耀；張永信、張略：《彼得前書》，頁 62。

5 "The theology of 1 Peter is God-centered," Duane F. Watson and Terrance Callan, *First and Second Peter* (Grand Rapid: Baker, 2012), 14.

6 Schreiner, *1, 2 Peter, Jude*, 121.

7 詳參《豪華大旅館》：見克羅德．西蒙（Claude Simon）：《豪華大旅館》，李映萩譯（台北：志文，1986）。

第 30 章

1 張略：《大公書信神學》，頁 247。

2 名單見 Schreiner, *1, 2 Peter, Jude*, 255, n.9。

3 張略：《彼得後書，猶大書》（香港：天道書樓，2015），頁 228～229。

4 見 Donald Guthrie, *New Testament Introduction* (Downers Grove: IVP, 1990), 820～821。

5 Schreiner, *1, 2 Peter, Jude*, 261.

6 參 Michael J. Kruger, "The Authenticity of 2 Peter," *JETS* 42 (1999): 645～671；"we

conclude that 2 Peter is authentic...,” Schreiner, *1, 2 Peter, Jude*, 276。

7 “Final words”是學者 David R. Helm, *1 and 2 Peter and Jude: Sharing Christ's Sufferings* (Wheaton: Crossway, 2008), 203 給予這卷書的稱號。

8 例如雅各在死前為其十二個兒子祝福；見：創四十九 1～28。

9 簡述見 *ISBE*, 3:818～819。

10 Udo Schnelle, *Theology of the New Testament*, trans. M. Eugene Boring (Grand Rapids: Baker, 2009), 655.

11 詳細的表列見張略：《彼得後書、猶大書》，頁 33～35。

12 Jerome H. Neyrey, *2 Peter, Jude* (New York: Doubledays, 1993), 120.

13 這是大部分學者的取向；Lewis R. Donelson, *I and II Peter and Jude* (Louisville: WJK, 2010), 207～208；Terrance Callan, “Use of the Letter of Jude by the Second Letter of Peter,” *Bib* 85 (2004): 43；Gene L. Green, “Second Peter's Use of Jude,” in *Reading Second Peter with New Eyes: Methodological Reassessments of the Letter of Second Peter*, ed. Robert L. Webb and Duane F. Watson (London: T&T Clark, 2010), 1～25；張略：《彼得後書、猶大書》，頁 36～37。

14 E. M. B. Green, *2 Peter Reconsidered* (London: Tyndale, 1960), 58～64.

15 他們取材於一些共同資料，這些資料大有可能早已存在於他們的記憶裏；詳參 Herbert W. Bateman IV, “‘Memories’ about the Old Testament in Jewish and Christian Tradition Inform 2 Peter and Jude, Part 2,” *JETS* 67.2 (2024): 285～305。

16 張略：《彼得後書、猶大書》，頁 240～241。

17 “...while the Greek of 2 Peter is good Greek, it does not approach the excellence of the periodic sentences found in 1 Peter 1,” Peter H. Davids, *The Letters of 2 Peter and Jude* (Grand Rapids: Eerdmans, 2006), 127.

18 “Most scholars ascribe the book to an unknown author writing under the name of the apostle Peter...,” Duane F. Watson, “The Second Letter of Peter,” in *The New Interpreter's Bible*, vol. 12, ed. Leander E. Keck (Nashville: Abingdon, 1998), 323.

19 “The personal experience he recounts is the Transfiguration event...,” Helm, *1 and 2 Peter and Jude*, 215.

20 Robert Harvey and Philip H. Towner, *2 Peter and Jude* (Downers Grove: IVP, 2009), 110～111.

21 “There is little doubt that the previous letter is the book known to us as 1 Peter...,”

Gene L. Green, *Jude and 2 Peter* (Grand Rapids: Baker, 2008), 311.

22 “...are not sufficient warrant to reject the authenticity of 2 Peter,” Green, *Jude and 2 Peter*, 145.

第 31 章

1 又見《黑馬牧人書》(*Shepherd of Hermas*) 3.8.7。

2 詳見張略：《彼得後書、猶大書》，頁 290～291。

3 “...to farm vigorously,” Harvey and Towner, *2 Peter and Jude*, 42.

4 即 *pistis*。

5 其內容可能反映希臘的美好品德名單，但他將之基督化：“...he provides a distinctly Christian focus by beginning the list with ‘faith’ ...,” Curtis P. Giese, *2 Peter and Jude* (St. Louis: Concordia, 2012), 53。

6 張略：《彼得後書、猶大書》，頁 292。

7 Giese, *2 Peter and Jude*, 53.

8 “Love is the crowning virtue,” Harvey and Towner, *2 Peter and Jude*, 45.

9 Davids, *The Letters of 2 Peter and Jude*, 184.

10 Giese, *2 Peter and Jude*, 56.

11 “...as the climactic expression of faith,” Giese, *2 Peter and Jude*, 55.

第 32 章

1 見 Werner G. Kümmel, *Introduction to the New Testament* (Nashville: Abingdon, 1975), 432。

2 詳見 Davids, *The Letters of 2 Peter and Jude*, 133～136。

3 Neyrey, *2 Peter, Jude*, 122～128.

4 張略：《大公書信神學》，頁 251。

5 又參張略：《大公書信神學》，頁 252 有關假教師謬論的表列。

6 Giese, *2 Peter and Jude*, 181.

7 Harvey and Towner, *2 Peter and Jude*, 119.

8 來生與今生有持續性和非持續性；詳見 Giese, *2 Peter and Jude*, 191～193。

9 基督教不是強調靈裏自由嗎？見：林前九 19。

10 假教師的說法，便是：“they mocked the coming of the Lord without suffering any ill

consequences," Schreiner, *1, 2 Peter, Jude*, 344。

11 甚至耶路撒冷教會中的長老也曾提及此問題；見：徒二十一21。

12 詳參張永信：《無可比擬的福音：羅馬書注釋》，上冊（香港：宣道，2018），頁188～208。

13 故彼得的用意，便是要受書人正視未來審判這事實：Helm, *1 and 2 Peter and Jude*, 232。

14 留意，作者是在引用詩篇九十篇4節；見 Neyrey, *2 Peter, Jude*, 238。

15 "The antinomian teachers will be excluded, as will all their disciples," Schreiner, *1, 2 Peter, Jude*, 392.

16 "They were sexually licentious and motivated by greed," Schreiner, *1, 2 Peter, Jude*, 333.

17 Green, *Jude and 2 Peter*, 150～158.

18 "...captivate many and thereby bring criticism on the Gospel," Schreiner, *1, 2 Peter, Jude*, 333.

第35章

1 引白周國平：《以智慧看人生，幸福一直都在》，頁85。

附錄

1 張永信：《馬可福音》，卷上、卷下（香港：天道書樓，2010）。

2 James A. Brooks, *Mark* (Nashville: B&H, 1991), 24; *ABD*, 5:254.

3 帕皮亞（Papias of Hierapolis）的話，存記在 Eusebius, *Church History* 3.39.15 內。

4 另一個類似的譯本見葉雅蓮：《馬可福音》，卷上（香港：天道書樓，2011），頁4。

5 見 France, *The Gospel of Mark*, 37；葉雅蓮：《馬可福音》，卷上，頁4。

6 Robert A. Guelich, *Mark 1～8:26* (Nashville: Word Books, 1989), xxvii.

7 參 C. H. Dodd, "The Framework of the Gospel Narrative," *ET* 43 (1932): 396～400。

8 其表列見 William L. Lane, *The Gospel of Mark* (Grand Rapid: Eerdmans, 1974), 10～11。

9 參 Juan A. Casas-Ramírez 頗饒趣味之作："The Narrative Construction of Peter in the Gospel of Mark in Light of the Reports of Displacement and Exile Due to the Armed Conflict in Colombia," *JSNT* 47.1 (2024): 49～62。

10 見 Goppelt, *A Commentary on 1 Peter*, 369～371。

11 "The verse 8 marks the ending to the gospel in its present form is scarcely debated," Lane, *The Gospel of Mark*, 591；「……匯集了其他福音書的結尾……」參達雷爾．博克（Darrell L. Bock）：《馬可福音》，于國寬、陳恬欣譯（香港：恩道，2017），頁269。

12 "The abrupt ending...the gospel is incomplete and mutilated," Lane, *The Gospel of Mark*, 591.

13 France, *The Gospel of Mark*, 685, n.40.

14 加插的經文，與其可能的來源，見張永信：《馬可福音》，卷下，頁406的表列。

15 又參大衛．加蘭（David E. Garland）：《馬可福音》，卷下，沈珪譯（香港：漢語聖經協會，2016），頁741～748。

16 「人子」的闡釋，見張永信：《你們説我是誰？——深度認識耶穌的36堂課》（香港：基道，2021），頁123～141。

17 都是寫於公元一世紀七十年代的初期或中期；見張永信、張略：《彼得前書》，頁21～22；又 France, *The Gospel of Mark*, 39。

18 詳參本書第八部「受苦的見證人之榮耀：彼得前書」有關彼得前書的闡述。

19 不少學者認為，這樣突然的結束，乃當代的寫作技巧之一；見 France, *The Gospel of Mark*, 683～684。

20 即 *pōroō*；張永信：《馬可福音》，卷上，頁334，註1297。

21 黃錫木：《新約希臘文研究系列3：原文新約輔讀》（香港：基道，1994），頁91。

22 France, *The Gospel of Mark*, 273.

23 留意馬可福音六章52節《呂振中譯本》如此譯：「因為他們不曉悟餅的事；心裏總是愚頑。」

24 《和合本》作*剛硬*，《呂振中譯本》作*頑梗*，原文乃同一個字，不過《呂振中譯本》不同於《和合本》，不是動詞，而是以名詞來譯之。

25 此個案的詳細分析見 Timothy Wiarda, *Peter in the Gospels*, WUNT 2. Reihe 127 (Tübingen: Mohr Sieback, 2000), 124～125。

26 "...the confrontation is not merely between Jesus and Peter, but involves the whole disciple group...," France, *The Gospel of Mark*, 338.

27 主如此痛責彼得，好叫彼得以後不敢再出言勸阻。

28 "Gospel was an oral proclamation of deliverance and rescue...," Andrew J. Byers, "The

Genre of Mark's Gospel Is 'Gospel': Reconsidering Literary Innovation in the Markan Incipit," *JSNT* 46.2 (2023): 168.

29 此情況與保羅所言的，他是瓦器、基督是寶貝這比喻的意思並無二樣（林後四7）。由此可見，一切屬靈的高人都必然謙卑自處，看自己只不過是滄海一粟，算不得甚麼。

30 "Mark's gospel as a Drama in three acts⋯ is often understood as consisting of three main stages...," France, *The Gospel of Mark*, 11.

31 潘怡蓉：〈福音派靈修〉，載《現代人與靈性生活》，《牆裏牆外》編輯小組編（香港：香港基督宗教神學對談小組、基督教文藝，2024），頁148～170。

32 愛因斯坦（Albert Einstein）的另一句："The mystery of the universe is twofold: life and consciousness."也許，對他來說，"miracle"不是指神的作為，而是指奧祕事（mystery）。